Klasse!

A1

Deutsch für Jugendliche

Lehrerhandbuch
mit Video-DVD und Audio-CDs

Birgitta Fröhlich

Ernst Klett Sprachen
Stuttgart

Autorin: Birgitta Fröhlich
Redaktion: Sabine Franke
Projektleitung: Angela Kilimann
Layoutkonzeption und Gestaltung: Andrea Pfeifer, München
Illustrationen: Andrea Naumann, Aachen
Satz: Satz & mehr, Besigheim
Covergestaltung: Studio Schübel, München
Titelbild: Dieter Mayr, München

Audios
Aufnahme und Postproduktion: Plan 1
Musik in Kapitel 2 und 11: Johannes Then
Regie: Plan 1, Felice Lembeck und Angela Kilimann

Grammatikclips
Drehbuch: Dr. Eveline Schwarz
Redaktion und Regie: Annette Kretschmer und Angela Kilimann
Kamera und Postproduktion: Martin Noweck, München

Videos
Produktion und Regie: Bild & Ton, München
Kamera und Postproduktion: Martin Noweck, München

Informationen und zu diesem Titel passende Produkte finden Sie auf: www.klett-sprachen.de/klasse

Die Inhalte werden mit größtmöglicher Sorgfalt und nach bestem Gewissen erstellt. Der Verlag und die Autoren/Autorinnen gehen deshalb davon aus, dass die Angaben und Informationen in diesem Werk zum Zeitpunkt der Veröffentlichung vollständig und korrekt sind. Dennoch übernehmen Verlag und Autoren für die Richtigkeit von Angaben, Hinweisen, Ratschlägen allgemein und insbesondere zu gesetzlichen Regelungen sowie eventuelle Druckfehler keine Haftung.

1. Auflage   1 ⁷ ⁶ ⁵ | 2026 25 24

Druck und Bindung: Elanders Waiblingen GmbH

ISBN 978-3-12-607126-0

9 783126 071260

Willkommen im Lehrerhandbuch zu Klasse!

Inhalt

Abkürzungen

KB	Kursbuch	PA	Partnerarbeit (zu zweit)
ÜB	Übungsbuch	KG	Kleingruppe (ab 3 Personen)
LHB	Lehrerhandbuch	PL	Plenum (alle zusammen)
HA	Hausaufgabe	ggf.	gegebenenfalls
KV	Kopiervorlage	z. B.	zum Beispiel
GR-…	Grammatik-…	→	siehe im Didaktischen Glossar
S	Schüler, Schülerin, Schülerinnen		

Zum Lehrwerk und zum Konzept von Klasse!

Das Lehrwerk **Klasse!** führt kleinschrittig in 6 Halbbänden bzw. 3 Gesamtbänden zu den Niveaustufen A1, A2 und B1 des Gemeinsamen Europäischen Referenzrahmens (GER) von 2001 und 2019. Die Lernziele, Sprachhandlungen und die Progression von **Klasse!** bereiten optimal auf die Prüfungen *Goethe-Zertifikat A1: Fit in Deutsch 1, Goethe-Zertifikat A2: Fit in Deutsch, ÖSD KID A1* und *A2, Goethe-/ÖSD-Zertifikat B1* und das *Deutsche Sprachdiplom Stufe I (DSD I)* vor. Die Anzahl der benötigten Unterrichtseinheiten hängt von den Voraussetzungen der Lerngruppe ab. Sie haben aber die Möglichkeit, eine Vielzahl an weiteren Komponenten und Material über das Kurs- und Übungsbuch hinaus in den Unterricht mit-einzubeziehen.
Der Band **Klasse!** A1 richtet sich an Jugendliche ab 12 Jahren ohne Deutsch-Vorkenntnisse.

Das Konzept von Klasse!

Klasse! ermöglicht Ihnen einen kommunikativen und handlungsorientierten Unterricht mit zahlreichen kreativen Elementen: Das Lehrwerk zeichnet sich durch ein vielfältiges Medienangebot sowie zahlreiche kooperative und erfolgs-orientierte Übungsformen aus und setzt den Fokus auf Kreativität und konsequente Lerneraktivierung. Mit **Klasse!** verwenden Sie ein Lehrwerk, das dem neuesten Stand der Fremdsprachenlehr- und lernforschung entspricht und insbesondere die aktuellen Erkenntnisse der Lernpsychologie und Neurodidaktik für die jugendliche Zielgruppe berücksichtigt.

- Jugendliche beschäftigen sich heute am liebsten mit ihrem Handy, sehen Filme und Fotos an, sind in den sozialen Netzwerken unterwegs und fotografieren und filmen sich selbst. Diesem Interesse trägt das Lehrwerk **Klasse!** Rechnung mit einem vielfältigen Angebot an *Filmmaterial, witzigen Comics* und *Apps*.
- Lernende im jugendlichen Alter orientieren sich an ihren Freunden, ihrer Peergroup, und nicht mehr so stark an den Eltern und Lehrern. **Klasse!** bietet deshalb viele kooperative Aufgabenformen, bei denen die Schüler in *Partner- oder Gruppenarbeit* agieren und die Lehrperson im Hintergrund ist. Das hat auch den Vorteil, dass alle Lernenden aktiv sind und mitmachen.
- Das Selbstbewusstsein von Jugendlichen ist nicht sehr groß, viele stellen sich selbst in Frage. So fürchten sich Jugend-liche in der Pubertät oft davor, vor der Klassengemeinschaft zu sprechen, weil sie dies als peinlich empfinden und sich nicht blamieren wollen. In **Klasse!** sind die Aufgaben so gestaltet, dass die Lerner ein Sprecherlebnis haben, ohne sich bloßgestellt zu fühlen. Dazu tragen *Übungen in kleinen Gruppen* bei, *Nachsprechen im Chor* oder *Flüssig-keitstraining*. Bei Flüssigkeitsübungen ist das Sprachmaterial vorgegeben, sodass keine Fehler entstehen können. Die Lernenden üben und automatisieren so *echtes emotionales Sprechen*. Die Übungen sind also einfach und *erfolgsorientiert*.
- Jugendliche Lerner wollen sich keine Vorschriften machen lassen. Im Gegenteil, sie möchten mitbestimmen oder selbst bestimmen. **Klasse!** bietet daher viele Möglichkeiten zur *Binnendifferenzierung*, im KB sind das *ODER-Aufgaben* und die Aufgabe *„Freie Wahl"* am Ende jedes Kapitels. Hier gibt es in der Regel drei verschiedene Aufgaben, die jeweils ein größeres Thema bzw. Lernziel aus dem Kapitel noch einmal aufgreifen. Die Schüler haben die Wahl zwischen handlungsorientierten Projektaufgaben, kommunikativen Aufgaben, spielerischen Übungen und Schreib-aufgaben. Bei den ODER-Aufgaben können die Lernenden zwischen zwei verschiedenen Interessensgebieten, Fertigkeiten oder Sozialformen entscheiden. Noch mehr Möglichkeiten zur Binnendifferenzierung bieten vor allem das ÜB und die Erläuterungen im LHB.
- Die Motivation zu lernen und auch die Konzentration sinkt in der Pubertät oft stark ab, die Schülerinnen und Schüler vermeiden daher allzu große Anstrengung. Jugendgerechte Themen, viel Filmmaterial, witzige Comics, *spielerische und einfache erfolgsorientierte Übungen* motivieren in **Klasse!** zum Trainieren, Sprechen und Handeln. *Comics* sind der Jugendlichen liebste Textsorte, da sie nicht zu viel Text haben, durch die Illustrationen leicht verständlich sind und Spaß machen. Ein weiteres Beispiel sind die humorvollen *Redemittelclips* zur authentischen Kommunikation. Sie machen Sprachhandlungen lebendig und begreifbar und binden Jugendsprache, Gestik und Mimik ein. Die Filmclips mit Soap-Charakter, angedockt an die Plateaus, zeigen den Lernern lebensnahe und witzige Geschichten aus dem Leben einer deutschsprachigen Schülerclique und vermitteln nebenbei Landeskunde.
- Jugendliche bringen aber auch die idealen Voraussetzungen fürs Sprachenlernen mit. In der Pubertät wachsen das *Sprachbewusstsein* und die Fähigkeit zum *analytischen Lernen*. So ist die Grammatikvermittlung im KB mal induk-

tiv, mal deduktiv. Alle Grammatikkästen gibt es auch als *Grammatik-Kopiervorlagen* online. Die Kästen sind nicht vollständig ausgefüllt und enthalten Schreibzeilen. Sie sind ein Hilfsmittel, um die Lernenden mit dem selbstentdeckenden Lernen vertraut zu machen. Spielerisch und unterhaltsam gestaltete *Grammatikclips* unterstützen das Verständnis neuer Strukturen, verzichten auf Metasprache und führen die Jugendlichen mit bewegten Bildern ans *entdeckende Lernen* heran.

- Regelmäßige *Aufgaben zu Sprachvergleich und Mehrsprachigkeit* knüpfen ebenfalls an diese Fähigkeit und an schon vorhandenes Sprachwissen der jungen Lernenden an. Auf diese Weise eignen sich die Jugendlichen Strategien des Sprachvergleichs an und erwerben eine größere Sicherheit in Bezug auf neuen Lernstoff, der oft weniger fremd und schwierig ist, als es jungen Lernern auf den ersten Blick erscheinen mag.
- Schreiben als Aktivität im Unterricht ist sehr zeitraubend, die ohnehin begrenzte Zeit, in der die Schüler zum Sprechen kommen, wird noch mehr reduziert. Die Texte, die entstehen, sind frustrierend fehlerhaft. *Erst sprechen, dann schreiben* ist daher ein wichtiges Prinzip in **Klasse!**. Neue Inhalte werden zuerst über eine mündliche Übung und gemeinsames Sprechen erarbeitet, Schreiben steht an letzter Stelle des Lernwegs.
- Da die Jugendlichen von heute in der Welt der neuen Medien zu Hause sind, erleichtern ihnen digitale Aufgaben und Übungen das Lernen, zumal diese meist einfach, spielerisch und kurzweilig sind. Deshalb gibt es neben dem Filmmaterial ein umfangreiches *Medienangebot mit Online-Übungen, Kahoot!-Quizfragen und Wortschatz-Apps*, die das selbstständige Lernen und Üben unterstützen.
- Ihnen als Lehrkraft stehen zur Bereicherung Ihres Unterrichts interaktive Tafelbilder zur Verfügung (in den digitalen Ausgaben). Darüber hinaus besteht die Möglichkeit, mit CLIL-Aufgaben ausgewählte Inhalte aus dem Deutschunterricht mit anderen Fächern zu verknüpfen und das Deutschlernen somit in einen erweiterten Lernkontext zu stellen und zu vertiefen.

Die einzelnen Komponenten von Klasse! A1

Kursbuch

Das Kursbuch (KB) enthält 12 achtseitige *Kapitel* mit klarer und kleinschrittiger Progression, kooperativen und erfolgsorientierten Übungsformen, handlungsorientierten Aufgaben und Projekten sowie Flüssigkeitstraining und gezielten Übungen zum echten Sprechen und zur Aussprache. Nach jeweils drei Kapiteln folgt ein sechsseitiges *Plateau* mit spielerischen Angeboten zum Wiederholen von Strukturen, Wortschatz und Redemitteln. Die Plateaus ermöglichen ein erfolgsorientiertes Training zu den vorangegangenen Kapiteln. Sie enthalten zudem Angebote zur Landeskunde und pro Plateau eine Seite mit Aufgaben zu den *Filmclips*.

Eine Übersicht zum Aufbau des KBs, Hinweise zu einzelnen Elementen und eine Erklärung der Symbole finden sich in kompakter Form auf *Seite* 3 des Kursbuchs.

Die zwölf **Kapitel** sind übersichtlich aufgebaut und bieten eine einfache Orientierung.

- *Einstiegsseite*: Sie führt ins Thema ein, enthält einfache und schnell zu bewältigende Aufgaben und benennt die Lernziele.
- *3 Doppelseiten*: Lerninhalte des Kapitels werden eingeführt und kleinschrittig erarbeitet.
  Wiederkehrende Elemente und Aufgaben:
  - orange Grammatikkästen (auch als Kopiervorlagen mit Schreibzeilen online)
  - grüne Redemittelkästen
  - Lerntipps (Handy) mit Strategien und Informationen zu Fertigkeiten, Wortschatz und Grammatik
  - mindestens eine Übung zur Aussprache
  - Aufgaben zu Sprachvergleich und Mehrsprachigkeit
  - „Freie Wahl" als Abschlussaufgabe zu jedem Kapitel
  - Grammatikclip zu einem Grammatikthema im Kapitel
  - Redemittelclip mit Sprachhandlungen zum Sehen, Hören und Nachahmen
- *Rückschauseite* „Was kann ich nach Kapitel …?": Sie dient der Selbstevaluierung der S in Partnerarbeit. Die S überprüfen selbstständig mithilfe von einfachen kurzen Aufgaben das Erreichen der Lernziele in den Bereichen Wortschatz, Redemittel und Grammatik und wiederholen dabei wichtige Sätze und Phrasen.

Die vier **Plateaus** wiederholen und festigen die Lerninhalte der vorangegangenen drei Kapitel. Die S werden hier nicht mit neuen grammatischen Inhalten konfrontiert, sondern haben Zeit, noch einmal zu wiederholen und zu vertiefen. Die Übungen sind einfach, erfolgsorientiert, meist kooperativ und machen Spaß.

- Erste Seite: *Karussell*-Übung zur Dialogbildung und zum flüssigen Sprechen
- Drei Seiten *Training* mit erfolgsorientierten Übungen zu den Lerninhalten der drei vorangegangenen Kapitel: Flüssigkeitstraining, Automatisierungsübungen, emotionales Sprechen
- Eine Seite zur *Landeskunde* macht Lust auf Land und Leute in D-A-CH. Die Aufbereitung folgt dem aktuellen, an die eigene Kultur anknüpfenden Landeskundekonzept.
- *Filmclip mit Soap-Charakter* und eine Seite mit Aufgaben zum Hör-Seh-Verstehen und Projektaufgaben.

Grammatik im Überblick befindet sich im Anhang und ist eine systematische Zusammenfassung der grammatischen Strukturen aus dem Kursbuch A1. Zu jedem Thema gibt es einen Hinweis auf das Kapitel, in dem das Thema behandelt wird. Außerdem befindet sich dort eine Liste mit unregelmäßigen Verben, wichtiger Wortschatz nach Wortarten sortiert (Adjektive) und thematische Wortgruppen.

In den **Umschlagseiten** finden die S vorne illustrierte Redemittel zur *Unterrichtssprache* und hinten eine *Landkarte* von D-A-CH. Beide Seiten können im Verlauf des Schuljahres während des Unterrichts immer wieder genutzt werden.

Die **Lösungen** zu den Aufgaben im Kursbuch finden Sie in den Erläuterungen zum Unterricht auf den folgenden Seiten dieses Lehrerhandbuchs sowie online.
Die **Audio- und Videodateien** finden Sie auf den CDs bzw. auf der DVD im Lehrerhandbuch oder online.
Die **Transkriptionen** zu den Audio- und Videodateien finden Sie ebenfalls online.

Symbole im Kursbuch

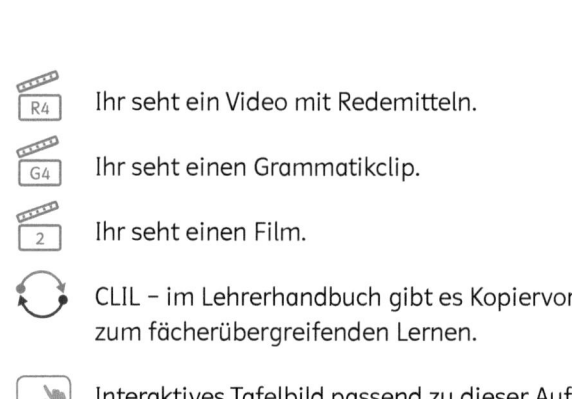

Ihr hört einen Text oder Dialog.	Ihr seht ein Video mit Redemitteln.
Aussprache – ihr hört und sprecht nach.	Ihr seht einen Grammatikclip.
Ihr vergleicht Deutsch mit eurer Sprache oder anderen Sprachen.	Ihr seht einen Film.
Ihr schreibt einen Text.	CLIL – im Lehrerhandbuch gibt es Kopiervorlagen zum fächerübergreifenden Lernen.
Projektaufgabe	Interaktives Tafelbild passend zu dieser Aufgabe in den digitalen Versionen zu Klasse!

Übungsbuch

Das Übungsbuch (ÜB) besteht aus 12 zehnseitigen *Kapiteln* und 4 *Testtrainings* (eines nach jeweils drei Kapiteln).

In den **Kapiteln** sind die Aufgabennummern von Kurs- und Übungsbuch *gespiegelt*, d. h. zu einer Aufgabe 2 im Kursbuch gibt es auch immer eine Übung 2 im Übungsbuch. Das Übungsbuch ist hauptsächlich für das selbständige Wiederholen und das individuelle Training der Lernenden zu Hause gedacht. Erfragen Sie trotzdem im PL immer kurz, ob und wo es Schwierigkeiten gab.

Übungsformen:
- Das Übungsbuch verfügt über ein großes Angebot zur *Binnendifferenzierung*.
  - ODER-Aufgaben **oder** : Die Lernenden entscheiden selbst, welche Schwierigkeit, Sozialform oder Fertigkeit sie bevorzugen.
  - Online-Übungen ^online : Sie dienen der Vorentlastung bzw. dem zusätzlichen Training zu ausgewählten ÜB-Übungen.
  - Partneraufgaben: Diese Übungen, die mal zu zweit 👤👤 oder zu dritt 👤👤👤 bearbeitet werden sollen, bieten sich als Ergänzung zu den KB-Aufgaben auch im Unterricht an.
- Schreibaufgaben ✍ : Die Schreibaufgaben im ÜB sind stark gelenkt und führen die Lernenden kleinschrittig an die Fertigkeit Schreiben heran.
- Aussprache-Übungen 🔊 vertiefen und trainieren das Thema aus dem KB.
- „Lernen – Üben – Spielen" ist die letzte Übung in jedem ÜB-Kapitel. Es handelt sich immer um eine spielerische Übung, zum Beispiel ein Quiz, ein Partnerdiktat oder ein Spiel.

Am Ende jedes ÜB-Kapitels finden die S den wichtigsten *Kapitelwortschatz*. Die fettgedruckten Wörter sind Prüfungswortschatz. Sie werden bei der Prüfung Fit in Deutsch 1 vorausgesetzt. Die Lerner finden im Kapitelwortschatz Hinweise zur Betonung und Aussprache (langer oder kurzer Vokal), Pluralangaben, Illustrationen, Beispielsätze, Merkkästen sowie Schreibzeilen, um sich die Übersetzung in der Muttersprache zu notieren.

Auch im ÜB gibt es eine *Rückschauseite*: „Was kann ich?". Die Lerner evaluieren ihren Lernfortschritt eigenständig. Im Gegensatz zum KB tun sie dies hier, indem sie Übungsaufgaben zu den kommunikativen Lernzielen des Kapitels in Einzelarbeit lösen. Wer hierbei Schwierigkeiten hat, kann mithilfe der angegebenen Aufgabennummer nochmal ins Kapitel zurückblättern und Inhalte gezielt wiederholen.

Im Abschnitt „So lerne und übe ich" evaluieren die S ihr Lernverhalten und werden ermuntert, verschiedene Lernstrategien zu erproben.

Ein **Testtraining** gibt es nach jeweils drei Kapiteln, es bietet eine ausführliche und intensive Vorbereitung auf die vier Prüfungsteile des *Goethe-Zertifikats A1: Fit in Deutsch 1*. Die Testtrainings machen die Lernenden mit sämtlichen Aufgabenformaten vertraut, geben Tipps zum Ablauf der Prüfung und führen die Lernenden kleinschrittig an Prüfungsstrategien heran. Die S können die Testtrainingsseiten zu Hause bearbeiten – nur die Fertigkeit Sprechen sollte im Unterricht behandelt werden.
Das erste und zweite Training besteht jeweils nur aus zwei Seiten, da die Lernenden erst über eine sehr geringe Sprachkompetenz verfügen. Testtraining 3 und 4 bestehen aus jeweils sechs Seiten, wobei Testtraining 4 ein kompletter Modelltest ist.

Die **Lösungen** zu den Aufgaben im Übungsbuch finden Sie online. Die **Audiodateien** finden Sie auf den CDs im Lehrerhandbuch oder online. Die **Transkriptionen** zu den Audiodateien finden Sie ebenfalls online.

Symbole im Übungsbuch

 Du hörst ein Audio.

 Du hörst ein Audio und übst die Aussprache.

 Du schreibst einen Text.

 Du arbeitest mit einem Partner / einer Partnerin.

 Ihr arbeitet zu dritt.

 Du findest online interaktive Übungen.

Lehrerhandbuch

Das Lehrerhandbuch (LHB) bietet eine allgemeine *Einführung* zum Lehrwerk **Klasse!**

In den *Erläuterungen zum Unterricht* werden alle Kursbuch-Aufgaben detailliert didaktisch erläutert, mit Lösungsangaben versehen und um Varianten, Erweiterungen, Ideen zur Binnendifferenzierung sowie Hinweisen und Infos für die Unterrichtsplanung ergänzt. Auch einzelne Übungsbuch-Aufgaben, die in den Unterricht miteinbezogen werden sollten, werden hier aufgeführt.

Im *didaktischen Glossar* am Ende des LHB sind didaktische Verfahren, Methoden und Spiele aufgelistet, die immer wieder im Unterricht zum Einsatz kommen können. In den Erläuterungen wird auf dieses Glossar wiederholt Bezug genommen.

Im Anschluss an die Erläuterungen finden Sie pro Kapitel drei *Kopiervorlagen* (zwei aufgabengebundene Kopiervorlagen und ein *Lernfalter* zur Wiederholung von Inhalten aus dem Kapitel in Partnerarbeit). Zur Erstellung eigener Lernfalter durch Sie als Lehrkraft oder die Schülerinnen und Schüler selbst gibt es auf Seite 83 eine leere Lernfalter-Vorlage zum Kopieren und Ausfüllen. Ebenfalls im Lehrerhandbuch finden Sie die vier *CLIL-Kopiervorlagen* für den fächerübergreifenden Unterricht (Content and Language Integrated Learning), auf die im Kursbuch mit dem entsprechenden Symbol verwiesen wird.

Dem Lehrerhandbuch liegen die vier *Audio-CDs* mit den Hörtexten und Ausspracheübungen von Kurs- und Übungsbuch sowie die *Film-DVD* mit Videos, Redemittelclips und Grammatikclips bei. Die Inhalte dieser Materialien sind auch online abrufbar. Die Transkriptionen der Audiotexte und der Filmdialoge finden Sie ebenfalls online.

Audio- und Videomaterialien

Zum Kursbuch und zum Übungsbuch gibt es jeweils zwei Audio-CDs mit Hörtexten und Ausspracheübungen sowie eine Film-DVD, die alle im Lehrerhandbuch eingelegt sind.
Die Audio- und Filmdateien sind auch Bestandteil der digitalen Ausgaben.

Sie und die Lernenden finden die Inhalte und auch die Transkriptionen zu Audios und Videos zudem online.

Intensivtrainer

Der Intensivtrainer bietet zu den 12 Kapiteln des Kursbuchs eine Vielzahl zusätzlicher Übungen. Mit einfachen und bekannten Übungsformen werden Wortschatz, Redemittel und Grammatik wiederholt und vertieft. Der Intensivtrainer enthält zudem Übungen zur Binnendifferenzierung, zum Leseverstehen und zum gelenkten Schreiben. Der Lösungsschlüssel befindet sich im Anhang.

Testheft

Das Testheft enthält 12 Lernfortschrittstests passend zum Kurs- und Übungsbuch. Mithilfe der Tests können Sie kontrollieren, ob die Lernenden den Lernstoff der einzelnen Kapitel beherrschen und die Lernziele erreicht haben. Deshalb gibt es Aufgaben zu Wortschatz und Grammatik sowie zu den Fertigkeiten Hören, Lesen und Schreiben. Tests zum Sprechen gibt es ab Kapitel 6. Sie finden sie separat im Anschluss an die Kapiteltests. Das Testheft dient aber auch der Vorbereitung auf die gängigen Prüfungen. Die Lernenden werden mit sämtlichen Formaten vertraut gemacht. Viele Testaufgaben ab Kapitel 6 entsprechen daher im Format den Prüfungsaufgaben aus *Fit in Deutsch 1* des Goethe-Instituts und *KID A1 des ÖSD*.

UnterrichtsPlus

Das Digitale UnterrichtsPlus ermöglicht flexibles multimediales Vorbereiten und Unterrichten. Als Erweiterung zur Digitalen Ausgabe Allango steht es nur Unterrichtenden zur Verfügung und bietet zusätzliche Inhalte seitengenau aufbereitet. Es enthält das Unterrichtshandbuch, interaktive Tafelbilder, seitengenaue Lösungen, Transkripte, Kopiervorlagen u. v. m.

Digitale Ausgabe – Allango

Die Digitale Ausgabe ist Kursbuch und Übungsbuch in digitaler Version. Sie ist für Lernende und Unterrichtende über den Lizenzschlüssel, den Sie im Buch auf der ersten Seite finden, aufrufbar. Zusätzlich zu den Buchseiten finden Sie hier eine Werkzeugleiste, die Audios, Videos, Lösungen und Transkripte, interaktive Quizes, Linklisten u. v. m.

Interaktive Tafelbilder

Die interaktiven Tafelbilder sind in den digitalen Ausgaben, nämlich im Digitalen UnterrichtsPlus und in der Blink-Learning-Version, enthalten. Pro Kapitel gibt es ein interaktives Tafelbild. Die interaktiven Tafelbilder eröffnen Ihnen eine weitere Möglichkeit, den Unterricht abwechslungsreich und kommunikativ zu gestalten und mit Ihren Schülern und Schülerinnen die neuen Medien zu nutzen. Sie bieten thematisch passende Sprechanlässe und spielerische, kurzweilige Aufgaben zur Vertiefung ausgewählten Lernstoffes. Stellen, an denen Sie interaktive Tafelbilder einsetzen können, sind im Kursbuch und im Lehrerhandbuch mit folgendem Symbol gekennzeichnet .

Zu jedem Tafelbild gibt es auch didaktische Erläuterungen und Hinweise zum Einsatz im Unterricht.

Die Tafelbilder laufen auf Interactive Whiteboards aller Hersteller. Sie können auch über Beamer an die Wand projiziert und über den Computer aktiviert werden.

Begleitlektüre

Bereits gegen Ende der Unterrichtszeit mit Klasse! A1 können die jugendlichen Lernenden mithilfe der Begleitlektüre A1 einen literarischen Text gemeinsam im Unterricht erschließen. Im Anhang der Begleitlektüre finden sich Übungen zum Leseverstehen, auch steht eine Audioaufnahme online zur Verfügung. Ein Personenverzeichnis mit kurzen Steckbriefen führt zu Beginn die Protagonisten ein. Durch eine visuelle Hilfe bei den Dialogen wird auch Lernern des Niveaus A1 sofort deutlich, wer etwas sagt.
Die Lerner können die Begleitlektüre auch privat lesen. Erzählt wird eine vom Lehrwerk ausgehende und dennoch eigenständige Geschichte aus der jugendlichen Lebenswelt, in der die Klasse!-Comicfiguren Kim, Marie, Henri, Lukas und Lars als (Haupt-)Figuren fungieren. Die Geschichte spielt an einem realen Ort in Deutschland (in Band A1: Erfurt), um beiläufig landeskundliche Informationen zu vermitteln.
Die Schülerinnen und Schüler erleben mithilfe der Lektüre, wie sie sich schrittweise und immer selbstständiger die Fremdsprache Deutsch erschließen können. Der Wortschatz des Lektürebandes orientiert sich am Wortschatz von Klasse!. Die Begleitlektüre ist illustriert und soll die Lernenden allgemein zum Lesen in der Fremdsprache Deutsch motivieren und so eine wichtige Brücke zum allgemeinen Lernerfolg schlagen.

Glossare

Sie finden Glossare zu folgenden Sprachen online: Arabisch, Englisch, Italienisch, Russisch, Spanisch, Türkisch.

Vokabelpakete zu Phase6 (Wortschatz-Apps)

Die Wortschatz-Apps gibt es ebenfalls zu den Sprachen Arabisch, Englisch, Italienisch, Russisch, Spanisch und Türkisch. Sie funktionieren auf Smartphones, Tablets und dem PC. Das Lernprinzip entspricht dem Karteikarten-System.

Allgemeine didaktische Hinweise und Tipps für die Arbeit mit Klasse!

Vorgehen beim Hörverstehen

In **Klasse!** wird das Hörverstehen kontinuierlich und kleinschrittig aufgebaut und trainiert, denn eine gute Vorentlastung fördert die Verstehensprozesse und spart Zeit bei der Auswertung. Insbesondere in den ersten Kapiteln wird Wert darauf gelegt, dass die S die Hörtexte oft genug hören und sich an den Klang der deutschen Sprache gewöhnen oder „Verstehensinseln" bilden (d. h. die S hören den Text ohne Buch, erkennen dabei bestimmte Wörter und konzentrieren sich auf das, was sie verstehen). Im Weiteren wird das Hören mit den Bildern verknüpft und erst beim dritten Hören die Aufgabe bearbeitet. Dann wird noch einmal gehört.
In allen Nachsprechübungen sind die Sätze so aufgenommen, dass es nach jedem Satz eine Pause zum Nachsprechen für die S gibt. Anschließend sprechen Sie die Sätze noch einmal und die S sprechen sie noch einmal im Chor nach.

Erst sprechen, dann schreiben!

Das Klassenzimmer ist vielleicht der einzige Ort, an dem die S die Gelegenheit haben, Deutsch zu sprechen. Lassen Sie die S daher auf dieser Niveaustufe viel mehr sprechen als schreiben. Lassen Sie Übungen in der Klasse möglichst immer *zuerst mündlich*, dann schriftlich bearbeiten – schriftlich vielleicht sogar erst als Hausaufgabe (HA). Die Aufgaben in **Klasse!** sind in der Regel auch nach diesem Prinzip angelegt. Sie sparen auf diese Weise Zeit, erhöhen den Sprechanteil im Unterricht und haben bessere schriftliche Ergebnisse. Für die Jugendlichen ist das natürlich motivierend.
Beim Schreiben unterscheiden wir grob zwischen dem „Schreiben als Mittlertätigkeit" und dem „zielgerichteten, kommunikativen Schreiben". Auf dem Niveau A1 geht es vorwiegend um das „Schreiben als Mittlertätigkeit", d. h. es werden Wörter, Sätze und Dialoge, Diktate und Texte in unterschiedlichen Übungen geschrieben, häufig auch *ab*geschrieben. Immer wieder finden Sie aber auch schon kommunikative Anlässe, Briefe oder kürzere Mails oder Nachrichten, die an einen potenziellen Leser gerichtet sind oder bei denen die S kreativ werden können.

Partnerarbeit und Interaktion

In **Klasse!** sind viele Aktivitäten vorgesehen, bei denen die S in Partnerarbeit (PA) oder in Kleingruppen (KG) miteinander sprechen (manchmal auch schreiben), ohne dass die Lehrkraft die Arbeit direkt kontrollieren muss. Das aktiviert alle Lernenden, erhöht den Sprechanteil erheblich und macht jugendlichen S in der Regel Spaß. Zudem ist wissenschaftlich bewiesen, dass die S in diesen Arbeitsphasen nicht mehr Fehler produzieren als bei der Arbeit im Plenum. Wichtig ist dabei aber, dass die Übungen, die die S zu zweit bearbeiten, so gestaltet sind, dass die Betonung auf der inhaltlichen Arbeit, dem Wiederholen, dem Flüssigkeitstraining etc. liegt und nicht auf der sprachlichen Form.
Viele Übungen dieser Art in **Klasse!** sind so gestaltet, dass die S die Sprache wirklich üben und gebrauchen, aber praktisch (außer bei der Aussprache) kaum formale Fehler machen können. Solche Aufgaben werden als erfolgsorientiert bezeichnet. Erfolgsorientierung ist wahrscheinlich das wichtigste Kriterium im Unterricht. Wenn Aktivitäten so gestaltet sind, dass die S sich von den Übungen nicht überfordert fühlen, sondern diese schnell und flüssig lösen können (und wollen) und dabei viel Deutsch sprechen, dann wird der Unterricht den Lehrenden und den S sicher mehr Freude bereiten.
Tipp: Lassen Sie bei der Partnerarbeit zu zweit immer wieder einmal die Partner wechseln. Zum Beispiel kann zunächst mit dem Sitznachbarn rechts, dann mit dem Sitznachbarn links, anschließend mit dem hinten und dem vorne zusammengearbeitet werden.

Grammatik in Klasse!

Seit vielen Jahren lehren wir die Grammatik nicht mehr als Bestimmungswissen, sondern schreiben ihr vorwiegend eine „dienende" Funktion zu: Sie dient dazu, Kommunikation zu unterstützen. Im Gemeinsamen Europäischen Referenzrahmen (GER), auch in der Ergänzung von 2019, findet sich dem entsprechend gerade noch eine halbe Seite, die sich explizit mit der Grammatik beschäftigt. Das bedeutet freilich nicht, dass Grammatik nicht mehr wichtig ist, sondern dass heute die Schwerpunkte je nach Niveaustufe anders betont werden.
In **Klasse!** wird versucht, in den Kapiteln die Grammatik so wenig wie möglich und so viel wie nötig zu thematisieren. Den S werden die grammatischen Strukturen angeboten, die sie für die Realisierung der Lernziele auf ihrem Niveau benötigen und für die A1-Prüfung brauchen.

Neuere Untersuchungen gehen davon aus, dass die Kenntnis grammatischer Regeln inklusive einer entsprechenden Terminologie erst ab dem Niveau B1 wirklich nützlich ist. Auf dem Niveau A1 und A2 sollte daher die Arbeit mit der impliziten Grammatik im Vordergrund stehen: das intensive Verwenden von Strukturen und das anwendungsbezogene Üben in möglichst realistischen Kontexten. Die Philosophie des modernen Sprachunterrichts fragt nicht „Was weißt du über die Sprache?" (Sprachwissen), sondern „Was kannst du mit der Sprache machen?" (Sprachkönnen) – eine Philosophie, die auch in die Kann-Bestimmungen des Europäischen Referenzrahmens 2001 und 2019 eingegangen ist. Häufig ist zu beobachten, dass im Unterricht viel mehr grammatisches Wissen vermittelt wird, als in Wirklichkeit auf der Niveaustufe verlangt und benötigt wird. So sollte beim Auftauchen einer neuen Struktur (z. B. Präpositionen) nicht sofort das gesamte System erarbeitet werden. Davon ausgehend sind die Angebote im Bereich Grammatik in **Klasse!** so ausgewählt, dass es nicht nötig ist, weitere Strukturen einzuführen oder zu ergänzen. Die Regeldarstellungen im Kursbuch sind zum Teil (bewusst) sehr knapp gehalten. Die S werden häufiger dazu aufgefordert, sich selbst formale Zusammenhänge zu erschließen und Zusammenhänge zu entdecken. Um diese Fähigkeit zu fördern, stehen Ihnen auch die Grammatikclips und die Grammatik-Kopiervorlagen online zur Verfügung. Im Anhang des Kursbuchs finden die S eine systematische Zusammenfassung der wichtigsten grammatischen Themen zum Nachlesen.
Tipp: Beziehen Sie die systematische Grammatik-Übersicht immer wieder in die Unterrichtsarbeit ein, damit die S mit ihr vertraut werden.

Wortschatzarbeit

Der Wortschatz ist wohl das, was bei einer Kommunikation in der Fremdsprache am wichtigsten und wertvollsten ist. Dabei unterscheiden wir zwischen Wortschatz, den man zum Verstehen braucht (rezeptiver Wortschatz) und Wortschatz für eigene Äußerungen (produktiver Wortschatz). Aus der Forschung wissen wir, dass die S zwar in der Regel recht schnell viele Wörter auf Deutsch (eventuell auch mithilfe ihrer Kenntnisse in anderen Sprachen) verstehen können. Das bedeutet aber noch nicht, dass dieses Vokabular auch produktiv von den S benutzt werden kann. Damit Ihre S neuen Wortschatz aktiv gebrauchen, müssen diese Wörter in vielfältiger Weise immer wieder im Unterricht gehört, geschrieben, gesprochen und in unterschiedlichen Kontexten verwendet werden. Es reicht nicht aus, eine Anzahl Wörter als Hausaufgabe auswendig lernen zu lassen. Wortschatz sollte immer wieder im Unterricht aufgegriffen, wiederholt, geübt und angewendet werden.
Im Kurs- und im Übungsbuch gibt es zahlreiche Aktivitäten, durch die der neu erworbene Wortschatz auf vielfältige Weise vernetzt, sinnvoll geordnet und somit im Gedächtnis verankert wird.
Tipp: In der Forschung zum Wortschatzerwerb gilt nach wie vor die Arbeit mit Lernkärtchen, bei denen sich die S gegenseitig abfragen, als die effektivste Form des Wörterlernens. Lassen Sie daher Ihre S zu Beginn des Unterrichts jeweils 5 Minuten Wortschatz mithilfe von Kärtchen (oder auch Listen) wiederholen. Die S fragen sich dabei abwechselnd und Sie können in der Zeit andere Dinge erledigen (z. B. den Computer einschalten, einen Tafelanschrieb vorbereiten usw.). Die Wortschatz-App Phase6 zu **Klasse!** (Vokabelpaket zu Phase6) bedient dieses System in digitaler Form.

Hinweise zur Arbeit mit besonderen Aufgabenformaten und Materialien in Klasse!

Im Kursbuch:

„Was kann ich nach Kapitel ...?"

Die S finden auf dieser letzten Seite des Kapitels im KB eine knappe Zusammenfassung und kurze Partnerübungen zu den Inhalten des jeweiligen Kapitels, wie z. B. Wortschatz, Sätze, Dialoge, Grammatik, und Strukturen, mit denen sie sprachlich handeln. Lassen Sie die S mit dieser Rückschauseite ihr Wissen und Können selbstständig überprüfen. Die S übernehmen damit ein Stück Verantwortung für ihren Lernprozess.

Vorgehen: Die S decken die linke Spalte ab und lösen die Aufgaben in der rechten Spalte zu zweit. Bei Unsicherheiten und zur Kontrolle hilft den S die linke Spalte. Sammeln Sie nach den Übungen im PL, was gut geklappt hat oder was noch schwierig war.

Im Übungsbuch:

„Was kann ich?"

Auf der letzten Seite der Kapitel im ÜB finden die S – analog zur „Was kann ich nach Kapitel ...?"-Seite im KB – Übungen zur eigenen Evaluation der Kapitel-Inhalte.

Vorgehen: Bearbeiten Sie nach Kapitel 1 diese Rückschauseite zum Kennenlernen der Aktivitäten im ÜB ausnahmsweise gemeinsam in der Klasse. Lassen Sie die S auf diese Weise entdecken, wie die Seite aufgebaut ist und wie die Arbeit mit ihr funktioniert. Die S arbeiten dabei am besten in PA. Geben Sie Hilfestellung. In den folgenden Kapiteln können die S diese Seiten dann individuell als HA machen. Thematisieren Sie dennoch auch bei späteren Kapiteln diese Rückschauseiten regelmäßig in der Klasse. So stärken Sie die S auf dem Weg der Selbstevaluation.

Im Kursbuch:

Freie-Wahl-Aufgabe

„Freie-Wahl" ist ein wiederkehrender Aufgabentyp am Ende jedes KB-Kapitels, bei dem verschiedene Aufgaben zur Wahl stehen. Die Aufgabenmöglichkeiten sind bewusst oft sehr unterschiedlich gewählt. So ergibt sich eine natürliche Differenzierung, bei der die S nach ihren eigenen Vorlieben und ihrem Lernstand entscheiden können.

Vorgehen: Zur Vorbereitung können Sie Zettel mit der Aufschrift A, B und (ggf.) C an die Wände hängen und kurz die verschiedenen Aufgabenmöglichkeiten erläutern, die zur Wahl stehen. Die S stellen sich je nach Vorliebe zu den Zetteln. Dann bearbeiten sie in PA oder KG die gewählte Aufgabe. Möglich ist auch ein Mehrheitsentscheid, nach dem diejenige Aufgabe, die von den meisten gewählt wurde, anschließend von allen S bearbeitet wird. Dieses Vorgehen bietet sich an, wenn die Aufgaben unterschiedlich viel Zeit brauchen. Im LHB wird an diesen Stellen immer eine der beiden Alternativen empfohlen.

Im Übungsbuch (und manchmal im Kursbuch):

ODER-Übung/Aufgabe

Die „ODER-Übungen" (im ÜB) und „ODER-Aufgaben" (im KB) bieten die Möglichkeit zur Binnendifferenzierung innerhalb eines Aufgabentyps. So unterscheiden sie sich zum Beispiel häufig in der Sozialform (allein oder mit einem Partner) und im Angebot von Hilfen für die Bewältigung des Arbeitsauftrags.

Vorgehen: Die S wählen selbst, welche Variante ihnen mehr Spaß macht und welche sie sich eher zutrauen.

Im Kursbuch:

Mehrsprachigkeit

Im Sinne der *language awareness* werden die S in **Klasse!** immer wieder dazu angeregt, über Internationalismen und sonstige Ähnlichkeiten mit anderen Fremdsprachen und ihrer Muttersprache nachzudenken. Indem die S Sprachen vergleichen, wird eine Verknüpfung von neuem mit bereits vorhandenem Wissen erreicht und das neue Wissen besser im Gehirn verankert. Der Sprachvergleich gibt den jugendlichen Lernern zudem das Gefühl, schon über einiges Wissen zu verfügen, das sie beim Deutschlernen sinnvoll nutzen können.

Vorgehen: Machen Sie den Sprachvergleich immer auch an der Tafel sichtbar. Fragen Sie nach, was an dem betreffenden Wort, an der Satzstruktur oder dem Laut ähnlich und was anders ist.

Im Kursbuch:

Redemittelclips und Grammatikclips

Die Redemittel- und Grammatikclips sind ein zusätzliches Angebot, um wichtige Redemittel und grammatische Strukturen einzuführen oder genauer zu verdeutlichen. Die unterhaltsame visuelle Veranschaulichung hilft den S, die Inhalte zu verinnerlichen. Zugleich stellt der Medienwechsel eine Abwechslung im Unterrichtsverlauf dar (Darbietung durch andere Stimmen, Musik usw.).
Vorgehen: Nutzen Sie die Clips individuell, wo sie Ihnen sinnvoll erscheinen, z. B. zur Einführung, zur Wiederholung des in der letzten Stunde erarbeiteten Wissens oder auch zum Nachahmen.

Im Kursbuch:

Filmclips in den Plateaus

In einer kurzen Filmsequenz aus dem Leben einer Gruppe von Jugendlichen werden die Themen der vorangegangenen Kapitel aufgegriffen und wiederholt. So wird den S die Lebenswelt deutscher Jugendlicher nähergebracht und mit dem Gelernten verknüpft. Die Videoseite didaktisiert den Filmclip kleinschrittig und bietet abwechslungsreiche Aufgaben zum Hör-Seh-Verstehen.

Im Kursbuch:

Lernstrategien

Immer wieder werden den S Handy-Tipps im KB und ÜB begegnen, auf denen sie Tipps und Strategien zum Lernen finden. Gehen Sie auf die Strategien in der Klasse ein, um die Aufmerksamkeit der S auf das Handy-Symbol zu lenken und ihnen Ressourcen an die Hand zu geben.

Online:

Grammatik-Kopiervorlagen

Die Grammatik-Kopiervorlagen bieten die Inhalte der Grammatikkästen aus dem KB mit Lücken zum Ausfüllen. Sie können sie einsetzen, um das selbstentdeckende Lernen der S zu fördern.
Vorgehen: Kopieren Sie die Vorlagen (die S können sie zu Hause auch selbst ausdrucken). Die S bearbeiten sie in PA, anschließend vergleichen Sie im PL oder Sie lassen die S ihre Ergebnisse mit dem Grammatikkasten im KB vergleichen. Zum Schluss kleben die S die ausgefüllten Kopiervorlagen in ihr Heft (oder die S legen eine eigene Mappe mit den Kopiervorlagen an).
Sie können die Grammatik-Kopiervorlagen auch als Wiederholung benutzen, um das Wissen noch einmal zu aktivieren, z. B. mit allen Grammatikvorlagen eines Kapitels, bevor Sie ein neues Kapitel beginnen. Die Grammatikclips können hier als Vorentlastung dienen.

Im Lehrerhandbuch:

Lernfalter

Zu jedem Kapitel wird im Lehrerhandbuch ein „Lernfalter" angeboten. Mit den Lernfaltern können die S neu erworbenen Wortschatz und neu erlernte Strukturen üben und festigen. Die Progression der Aufgaben ist von geschlossenen hin zu offeneren geordnet.
Vorgehen: Die S arbeiten in PA, dazu bekommt jeder eine Kopie des Lernfalters, der in der Mitte gefaltet wird. Person A stellt eine Aufgabe (hat aber auch die Lösung) und Person B löst sie, ohne die Lösung zu kennen. A kann bei Schwierigkeiten helfen. Normalerweise sind die Lernfalter so angelegt, dass die S nach der Hälfte der Aufgaben ihre Rollen wechseln, sodass beide Partner einmal die Experten und einmal diejenigen sind, die die Aufgaben lösen müssen. Somit ist eine Selbstevaluation der S möglich, da es immer eine Kontrolle und eine Lösung gibt.
Es ist auch möglich, mit den Lernfaltern alleine zu arbeiten. Außerdem finden Sie eine leere Lernfalter-Vorlage auf Seite 83 im LHB, die Sie selbst ausfüllen können oder die Ihre S ausfüllen. Die Erfahrung zeigt, dass die S Spaß daran haben, selbst Lernfalter zu erstellen.

Im Lehrerhandbuch:

CLIL-Kopiervorlagen

In den Kapiteln 2, 6, 8 und 12 finden Sie je eine Aufgabe, die mit dem CLIL-Symbol gekennzeichnet ist. Es handelt sich um Aufgaben, bei denen ein fächerübergreifender Unterricht mit oder bei einer anderen Fachlehrkraft durchgeführt werden kann. Im LHB gibt es zu diesem Zweck eine Kopiervorlage und eine kurze didaktische Erläuterung, wie eine Fachlehrkraft mit dem Material eine Unterrichtsstunde gestalten könnte. In A1 sind das die Fächer Geografie, Biologie und Sport.
Die CLIL-Angebote sind lediglich als „Ausstieg" aus dem Deutschlehrwerk für einen Übergang in das andere Fach gedacht, ohne fachlich allzu sehr in die Tiefe gehen zu können. Es handelt sich also um Material als Impulsgeber für eine Unterrichtseinheit, die noch weiter ausgebaut werden kann.

Hallo! Servus! Salü!

Lerninhalte: internationale Wörter | sich begrüßen und verabschieden | sagen und fragen, wie es jemandem geht | sich und andere vorstellen | buchstabieren | Zahlen bis 15 | nach Telefonnummer und Alter fragen | Deutsch im Unterricht | *Danke – Bitte*
Grammatik: Aussagesätze | W-Fragen | Fragepronomen *Wie? Wer? Was?*
Aussprache: Alphabet

	Erläuterungen zum Unterricht	Material
1a	Projizieren Sie die Landkarte mit den drei Flaggen von KB, Seite 8, und schreiben Sie die drei Ländernamen *Deutschland – Österreich – Schweiz* daneben. Die S ordnen die Ländernamen zu. Verweisen Sie auf den Titel und fragen Sie die S, was sie meinen: *Wo sagt man Hallo?* (Deutschland), *wo Servus?* (Österreich), *wo Salü?* (Schweiz). Die S sehen die Fotos auf der Doppelseite an, lesen in ihren Büchern die Sätze von 1a und ordnen sie in PA den Fotos zu. Notieren Sie für den Vergleich im PL die beiden Fragen *Wer ist das? Was ist das?* an der Tafel und geben Sie ein Beispiel für *wer* (z. B. *David Alaba*) und ein Beispiel für *was* (z. B. *Matterhorn*). **Lösung:** 1B, 2D, 3J, 4H, 5L, 6A, 7M, 8G, 9I, 10N, 11E, 12C, 13F 14K	
1b	Die S hören die Sätze aus 1a dreimal: Erstes Hören, um den Klang auf Deutsch kennenzulernen, die S sehen sich dabei die Bilder an. Zweites Hören: Die S ordnen die Bilder zu, d. h. sie tippen auf die jeweiligen Bilder. Drittes Hören: Die S sprechen die Sätze nach. Hinweis: In allen Nachsprechübungen sind die Sätze so aufgenommen, dass es nach jedem Satz eine Pause zum Nachsprechen für die S gibt. Anschließend sprechen Sie die Sätze noch einmal und die S sprechen sie noch einmal im Chor nach. Das Chorsprechen ist eine sehr gute Methode für Jugendliche, um sich in der Gruppe zu verstecken, aber trotzdem sprechen zu üben. (Weitere Hinweise auf die Besonderheiten des Fremdsprachenunterrichts mit Jugendlichen finden Sie in der Einleitung.) Zum weiteren Üben der Aussprache und zur Automatisierung der Struktur stellen sich die S in PA gegenseitig die Fragen: *Was ist das?* bzw. *Wer ist das?* Ein S zeigt auf ein Bild und der andere antwortet, indem er den passenden Satz liest. Stärkere S versuchen, die Sätze frei zu sprechen.	🎧 1.02
ÜB 1d	Klären Sie die Arbeitsanweisung und geben Sie zwei bis drei weitere Beispiele im PL. Anschließend arbeiten die S in PA mit der Landkarte auf der hinteren Umschlaginnenseite im KB. Ein S fragt nach einer Stadt und der andere nennt das passende Land dazu.	
	Erweiterung: Die S schneiden Bilder (Orte, Produkte, Personen) zu D-A-CH aus und erstellen in PA eine eigene → **Collage**. Bei der Präsentation kommentieren die S ihre Collage mit den gelernten Sätzen. Die Collagen bleiben im Klassenzimmer hängen und können so auch zur Wiederholung in den nächsten Unterrichtsstunden herangezogen werden.	Zeitschriften, Scheren, Klebestifte
2a 🗨️	**Mehrsprachigkeit:** Die Aufgaben zur Mehrsprachigkeit sollen das Bewusstsein der S dafür wecken, dass Deutsch nicht so schwer und fremd ist, wie es zunächst vielleicht wirkt. Da Deutsch oft nicht die erste Fremdsprache ist, die die S lernen, verfügen sie über Ableitungsmöglichkeiten aus ihrer eigenen Muttersprache und wahrscheinlich einer/mehreren anderen Fremdsprachen. In dieser Aufgabe geht es um internationale Wörter, von denen die S sicherlich viele aus anderen Sprachen erschließen können, da sie dort ähnlich sind. Regen Sie die S an, als Hilfe die deutsche Sprache mit anderen Sprachen zu vergleichen. Dies bezieht sich hier im konkreten Fall auf Ähnlichkeiten im Wortschatz. Der Vergleich zu Unterschieden und Ähnlichkeiten kann aber auch bei grammatischen Strukturen, der Aussprache etc. helfen. Schauen Sie gemeinsam mit den S die Tabelle an und stellen Sie sicher, dass alle Kategorien verständlich sind. In KG sortieren die S die Wörter und schreiben sie tabellarisch auf ein Blatt Papier oder in ihre Hefte. Gehen Sie hier noch nicht auf die verschiedenen Artikel der Nomen ein. Fordern Sie die S auf, die deutschen Wörter mit der Muttersprache zu vergleichen: *Was ist gleich? Was ist anders?*	Bilder

Lösung:

Sport	Autos	Musik	Land	Natur	Essen/Trinken	Geld
Biathlon	VW	der Sänger	Deutschland	die Alpen	der Kaffee	Schweizer
Fußball	Mercedes		Schweiz	die Nordsee	die Currywurst	Franken
Basketball	Porsche		Österreich		der Tee	
Skifahren	BMW				die Schokolade	
					das Wiener Schnitzel	
					der Apfelstrudel	
					die Cola	

Binnendifferenzierung: Bieten Sie als Hilfe Bilder von den noch unbekannten internationalen Wörtern an (VW, Mercedes, Kaffee, Alpen, Porsche, Tee, Skifahren). In sprachlich und kulturell heterogenen Klassen kann dies hilfreich sein.

(Material: Fotos)

	Erweiterung: Für spielerische Übungen zur Wortschatzwiederholung schreiben Sie die Wörter aus 2a auf Karten. Suchen Sie außerdem Bilder zu den Wörtern und kleben Sie diese ebenfalls auf Karten. Anregungen dafür finden Sie im Glossar.	Karten
2b	In KG notieren die S weitere deutsche Wörter, die sie schon kennen. Sammeln Sie die Wörter aus den KG an der Tafel. Bei homogenen Gruppen sprechen Sie darüber, woher die S die Wörter kennen.	
	Variante: Wettbewerb: Die S haben fünf Minuten Zeit, in KG so viele internationale Wörter wie möglich aus Zeitschriften zu schneiden und aufzukleben. Vergleich im PL: Gewonnen hat die KG, die die meisten Wörter gefunden hat.	Zeitschriften, Schere, Kleber

Hallo, wie geht's?

3a	Die S hören die Dialoge bei geschlossenen Büchern ein erstes Mal und versuchen, ein paar Wörter zu verstehen. Im Anschluss an jeden Dialog fragen Sie, was die S verstanden haben. Die S rufen die Wörter in die Klasse. Danach öffnen die S die Bücher, lesen die Dialoge erst leise, hören noch einmal und lesen mit. Die S üben so, einen Zusammenhang zwischen Schriftbild und Aussprache herzustellen.	1.03
3b	In KG lesen die S die Minidialoge und achten gegenseitig auf die Aussprache. Zur Kontrolle der Aussprache hören die S ein drittes Mal.	
	Tipp: Im KB finden Sie immer wieder das Smartphone mit einem Lerntipp, der den S weitere Informationen gibt, sie auf kulturelle Unterschiede hinweist oder ihnen bei Strukturen hilft. Zeigen Sie den S den Lerntipp und fragen Sie: *Was bedeutet das?* In Österreich begrüßt man sich mit *Servus!* und in der Schweiz mit *Salü!* Die S sehen hier, dass die Begrüßung in den D–A–CH–Ländern unterschiedlich sein kann.	
ÜB 3a+b	Die S ordnen die passenden Ausdrücke zu. So wird deutlich, welche Begrüßung zu welcher Tageszeit benutzt wird.	
3c	In PA sortieren die S die Sätze aus den Dialogen aus 3a. Vergleich im PL.	

Lösung:

Begrüßung		Verabschiedung	
formell	informell	formell	informell
Guten Morgen	Hallo	Auf Wiedersehen	Tschüs
Guten Tag	Hi		Ciao
Guten Abend			

3d	Schreiben Sie *informell* und *formell* auf Kärtchen. Jeder S zieht ein Kärtchen, geht im Raum herum, trifft einen anderen S. Die beiden begrüßen und verabschieden sich, tauschen die Kärtchen, gehen weiter und begrüßen neue Partner.	Kärtchen
	Binnendifferenzierung: Bei Lerngruppen, denen die Unterscheidung informell/formell schwerfällt, gehen Sie vor wie unter 3d beschrieben, aber notieren Sie zusätzlich auf der Rückseite der Kärtchen die Begrüßung und Verabschiedung für informell bzw. formell. Die S laufen durch den Raum und treffen auf einen anderen S, halten ihm ihre Karte mit der Anweisung informell oder formell hin und der andere S begrüßt und verabschiedet sich entsprechend. Der S mit der Karte sieht die Lösung auf der Rückseite und kann so kontrollieren und helfen.	
	Erweiterung: Automatisierung. Schreiben Sie Rollenkarten: *Lehrer, Frau Huber, Direktor, Sara, Henri* etc. und verteilen Sie diese an die S. Die S gehen durch die Klasse, Wenn sie einen anderen S treffen, müssen sie entsprechend seiner Rollenkarte entscheiden, ob sie diese Person informell oder formell begrüßen und verabschieden. Beispiel: Frau Huber trifft Sara. Sara begrüßt formell und Frau Huber informell.	Karten
4	Die S lesen den Dialog und den Redemittelkasten erst leise. Dann hören die S den Dialog. Vergleichen Sie anschließend die Aussprache und das Schriftbild in der Klasse: z. B. *wie* (langes i und das e hört man nicht), *auch* (ch ist ein Laut). Die S lesen den Dialog in PA, dann hören sie ihn noch einmal. Nun lesen die S den Dialog anhand des Dialoggerüsts ergänzen dabei ihre eigenen Namen und variieren die Antworten. Gehen Sie herum und helfen Sie bei der Aussprache. Freiwillige Zweierteams lesen je einen Dialog (☺, ☺) vor.	1.04
	Variante: Vor der Bearbeitung von Aufgabe 4: Schreiben Sie die Frage *Wie geht's?* an die Tafel. Machen Sie ein Kärtchen pro Wort aus dem Redemittelkasten. Setzen Sie auch die Smileys jeweils auf eine Karte. Verteilen Sie pro KG einen Kartensatz. Die S sortieren intuitiv die Wörter zu den Smileys. Eine KG kann es an der Tafel machen, so lassen sich die Ergebnisse gut vergleichen. Chorsprechen: Lesen Sie die Frage und die Antworten vor und die S sprechen nach.	Kärtchen
	Binnendifferenzierung: Kopieren Sie das Dialoggerüst auf einen Extra-Zettel und geben Sie jedem S einen, damit die S die Dialoge bei geschlossenen Büchern üben können. Wenn ein S sich sicher genug fühlt, kann er den Zettel umdrehen.	Kopie

Erweiterung: Damit sich die Rückfrage *Und dir?* einprägt, steigen Sie in die nächsten Stunden immer wieder mit der Frage *Wie geht's?* ein. Lassen Sie immer auch die Rückfrage stellen, sodass beide Gesprächspartner fragen und antworten. Die ersten Male führen Sie dies im PL durch, später als Variante in KG als → **Kettenübung**.

ÜB 4b In PA schreiben die S einen eigenen Dialog und lesen ihn laut. Diese Übung können die S auch als HA bearbeiten, um das Gelernte noch einmal zu wiederholen. Die S geben Ihnen die Texte zur Korrektur.

R1

Hinweis: Hier und an weiteren Stellen im Kursbuch finden Sie immer wieder eine grüne Filmklappe als Symbol. Das bedeutet, dass es hierzu einen kleinen Redemittel-Clip gibt, den Sie den S unterstützend zum Hören, Nachsprechen und Automatisieren vorspielen können.

In diesem ersten Redemittel-Clip hören die S noch einmal Begrüßungen in verschiedenen Kontexten. Zeigen Sie den Clip und sprechen Sie anschließend in der Klasse und in der Muttersprache der S: *Welche Unterschiede gibt es bei der Begrüßung auf Deutsch und im eigenen Land? Welche unterschiedlichen Begrüßungsrituale haben Jungen und Mädchen?*

Wer ist das?

5a Bei geschlossenen Büchern hören die S die Dialoge: *Was versteht ihr?* Das zweite Hören findet bei geöffneten Büchern statt, sodass die S mitlesen können (dadurch können die S den Zusammenhang von Schriftbild und Aussprache nachvollziehen). Klären Sie im PL die Dialoge, dann lesen die S die Dialoge mit verteilten Rollen. Anschließend hören sie noch einmal zur Kontrolle der Aussprache und lesen die Dialoge noch einmal.

1.05

Erweiterung: Lassen Sie bei der Arbeit zu zweit immer wieder einmal die Partner wechseln: Übung 1: mit dem Partner rechts; Übung 2: mit dem Partner links; Übung 3: mit dem Partner hinten; Übung 4: mit dem Partner vorne.

5b Hier und an weiteren Stellen im KB finden Sie immer wieder eine orange Filmklappe als Symbol. Das bedeutet, dass es hierzu einen kurzen Grammatik-Clip gibt, den Sie den S unterstützend zur Grammatikerläuterung vorspielen können.

G1

Kopiervorlage

Kopieren Sie die Kopiervorlage und schneiden Sie die Kärtchen aus. Jede KG bekommt einen Satz Kärtchen. Die S legen die Sätze in die richtige Reihenfolge. Beim anschließenden Vergleich im PL notieren Sie die Sätze so an der Tafel, dass die Verben untereinander stehen. Schreiben Sie die Verben in einer anderen Farbe, sodass sie hervorgehoben sind. Nachdem Sie alle Sätze an die Tafel geschrieben haben, notieren Sie über die Verben das Wort *Verb*. Fragen Sie: *Wo steht das Verb? Auf Position 2.* Die S öffnen das Buch und im PL sehen sie sich den Grammatikkasten an: *Warum steht eine 2 unter den Verben?*

Wischen Sie die Tafel ab und sammeln Sie die Karten ein. Nun bilden die S die Sätze aus 5b noch einmal mündlich. Ein S sagt einen Satz, ein weiterer S wiederholt ihn und evtl. auch noch ein dritter. Dann beginnt S2 mit dem nächsten Satz. Zum Abschluss sprechen Sie die Sätze vor und die S sprechen sie im Chor nach. Zuletzt schreiben die S die Sätze in ihr Heft oder Sie kopieren die Grammatik-KV und die S ergänzen dort die Sätze und kleben den Ausschnitt in ihr Heft.

Hinweise: Zu jedem Grammatikkasten im KB finden Sie eine Grammatik-KV mit Lücken online bei den Zusatzmaterialien. Diese bieten Ihnen die Möglichkeit, die Grammatik von den S selbst entdecken zu lassen, noch einmal die Strukturen zu wiederholen und diese in der Vorlage zu ergänzen.

GR-Kopiervorlage

Das Klassenzimmer ist vielleicht der einzige Ort, an dem die S die Gelegenheit haben, Deutsch zu sprechen. Deshalb legt **Klasse!** viel Wert auf die mündliche Fertigkeit. Lassen Sie die S mehr sprechen als schreiben. Weil Schreiben im Unterricht oft mit fehlerhaften Texten und mit viel Korrekturzeit verbunden ist, sollten schriftliche Übungen nach Möglichkeit erst mündlich bearbeitet und vorbereitet werden, bevor die S die Aufgabe schriftlich lösen, ggf. sogar erst als HA.

5c Spielen Sie für diese Aufgabe ein Beispiel mit zwei S vor. Begrüßen Sie sie, fragen Sie nach dem Namen und wer die andere Person ist. Die S antworten wie in der Sprechblase vorgegeben. Dann verabschieden sie sich. Die S stehen auf, gehen herum und bilden Dreiergruppen, in denen sie die Aufgabe durchführen. Noch effizienter: Spielen Sie Musik ab. Die S bewegen sich frei durch den Raum. Wenn Sie die Musik stoppen, stellen sich je 3 S zusammen und stellen sich vor. Dann läuft die Musik weiter und die S bewegen sich wieder durch den Raum, bis Sie die Musik erneut stoppen usw. → **Sprechmühle**

ÜB 5b Die S schreiben und spielen den Dialog zu dritt. Gehen Sie herum und korrigieren Sie ggf. die Aussprache. Bei Zeitmangel kann diese Ü auch sehr gut als HA gemacht werden.

6a Steigen Sie mit dem Wort *Karussell* und einem Foto von einem Karussell ein, um die S auf den Hörtext einzustimmen und Hörerwartungen zu bilden. Fragen Sie mit Gesten: *Wie findet ihr Karussellfahren?* (Geste: Daumen hoch/runter). Ggf. wechseln Sie in die Muttersprache und fragen Sie: *Kann man sich beim Karussellfahren/in der Loopingbahn gut unterhalten?* Erstes Hören bei geschlossenen Büchern, damit die S Verstehensinseln bilden können: *Was versteht ihr?* Zweites Hören bei geöffneten Büchern: Die S lesen den Dialog mit. In PA lesen die S den Dialog, dann hören sie ihn noch einmal und achten auf die Aussprache. Evtl. noch einmal hören. Dann imitieren die S den Dialog, d. h. sie lesen ihn mit ähnlicher Intonation wie auf der Audioaufnahme.

Binnendifferenzierung: Für stärkere Gruppen: Kopieren Sie den Comic und löschen Sie die bekannten Sätze (…, *wie heißt du? Ich heiße Kim. Ich bin Lukas.*). Kopieren Sie die Version mit den gelöschten Sätzen für die S. Steigen Sie ein wie oben beschrieben. Vor dem zweiten Hören teilen Sie die Kopien aus. Die S hören und ergänzen den Comic. Dann lesen bzw. spielen sie ihn in PA.

Foto

Kopie

6b
Die S hören das Alphabet und lesen mit. Beim zweiten Hören lesen und sprechen die S mit. In PA lesen sich die S gegenseitig das Alphabet noch einmal vor. Gehen Sie herum und helfen Sie bei der Aussprache. Notieren Sie die Wörter *heißt* und *stimmt* an die Tafel. Sprechen Sie diese vor und die S sprechen sie nach. Weisen Sie hier auf den Diphthong *ei* hin und lassen Sie die S diesen Laut öfter sprechen. Dann gehen Sie auf das *st* bei *stimmt* ein und lassen auch diesen Laut öfter sprechen.

Erweiterung: Wenn Ihre S Schwierigkeiten haben, den Unterschied zwischen „i" und „e" zu hören, oder entsprechende Buchstaben falsch aussprechen (z. B. „bi" statt „be" für den Konsonanten b), sprechen Sie das Alphabet noch einmal und achten Sie darauf, dass Sie das „e" übertrieben sprechen. Die S sprechen im Chor nach.

ÜB 6a–c
Diese Übung bietet sich für den Unterricht an, um weiter für das Alphabet zu sensibilisieren.

6c
Vorgehen wie in der Arbeitsanweisung beschrieben.

Erweiterung: Um die S von Anfang an für die Besonderheiten der deutschen Aussprache zu sensibilisieren, sehen Sie sich nach 6c noch einmal die Aufgabe 2a an. Weisen Sie auf die Buchstabenverbindungen *ch* (*Österreich*), *sch* (*Schweiz, Schokolade*), *sp* (*Sport*) und *st* (*Apfelstrudel*) hin und erläutern Sie die Aussprache.

6d
ODER-Aufgabe (siehe auch Hinweise dazu in der Einleitung): In PA entscheiden die S, welchen der beiden Übungsvorschläge sie realisieren wollen. Die S können so selbst entscheiden, welche Aufgabe ihnen mehr liegt, und sie üben, Verantwortung für ihr eigenes Lernen zu übernehmen.

Erweiterung: Zur Wiederholung und zum weiteren Üben: Die S bilden Zweierteams. Notieren Sie Wörter aus dem Kapitel auf Kärtchen und geben Sie jedem Team je eine Karte. Den Rest der Karten legen Sie auf das Lehrerpult. S1 diktiert und S2 notiert das Wort. Dann vergleichen die S ihre Schreibung mit dem Original und lesen das Wort laut. Dann tauschen sie ihr Wortkärtchen gegen eine andere vom Lehrerpult aus und S2 diktiert. So können alle Teams in ihrem eigenen Tempo arbeiten. Geben Sie 5 Minuten aus Zeitvorgabe. Sie können zudem die Lernfalter-KV benutzen. Mehr zu Verwendung und Erstellung von Lernfaltern erfahren Sie in der Einleitung.

Kärtchen

Lernfalter

Zahlen, Zahlen, Zahlen

7a
Die S hören die Zahlen, dann hören sie und lesen leise mit. Beim dritten Hören sprechen die S laut mit. Automatisierung: In PA sprechen die S die Zahlen noch einmal. Gehen Sie in der Klasse herum und achten Sie auf die korrekte Aussprache.

7b
In PA zählen die S mehrmals abwechselnd einmal aufwärts von 0 bis 15, dann abwärts von 15 bis 0.

8
In PA: Vorgehen wie in der Arbeitsanweisung beschrieben.

Als Einstieg in die nächste Unterrichtsstunde: Die S suchen als HA Bilder mit Zahlen bis 15 oder machen Fotos. → **Kugellager:** Die S stellen sich einander gegenüber, zeigen sich ihre mitgebrachten Fotos und nennen die Zahlen dazu. Je zwei Fotos pro Partner, dann wird rotiert.

9a
Die S hören bei geschlossenen Büchern die Dialoge: *Was habt ihr verstanden?* Die S öffnen die Bücher, hören noch einmal und lesen mit. In PA lesen die S die Dialoge. Die S hören die Dialoge noch einmal und lesen sie mit einem anderen Partner noch einmal.

ÜB 9a
Für schwächere Gruppen: Als Vorbereitung auf das freie Sprechen in 9b hören und sortieren die S den Dialog und lesen ihn dann in der richtigen Reihenfolge.

9b
Die S lesen noch einmal den Modelldialog in 9a und üben dann den Dialog mit den Angaben zur eigenen Person zu zweit.

	Im Deutschunterricht	
10a	Wenn möglich, projizieren Sie die Aufgabe an die Wand, sodass die Bilder gemeinsam im PL besprochen werden können. Die S sehen sich die Bilder an der Wand oder im Buch an und ordnen die Anweisungen den Bildern zu. Gehen Sie hier noch nicht auf das grammatische System des Imperativs ein. **Lösung:** A: Arbeitet zu zweit. B: Hört. C: Schreibt. D: Fragt. E: Lest. F: Ordnet zu. G: Spielt. H: Sortiert. I: Zeigt. J: Sprecht.	
	Variante: Kopieren Sie die Kopiervorlage von der KB-Seite je nach Klassengröße so oft, dass die S in KG damit arbeiten können. Idealerweise vergrößern Sie die Seite vor dem Vervielfältigen. Schneiden Sie die Bilder und die Sätze aus und laminieren Sie sie, sodass Sie sie öfter benutzen können. Geben Sie jeder KG die Bild- und Textkarten. Die S ordnen die Karten zu. Vergleich im PL. Anschließend legen die S die Textkarten weg und mischen nur die Bildkarten. Ein S zieht ein Bild und sagt den dazu passenden Satz. Ist dieser richtig, darf er das Bild behalten.	Kopiervorlage
10b	In EA suchen die S weitere Anweisungen im Kapitel und notieren sie. Die gefundenen Anweisungen werden an der Tafel gesammelt und, wo nötig, die Bedeutung geklärt. **Lösungsbeispiele:** Lest mit. Stellt euch vor. Sprecht mit.	
10c	Die S hören, ohne etwas zu notieren. Klären Sie zunächst noch keine Bedeutung, weil diese durch die Dialoge klar werden sollte. Falls es nach dem Hören noch Unklarheiten gibt, werden diese dann geklärt. Die S hören und notieren wie in der Arbeitsanweisung beschrieben. Danach lesen Sie gemeinsam: Sprechen Sie die Lehrersätze und die S lesen die Schülersätze. Achten Sie auf die richtige Aussprache, dann erkennen die S die Sätze in den Dialogen besser wieder. **Lösung:** Lehrer: B, E, F, H, K. Schüler: J, D, G, A, C, I	🎧 1.11
	Erweiterung: Automatisierung. Projizieren Sie die Aufgabe 10c an die Wand. Die S haben zwei Minuten Zeit, sich die Sätze einzuprägen. Dann stellen sich alle in einen Kreis. Werfen Sie einen Ball zu einem S und sagen Sie einen Satz aus 10c. Der S wirft den Ball weiter und sagt einen anderen Satz. Es sollte relativ zügig gehen, damit es nicht langweilig wird. Die Sätze können sich auch wiederholen. Nach einer Weile schalten Sie die Projektion aus. Bei großen Gruppen bilden Sie zwei Kreise.	
11	**Freie Wahl:** Dieses Aufgabenformat finden Sie am Ende jedes Kapitels. Es handelt sich in der Regel um aufgaben- bzw. handlungsorientierte, spielerische und/oder kommunikative Aufgaben, die Lernziele aus dem Kapitel aufgreifen. Die S haben hier die Möglichkeit, gemäß Können oder Interesse zu wählen, was die Motivation und den Spaß am Lernen erhöht. In der Klasse und im Unterricht ist das ein gutes Mittel gegen Langeweile, Über- und Unterforderung. Die S bearbeiten Aufgabe A oder B. Vorgehen wie in den Arbeitsanweisungen A und B beschrieben. Damit die S eine Aufgabe auswählen können, gehen Sie vor wie in der Einleitung beschrieben. Ein paar Zweierteams präsentieren den Dialog aus Aufgabe B im PL. Für die Wahl-Aufgabe A können Sie, um Zeit zu sparen und je nach Gruppe, Wortkärtchen vorbereiten.	(Kärtchen)
	Was kann ich nach Kapitel 1?	
	Die S bearbeiten die „Was kann ich?"-Seiten im KB und im ÜB wie in der Einleitung zum Lehrerhandbuch beschrieben. Zur Erinnerung: Im KB wird die linke Spalte abgedeckt, die Aufgaben in der rechten Spalte werden in PA bearbeitet – und im Anschluss mithilfe der linken Spalte kontrolliert. Die Seite im ÜB eignet sich als HA. Thematisieren Sie sie in der nächsten Stunde kurz im PL, dann vergleichen die S z. B. fünf Minuten lang in PA ihre Ergebnisse. **Binnendifferenzierung:** In schwächeren Gruppen können Sie die linke Spalte erst im PL lesen und besprechen. Anschließend folgt die PA, bei der die linke Spalte zugedeckt wird.	
ÜB	Bearbeiten Sie nach Kapitel 1 die Seite „Was kann ich?" im ÜB zum Kennenlernen der Aktivitäten ausnahmsweise in der Klasse. Lassen Sie die S entdecken, wie die Seite funktioniert und wo sie die Lösungen finden. Die S arbeiten dabei am besten in PA. Geben Sie Hilfestellung. Ist alles klar, können die S von nun an die „Was kann ich?"-Seiten individuell als HA machen. Thematisieren Sie dennoch bei späteren Kapiteln diese Seiten regelmäßig in der Klasse, um die S auf dem Weg der Selbstevaluation zu stärken.	

Lerninhalte: Hobbys | sich und andere vorstellen | kurze Infotexte verstehen | Fragen stellen und antworten | Steckbrief schreiben | Zahlen 16–1000 | Länder | *aus Polen, aus der Schweiz* | Sprachen | internationale Wörter erkennen | ein Lied auf Deutsch singen
Grammatik: Ja-Nein-Fragen | Verben im Singular | Personalpronomen im Singular | *sein* im Singular
Aussprache: Satzmelodie

	Erläuterungen zum Unterricht	Material
1a	Die S sehen sich die Fotos an. In PA sortieren sie die passenden Hobbys zu den Fotos. Vergleich im PL; falls möglich, projizieren Sie dafür die KB-Seite an die Wand. **Lösung:** A6, B2, C8, D7, E5, F4, G1, H3 **Variante:** Kopieren Sie die Einstiegsseite mit den 8 Fotos auf festes Papier und schneiden Sie die Fotos und die Wörter separat aus. Alle KG Ihrer Klasse erhalten einen Bild-Wort-Kartensatz. In KG ordnen die S Foto und Wort zu. Als Übung kann daran anschließend → **Paare finden** gespielt werden. Die Karten können Sie dann auch für weiteres Üben des Wortschatzes nutzen. **Binnendifferenzierung:** Schnellere S legen die Wortkarten zur Seite und zeigen sich gegenseitig die Bilder. Der andere S sagt das passende Wort zum Bild. **Erweiterung:** Die Arbeit mit Wortkarten ist eine der effektivsten Formen des Wortschatzlernens. Geben Sie Ihren S möglichst oft die Gelegenheit, sich mithilfe von Wortkarten gegenseitig abzufragen, und wiederholen Sie regelmäßig Vokabeln, z. B. auch durch spielerische Wortschatzübungen, von denen Sie mehrere unter → **Wortschatz üben** im Glossar finden.	
1b	**Mehrsprachigkeit:** In KG zeichnen die S eine Tabelle und notieren ähnliche Wörter auf Englisch und/oder in ihrer Muttersprache oder in weiteren Sprachen. Vergleich im PL: Alle gefundenen Wörter werden in einer Tabelle an der Tafel gesammelt und verglichen. *Welche Wörter sind in welchen Sprachen ähnlich?* **Variante:** Wenn Sie oben die Variante mit Bild- und Wortkarten gewählt haben, notieren die S in KG die Wörter auf Englisch oder in anderen Sprachen auf Zettel. Daneben legen sie das Bild und die entsprechende deutsche Wortkarte. Dann gehen sie herum und sehen sich die Ergebnisse der anderen KG an. Anschließend Vergleich im PL: *Welche Wörter haben wir gefunden, die ähnlich sind? In welchen Sprachen?* Notieren Sie diese an der Tafel.	Karten
1c	Zeigen Sie die Fotos von den Jugendlichen aus dem Buch mit der Tabelle an der Tafel und fragen Sie die S: *Wie heißen die Personen? Das ist …* Notieren Sie die Frage *Welche Hobbys haben die Jugendlichen?* an der Tafel und geben Sie ein Beispiel: *schwimmen.* Schaffen Sie Verstehensinseln: Die S hören ohne zu schreiben. *Was habt ihr verstanden?* Die S rufen die Wörter ins PL. Sie hören noch einmal, sehen sich die Fotos an und tippen auf die gehörten Hobbys. Anschließend hören die S noch einmal und notieren in EA die Ergebnisse in einer Tabelle im Heft.	🎧 1.12

1c Lösung:

Clara	Florian	Mia	Sinan
joggen	singen	fotografieren	Computer spielen
Tennis spielen	Musik hören		
schwimmen	Gitarre spielen		

		Material
1d	Fragen Sie in der Klasse: *Was sind eure Hobbys?* bzw. sprechen Sie einzelne S gezielt an: *Was ist dein Hobby?* Fragen Sie nach den Aktivitäten von den Fotos: *Wer (von euch) singt? Wer spielt Gitarre?* usw., und die S melden sich, wenn sie diese Aktivität betreiben. So wird das Fragewort *Wer?* noch einmal aufgegriffen. **Erweiterung:** Verteilen Sie die Bildkarten (vgl. Variante zu Aufgabe 1a) an die S. Die S gehen in der Klasse herum und fragen sich gegenseitig: *Was ist dein Hobby?* Die S antworten mit dem Verb, das ihrem Bild entspricht. Dann tauschen die S die Karten und suchen sich einen neuen Partner. Für diese Aktivität schreiben Sie die Struktur: *Was ist dein Hobby? Mein Hobby ist …* an die Tafel.	Bildkarten

Wer bin ich?

		Material
2a	Die S lesen still die beiden Texte. Bitten Sie dann die S, alle Wörter, die sie schon kennen, im PL zu nennen. Weisen Sie, evtl. in der Muttersprache, darauf hin, dass man Texte in der Fremdsprache besser versteht, wenn man sich auf das Bekannte konzentriert und das Unbekannte zunächst zurückstellt. **Binnendifferenzierung:** Bitten Sie stärkere Gruppen, die Verben im Infinitiv zu nennen.	
2b	Die S lesen die Texte noch einmal und notieren die passenden Namen im Heft. **Lösung:** 1. Clara, 2. Florian, 3. Clara und Florian, 4. Florian, 5. Clara und Florian, 6. Florian, 7. Clara, 8. Clara **Erweiterung:** Bevor die S in 2c selbst sprechen, zeigen Sie den Redemittel-Clip. So bekommen die S Gelegenheit, den neuen Lernstoff zu hören. Fragen Sie nach dem Clip mit Rückgriff auf die schon bekannten Fragen aus K1: *Wie heißt der Junge? Wie alt ist er?* Zeigen Sie den Clip noch ein zweites Mal.	🎬 R2

2c Vergleich in PA. Die S lesen sich gegenseitig die Sätze aus 2b vor und nennen die passenden Namen. Unklarheiten werden notiert und anschließend im PL geklärt.

Binnendifferenzierung: Bei schwächeren Klassen: Wenn Ihre S mit der Aufgabe fertig sind, projizieren Sie die Lösungen und geben sie den S die Gelegenheit, ihre Ergebnisse selbst zu überprüfen.

Tipp: Erklären Sie hier das Wort *gern*: Damit sagt und betont man, dass man bei etwas Spaß hat, dass man es mag, dass es ein Hobby ist.

3a Die S lesen zunächst still in EA die Sätze aus dem Interview. Lesen Sie dann die Sätze aus dem Interview vor, erst die Fragen und dann die Antworten. Nach jedem Satz sprechen die S im Chor nach und imitieren Ihre Intonation. Dann lesen die S in PA die Sätze noch einmal und ordnen die Fragen und Antworten zu. Zur Kontrolle hören die S das Interview. Dann lesen die S in PA laut die zugeordneten Fragen und Antworten. Projizieren Sie die Interviewsätze oder schreiben Sie sie an die Tafel, während die S das Interview lesen. Bitten Sie dann einen S, nach vorne zu kommen und die Verben in den Fragen und den Antworten zu markieren. Dann formulieren Sie die Regel für die S: *Wo steht das Verb? Ja-Nein-Fragen: Position 1.* Erinnern Sie die S an die Regel aus Kapitel 1: *Bei normalen Sätzen und W-Fragen: Verb auf Position 2 („Das ist Apfelstrudel. Was ist das"?).* Kopieren Sie die Grammatik-KV. Die S ergänzen dort noch einmal die Sätze und kleben die Vorlage in ihr Heft.

(1.13)

GR-Kopiervorlage

Lösung:

1. Kommst du aus München?	F Nein, ich komme aus Spanien, aber ich wohne in München.
2. Spielst du gern Computer?	D Ja, ich spiele gern Computer.
3. Fotografierst du gern?	E Nein, ich fotografiere nicht gern.
4. Hörst du gern Musik?	B Ja, ich höre gern Musik.
5. Spielst du Tennis?	A Nein, ich spiele Fußball.
6. Singst du gern?	C Ja, ich singe gern.

Variante: Einstieg über den „Autogrammjäger". Vervielfältigen Sie die Kopiervorlage. Die S laufen durch den Raum und fragen sich gegenseitig mithilfe der Kopiervorlage. Immer wenn ein S mit *Ja* antwortet, notieren sie dessen Namen. Sie versuchen so viele unterschiedliche Unterschriften wie möglich zu bekommen. Pro Person sind nur zwei Ja-Antworten erlaubt! Je nach Größe Ihrer Klasse geben Sie den S zwischen 5 und 10 Minuten Zeit für die Unterschriftensammlung. Notieren Sie für den Vergleich die erste Frage an der Tafel: *Wer spielt gern Computer?* und die Struktur der Antwort: *xy spielt …* Notieren Sie weitere Ergebnisse der S. Fokussieren Sie dann auf die Satzstrukturen: *Was sind die Unterschiede? Wo ist das Verb?* Dann machen Sie weiter wie in 3a beschrieben. Dort können Sie dann noch einmal auf die Verbstellung eingehen oder den Teil auslassen, da Sie ihn ja schon in der Variante bearbeitet haben.

Kopiervorlage

3b Legen Sie den Fokus auf die Verb-Endung: *Welche Endung braucht man auf Deutsch für ich bzw. du?* Die S markieren an der Tafel (vgl. Aufgabe 3a) alle Verb-Endungen.

Erweiterung: Fragen Sie im PL, wie es in der oder den Sprachen der S ist, und machen Sie so deutlich, dass es in den meisten Sprachen verschiedene Endungen für die Personen gibt. Weisen Sie ggf. auch darauf hin, dass man im Deutschen das Subjekt immer nennen muss.

3c Die S schreiben fünf Fragen und stellen sie ihrem Partner. Dieser antwortet in ganzen Sätzen. Wenn Sie den Arbeitsauftrag erteilen, erinnern Sie an das Wort *gern* (*Spielst du Tennis?* versus *Spielst du gern Tennis?*). Zum Thema Ja-Nein-Fragen gibt es einen Grammatik-Clip.

G2

Erweiterung: Die S schreiben fünf Sätze auf (*Ich spiele gern Computer. Ich höre nicht gern Musik.* etc.). Sie laufen in der Klasse herum und versuchen andere S zu finden, deren Sätze mit ihren übereinstimmen (z. B. *Ich spiele gern Computer. Spielst du gern Computer?*). Wer am schnellsten fünf verschiedene S gefunden hat, die einen übereinstimmenden Satz haben, ruft *Stopp* und hat gewonnen.

ÜB 3 Eignet sich als Wiederholung, Automatisierung und als Einstieg in die nächste Stunde. Stärkere S können sich in PA gegenseitig freie Ja-Nein-Fragen stellen und beantworten.

Mein Profil

4a In PA lesen die S die Sätze und ergänzen die Verben. Dann wird zur Kontrolle jeder Satz im PL vorgelesen.
Lösung: München ist schön – ich wohne gern hier. Das Foto ist von Mia. Es ist toll, oder? Mia fotografiert alles! Florian und die Musik. Er singt super! Sophie in München. Kommst du bald wieder, Sophie? Luis geht auch in die 7b. Er ist sehr lustig. Clara und der Sport. Sie spielt sooo gut Tennis.

4b Systematisierung der Verbkonjugation im Singular: Die S notieren die Tabelle mit den Verben aus 4b ins Heft. Kopieren Sie die Grammatik-KV, die S ergänzen die Konjugation, kleben sie ins Heft und markieren die Endungen wie im Beispiel.

GR-Kopiervorlage

	Erweiterung: Automatisierung. → **1, 2, 3** in PA. Schnellere S wechseln das Verb, wenn sie alle drei Formen durch eine Bewegung ersetzt haben.	
4c	In PA bearbeiten. Die S einigen sich, wer über Sophie und wer über Moritz einen kleinen Text schreibt. Die S vergleichen die Texte mit dem Fokus auf die richtige Verbform. Gehen Sie herum, helfen Sie ggf. und merken Sie sich zwei S, die fehlerfreie Texte geschrieben haben. Diese zwei S lesen ihre Texte im PL vor, die anderen S hören zu und korrigieren ggf. ihre Texte. **Lösung:** Sophie kommt aus Hamburg. Sie wohnt in Stuttgart. Sie geht ins Gymnasium und spielt Klavier. Sie chillt gern. Moritz kommt aus Berlin und wohnt in Frankfurt. Er spielt Fußball. Er joggt und singt gern. **Binnendifferenzierung:** Automatisierung. Lassen Sie in KG → **Kofferpacken** mit *gern*-Sätzen spielen. Beispiel: (S1:) *Ich singe gern.* (S2:) *Sie singt gern und ich spiele gern Fußball.* (S3:) *Sie singt gern, er spielt gern Fußball und ich fotografiere gern.* etc.	
ÜB 4f	Die S lesen den Text über Lea und schreiben nach derselben Struktur einen Paralleltext über sich. Wenn Sie diesen Auftrag als HA geben, können die S ihren Text schön gestalten. Beim nächsten Mal werden alle Texte in der Klasse aufgehängt und einige Texte vorgelesen. → **Präsentation der Ergebnisse** **Variante:** Die S schreiben den Text über sich, ohne ihren Namen zu nennen. Sammeln Sie die Texte ein, mischen Sie sie und lesen Sie sie vor. Die Klasse rät die jeweilige Person. Anschließend werden die Namen bei den Texten ergänzt und aufgehängt.	
	Zahlen, Zahlen, . . .	
5a	Zur Wiederholung lassen Sie die S im PL der Reihe nach von 0 bis 15 zählen. Wenn Sie mehr S haben, dann lassen Sie einmal hoch und einmal runter (15 bis 0) zählen. Anschließend lesen und ergänzen die S im KB die Zahlen von 13 bis 19. Hören zur Kontrolle. **Lösung:** vierzehn, fünfzehn, achtzehn, neunzehn	1.14
5b	Notieren Sie die Reihe wie im Buch angegeben an der Tafel. Die S überlegen in PA, wie die Zahlen heißen könnten. Das Paar, das zuerst fertig ist, kommt an die Tafel und notiert die fehlenden Zahlen. Gehen Sie auf Ausnahmen (dreißig, sechzig, siebzig) ein. **Lösung:** fünfzig, achtzig, neunzig	1.15
5c	Erklären Sie anhand der Zahl *24*, wie die Zahlen auf Deutsch gelesen werden: *von hinten nach vorne*. Fragen Sie im PL nach einer weiteren Zahl aus dem Kasten: *Wie heißt diese Zahl?* Danach sprechen die S in PA die Zahlen aus dem Kasten.	
5d	Zur Kontrolle werden die Zahlen gehört und bei einem zweiten Hören von den S leise mitgesprochen.	1.16
5e	Die S hören und notieren die Zahlen. In PA vergleichen sie ihre Zahlen und lesen sie sich abwechselnd vor. **Lösung:** 1. 10, 8 Euro und 50 Cent – 2. 21, 24, 25, 28 – 3. 6, 49, 2, 6, 9, 19, 20, 47, 1, 77, 5377647, 6, 240887 – 4. 18 – 5: 30, 55	1.17
5f	Die S hören noch einmal und ordnen die Fotos den Situationen zu. Vergleich im PL. **Lösung:** 1B, 2D, 3C, 4A, 5E	1.17
5g	In PA sehen sich die S die Karte an und bilden mithilfe des Redemittelkastens Sätze zu den Informationen. Anschließend schreiben die S ihren eigenen Mini-Steckbrief nach dem Muster von Jessy Schmidt. Zum weiteren Üben der Zahlen können die S die Lernfalter-KV benutzen. Sie können auch mit der leeren Lernfalter-KV (siehe Seite 83) eigene Lernfalter mit Zahlen erstellen lassen; diese tauschen die S untereinander aus und lesen sie. Mehr zu Verwendung und Erstellung von Lernfaltern erfahren Sie in der Einleitung.	Lernfalter
ÜB 5	Zur weiteren Übung und Festigung eignen sich die Hörübungen 5a bis e aus dem ÜB. **Erweiterung:** Zur Festigung und Wiederholung der Zahlen bietet es sich an, immer wieder Übungen dazu in Ihren Unterricht zu integrieren. Ideen dafür finden Sie im Glossar unter → **Zahlenspiele**.	1. 10-13
	Deutsch ist international	
6a	**Tipp:** Bevor die S die Texte lesen, weisen Sie auf den Handy-Tipp hin und erklären Sie den S, dass sie nicht alle Wörter verstehen müssen, sondern *nur* das Thema erkennen sollen. In PA lesen die S dann die Texte und nennen passende Themen. **Lösung:** 1. Musik, 2. Sport, Natur, Ferien	
ÜB 6a+b	Übung 6a können die S als HA bearbeiten. 6b wird gemeinsam in der Klasse in PA gemacht und im PL korrigiert.	

6b	Die S notieren alle Wörter, die sie verstanden haben, im Heft. Sammeln Sie gleichzeitig die Wörter an der Tafel und machen Sie so den S deutlich, dass sie schon viel verstehen und sich im Deutschen auf viele internationale Wörter stützen können.	
6c	In KG notieren die S in den Texten Informationen, die auf die W-Fragen *Wer?* und *Was?* antworten. **Lösung:** 1. Wer? Lochis, Was? Konzert, 2. Wer? Teens, Was? Sport, campen, chillen **Variante:** Teilen Sie die Klasse in zwei Gruppen. Gruppe 1 beantwortet die Fragen für Text 1, Gruppe 2 für Text 2. Anschließend suchen sich alle S einen S aus der jeweils anderen Gruppe. In PA stellen sie sich die Informationen gegenseitig vor. → **Kooperatives Lesen**	
6d	**Tipp:** Der Tipp wird im PL gelesen und besprochen, dann erstellen die S in KG ein → **Lernplakat**. **Variante:** Teilen Sie die S in den KG z. B. folgendermaßen auf: In einer KG mit vier S bearbeiten zwei S die Aufgabe 6d und schreiben die Wörter aus den Texten der Aufgabe 6a auf das Lernplakat. Die anderen zwei S bearbeiten die Aufgabe 6e, suchen also parallel dazu nach weiteren Wörtern in den Kapiteln 1 und 2 und ergänzen diese an den passenden Stellen.	große Papierbogen
6e	Vorgehen wie in der Arbeitsanweisung beschrieben.	
6f	Vorgehen wie in der Arbeitsanweisung beschrieben. **Erweiterung:** Als Abschluss notieren Sie aus einem der Lieder von den Lochis Wörter auf Papierstreifen. Verteilen Sie je einen Streifensatz an die KG, die diese vor sich auf den Tisch legen. Wenn Sie genug Platz haben, dann laufen die S um den Tisch herum und Sie spielen das Lied vor. Immer wenn die S ein Wort hören, das auch auf dem Tisch liegt, dann „pflücken" sie es. Wer am Ende die meisten Wörter hat, hat gewonnen. → **Liedtext pflücken**.	Papierstreifen
ÜB 6c	**ODER-Aufgabe:** Wenn Sie diese Aufgabe als HA geben, dann weisen Sie die S noch einmal darauf hin, dass sie sich für eine der beiden Varianten entscheiden sollen.	

Stadt, Land, …, wir

7a	**Mehrsprachigkeit:** Ländernamen sind in vielen Sprachen ähnlich. Sammeln Sie im PL Ländernamen in verschiedenen Sprachen für die vier in der Aufgabe genannten Länder: *Österreich – Austria* (englisch), *Austria* (spanisch), *l'Autriche* (französisch) usw.	
7b	Die S hören die Ländernamen, achten auf den Wortakzent und sprechen innerlich nach. Erklären Sie ihnen vorher, wie der Wortakzent in DaF-Büchern und Lexika markiert wird (Unterstrich = langer Vokal, Punkt = kurzer Vokal). Die S hören nochmals und sprechen laut nach.	1.18
7c	Projizieren Sie das Bild. In PA raten die S, woher die Schüler kommen. Vergleich im PL. Wer hat alle Flaggen erkannt? Die S lesen dann den **Tipp**. Besprechen Sie, dass *die Schweiz* und *die Türkei* eine Ausnahme sind. **Lösung:** Milena: Polen – Jenny: England – Stina: Schweden – Alessia: Italien – Kathi: Deutschland	
	Erweiterung: Bringen Sie Fotos mit, unter die Sie das passende Wort notiert haben, und verteilen Sie diese an KG. Beispiele: *Pizza, Heidi, Baguette, Messi, Käse, Blinis, Königin von England, Spaghetti, Köfte, Paella* etc. Die S ziehen ein Foto und sagen, woher die Person oder das Objekt kommt.	Fotos
	Hinweis: Für den fächerübergreifenden Unterricht mit dem Fach Geografie können Sie die CLIL-Kopiervorlage nutzen. Ziel: Die S kennen die Ländernamen und die Hauptstädte und können mit den Himmelsrichtungen sagen, wo die Städte liegen. Kopieren Sie die beiden Seiten (S. 123 möglichst in Vergrößerung) und zerschneiden Sie sie wie angegeben. Kleben Sie die Flaggen auf Karten und notieren Sie die Ländernamen *Finnland, Italien, Bulgarien, Großbritannien, Russland, Deutschland, Frankreich, Spanien, Rumänien* und *Polen* auf anderen Karten. Als Erstes sortieren die S die Länder zu den Flaggen und malen die Flaggen in den korrekten Farben aus. Vergleich im PL. Bilden Sie zwei Gruppen: A und B. Jede Gruppe erhält einen Satz Tabellen (A oder B) und die Seite mit der Europakarte. Die S suchen darauf die Informationen für ihre erste Tabelle. Sie notieren die Hauptstädte und die Lage (Himmelsrichtung) innerhalb Europas. Weisen Sie die S darauf hin, dass sie zunächst nur Aufgabe 1 bearbeiten sollen. Jeweils ein S aus Gruppe A setzt sich nun mit einem S aus Gruppe B zusammen und sie bearbeiten Aufgabe 2: Die S fragen sich gegenseitig nach den Ländern, die in den noch freien Tabellen in Aufgabe 2 genannt sind, und ergänzen die Informationen. Hierbei können die S auch noch einmal das Buchstabieren üben. Sagen Sie ihnen, dass sie die Städte buchstabieren sollen, wenn der Partner nicht genau weiß, wie sie geschrieben werden. In einem weiteren Schritt können Sie im PL noch einmal die einzelnen Flaggen hochhalten und fragen, wie das Land heißt, wo es liegt und wie die Hauptstadt heißt. Dann fragen Sie die S genauer nach der Lage der Hauptstädte. Beispiel: *Wo liegt Berlin? Berlin liegt im Nordosten von Deutschland.*	CLIL-KV

7d	Die S hören und notieren die Sprachen. **Lösung:** A: Türkisch, B: Spanisch, C: Rumänisch, D: Italienisch, Französisch	1. (19-22)
7e	Die S hören die Sprachen zweimal: Beim ersten Mal hören sie nur zu, beim zweiten Hören sprechen sie nach.	(1.23)
7f	Transfer auf die eigene Lebenswirklichkeit der S: Gemeinsam werden alle Sprachen der Klasse an der Tafel gesammelt. Die S, die eine weitere Sprache können, kommen nach vorne und sagen die zwei Sätze aus 7d in ihrer Sprache. Die anderen raten, um welche Sprache es sich handelt. **Erweiterung:** Wiederholung der Länder, Sprachen und des Alters mit dem → **Wechselspiel:** Kopieren Sie die Kopiervorlage. Die S sprechen in PA und stellen sich Fragen und antworten.	Kopier-vorlage
	Deutsch hören und verstehen	
8a	Bei geschlossenen Büchern hören die S das Lied. Beim zweiten Hören notieren sie bei immer noch geschlossenen Büchern die Sprachen, die sie hören. Vergleich im PL. **Variante:** → **Liedtext pflücken.**	(1.24)
8b	Jetzt öffnen die S die Bücher, hören das Lied und singen mit. Klassengespräch: *Welche Wörter kennt ihr?*	(1.24)
8c	In KG schreiben die S eine Strophe zu einer weiteren Sprache. Wenn Ihre Gruppe Spaß am Singen hat, können die neuen Strophen für alle kopiert und dann zur Melodie des Liedes gemeinsam gesungen werden.	(1.24)
9a	Einführung der Satzmelodie: Die S hören den Beispieldialog zweimal und sprechen ihn nach. Dann sprechen sie in PA weitere Dialoge nach dem Muster der vorgegebenen Satzmelodie mit den Sätzen 1 bis 4. Gehen Sie herum und achten Sie darauf, dass die S sich so genau wie möglich an das Muster halten. Je besser Ihre S die deutsche Intonation und Prosodie lernen, desto leichter wird ihnen das Hörverstehen fallen. **Binnendifferenzierung:** Stärkere S üben mit eigenen Sätzen weiter.	(1.25)
9b	Reflektieren Sie gemeinsam zu den Beispielsätzen aus 9a: *Wie ist die Melodie bei Aussagen? (Ich wohne in Deutschland.) Wie bei Fragen? (Und du?)* Während Sie die Beispielsätze sprechen, machen Sie eine passende Handbewegung dazu. Beispiel: Melodie geht nach oben, Sie nehmen die Hand nach oben. Melodie geht nach unten, Sie senken ihre Hand. Dann spielen Sie den S den Minidialog vor und machen dieselben Handbewegungen dazu. Anschließend üben die S in PA die Minidialoge und machen selbst die dazu passenden Handbewegungen.	(1.26)
ÜB 10	Zur Wiederholung und Vorbereitung auf KB-Aufgabe 10, Option B und C: In PA diktiert S1 seinem Partner Diktat A und S2 schreibt es auf, dann werden die Rollen gewechselt. Anschließend vergleichen die S ihre Versionen mit den Texten im Buch. **Variante:** Kopieren Sie das Partnerdiktat und schneiden Sie A und B auseinander. Kopieren Sie A und B auf Papier in zwei unterschiedlichen Farben und geben Sie jedem S ein Papier. Jeder sucht sich nun einen Partner mit der anderen Farbe. Dann gehen Sie vor wie in der Arbeitsanweisung beschrieben.	
10	**Freie Wahl:** Siehe die allgemeinen Informationen in Kapitel 1. Da die Aufgaben A, B und C mit sehr unterschiedlichem Zeitaufwand zu bearbeiten sind, empfiehlt es sich, die S abstimmen zu lassen, welche Aufgabe in der Klasse bearbeitet wird. Dazu lesen Sie die drei Aufgaben im PL und erklären ggf. das Nötige. Die S entscheiden sich für eine der drei Aufgaben. Geben Sie eine Zeit vor, die die S zur Bearbeitung zur Verfügung haben, z. B. 15 Minuten. Wenn die S Aufgabe B oder C gewählt haben, werden die Ergebnisse am Ende im PL vorgestellt.	
	Was kann ich nach Kapitel 2?	
	Die S bearbeiten die „Was kann ich?"-Seiten im KB und im ÜB wie in der Einleitung zum Lehrerhandbuch beschrieben. Zur Erinnerung: Im KB wird die linke Spalte abgedeckt, die Aufgaben in der rechten Spalte werden in PA bearbeitet – und im Anschluss mithilfe der linken Spalte kontrolliert. Die Seite im ÜB eignet sich als HA. Thematisieren Sie sie in der nächsten Stunde kurz im PL, dann vergleichen die S z. B. fünf Minuten lang in PA ihre Ergebnisse. **Binnendifferenzierung:** In schwächeren Gruppen können Sie die linke Spalte erst im PL lesen und besprechen. Anschließend folgt die PA, bei der die linke Spalte zugedeckt wird.	

Meine Schule

Lerninhalte: einen Text über eine Schule verstehen | über Schule sprechen, Schulsachen, Schulfächer, Stundenplan | Dinge benennen | Wochentage | fragen und sagen, wann etwas ist | sagen, was man (nicht) gern macht
Grammatik: bestimmter Artikel im Nominativ: *der, das, die* | Verbformen im Plural | Plural bei Nomen | *haben* | *sein* | unbestimmter Artikel im Nominativ: *ein, ein, eine* | Negationsartikel: *kein, kein, keine* | Personalpronomen im Plural
Aussprache: Wortakzent

	Erläuterungen zum Unterricht	Material
1	Projizieren Sie die Fotos (ohne den Lesetext). Fragen Sie: *Was seht ihr?* Die S nennen Wörter, die sie kennen oder die sie aus ihrer Sprache ableiten können (z. B. *Bibliothek*). Die S können auf Deutsch noch nicht viel zu den Fotos sagen, aber durch die Frage lenken Sie den Fokus auf schon bekannte und internationale Wörter und helfen ihnen, sich mental auf das Verständnis des Hörtextes vorzubereiten. Formulieren Sie dann den Hörauftrag (*Wer spricht? Was ist das Thema? Welche Wörter erkennt ihr?*) und spielen Sie den Hörtext bei geschlossenen Büchern vor. Beim zweiten Hören öffnen die S die Bücher und lesen den Text mit. Dann ordnen sie die Sätze den Bildern zu. In KG notieren die S bekannte Wörter aus dem Text (*Welche Wörter kennt ihr schon?*). Anschließend werden alle Wörter an der Tafel zusammengetragen. Loben Sie die S, wie viel sie schon gelernt haben, und zeigen Sie ihnen diese Lernstrategie: Zuerst beschäftigt man sich mit dem *bekannten* Wortschatz (nicht mit dem unbekannten), um zu sehen, wie viel man schon von einem Text versteht. **Lösung:** 1C, 2B, 3D, 4G, 5A, 6F, 7E, 8H **Erweiterung:** In lernstärkeren Gruppen üben die S in KG, den Lesetext freier vorzulesen, um zum Schluss Claras Schule nur anhand der Fotos beschreiben zu können. Erster Schritt: Die S lesen den Text in PA laut und versuchen den Partner so oft wie möglich anzusehen. Dann Wechsel. Zweiter Schritt: Zwei S notieren in PA zu jedem Foto das wichtigste Nomen im Heft. Anhand dieser Struktur und mit den Fotos versuchen sie den Text zu rekonstruieren. **Hinweis:** So unterstützen Sie die S beim Wortschatzlernen: Notieren Sie sich immer wieder die Wörter, die die S wiedererkannt haben. Am Ende der Stunde oder in einer nächsten Stunde diktieren Sie ihnen diese Wörter, um sie weiter im Gedächtnis der S zu verankern, d. h. Sie lesen die Wörter vor, die S schreiben sie auf und vergleichen die Rechtschreibung in PA.	🎧 1.27
2a	Die S lesen die Liste der Schulfächer. Dann hören sie zweimal die Schulfächer und sprechen sie nach. Weisen Sie vorher noch einmal auf die langen (mit Unterstrich) und kurzen (mit Punkt) Vokale hin. Erklären Sie am Ende, dass die Schulfächer auch auf Deutsch normalerweise abgekürzt werden, und fragen Sie, wie die Abkürzungen heißen könnten (*Mathe, Bio, Geschi, Reli, Geo, Franz*).	🎧 1.28
2b	**Mehrsprachigkeit:** Die S notieren in PA die Schulfächer in ihrer Sprache. Bereiten Sie die Lösung verdeckt an der Tafel vor oder projizieren Sie sie, damit die S die Richtigkeit ihrer Übersetzungen rasch und selbstständig überprüfen können. **Binnendifferenzierung:** Schnellere S überlegen zusätzlich, wie die Schulfächer in anderen Sprachen heißen.	
2c	Kettenübung: Die S werfen sich gegenseitig einen Ball zu und nennen dabei ihr Lieblingsfach.	Ball
	Hast du alles?	
3a	Die S bekommen hier Einblick in die Lebenswelt von S in Deutschland. Auf der Collage sind Schulsachen und Gegenstände zu sehen, die S in Deutschland in ihrer Schultasche dabeihaben. Mit Internationalismen und den Vorkenntnissen der S können erste Vokabeln identifiziert werden (*Buch, Euro, Karte, Marker* etc.). Die S vergleichen, was sie auch in ihren eigenen Schultaschen haben. Auch diesen Wortschatz können Sie später mit → **Wörter finden** oder einer anderen Idee aus dem Glossar festigen und wiederholen. **Hinweis:** Die Internetseite „quizlet" bietet sich an, um Wortschatz zu wiederholen. Dort können Sie schnell Wortschatz-Karten erstellen und diese für verschiedene Übungen nutzen.	
3b	Die S betrachten das Bild, hören und lesen die Wörter leise mit.	🎧 1.29
3c	Vor dem zweiten Hören machen Sie den Wortakzent der einzelnen Wörter deutlich, z. B. *die Brille* (kurzer Vokal), *das Lineal* (langer Vokal). Die S hören die Wörter der Collage nun in anderer Reihenfolge, suchen sie auf dem Bild und zeigen darauf. Achten Sie auf die Aussprache Ihrer S und korrigieren Sie ggf.	🎧 1.30
3d	Die S hören den Dialog zweimal und notieren die gehörten Wörter aus 3a. Dann fragen Sie die S: *Wer spricht? Kennt ihr die Situation?* Der Austausch kann auch in der Muttersprache erfolgen. **Lösung:** das Wörterbuch, die Sporthose, Schlüssel	🎧 1.31

3e	Die S hören die Buchstaben und notieren das Wort. Nach dem ersten Hören vergleichen sie in PA. Zur Kontrolle hören sie noch einmal. Dann nennen die S die Wörter und buchstabieren sie Ihnen. Schreiben Sie wirklich die Buchstaben an die Tafel, die Ihnen die S nennen (sagt z. B. jemand „ar" statt „er", dann notieren Sie ein „a"). So üben die S noch einmal das Alphabet. **Lösung:** 1. Geld, 2. Stift, 3. Uhr, 4. Stundenplan, 5. Schlüssel, 6. Lineal, 7. Wörterbuch	(1.32)
3f	Lesen Sie im PL den Redemittelkasten und geben Sie Beispiele für die unterschiedlichen Varianten, sodass die S wissen, dass die Fragen und Antworten synonym benutzt werden können. Üben in KG oder in PA: Ein S zeigt auf vier Gegenstände auf dem Bild in 3a und der andere S nennt das Wort. Dann Wechsel. **Variante:** Wenn viele Gegenstände auf dem Foto größtenteils identisch sind mit dem, was Ihre S in ihren Schultaschen haben, können die S auch vier eigene Gegenständen hochhalten. Der andere S sagt das Wort. **Hinweis:** Viele Anregungen für Wortschatzaktivitäten finden Sie im Glossar: → **Wortschatzspiele**.	
	Clara macht Ordnung	
4a	In PA sehen die S sich die Bilder an und überlegen und nennen die jeweiligen Wörter auf den Bildern. *Kennt ihr alle Wörter?* Lassen Sie die Wörter auch noch einmal im PL nennen und fragen Sie dann: *Was ist das System von Paulina?* **Lösung:** Foto A: *der:* Apfel, Ausweis, Füller, Kugelschreiber, Marker, Orangensaft/Saft, Radiergummi, Schlüssel. Foto B: *das:* Bonbon, Buch/Deutschbuch, Geld, Handy, Lineal, Mäppchen, Pferd, Wörterbuch. Foto C: *die:* Brille, Fahrkarte, Hose, Schere, Spielkarte, Uhr	
4b	In PA vergleichen die S die Fotos A bis C mit dem Foto von 3a. Welche Wörter fehlen auf den Fotos A bis C? Besprechung im PL. **Lösung:** Foto A: der Bleistift, Foto B: das Heft/Vokabelheft, Foto C: die Schultasche	
4c	Schreiben Sie Folgendes an die Tafel: *der* (in Blau), *das* (in Grün), *die* (in Rot). Fordern Sie die S auf, die Tabelle in ihrem Heft zu erstellen und dieselben Farben zu verwenden. Dann notieren die S die Wörter aus 3a in der Tabelle, entweder in der jeweiligen vorgeschlagenen Farbe oder sie markieren die Wörter nachher in den drei Farben. Erläutern Sie, dass *der, das, die* auf Deutsch *Artikel* heißen, und weisen Sie auf den Grammatikkasten hin. Wenn Ihre S mit grammatischer Terminologie gut zurechtkommen, ergänzen Sie: *der* = maskulin, *das* = neutrum, *die* = feminin. Erklären Sie den S, dass es für die Artikel keine verlässlichen Regeln gibt und dass sie alle Nomen immer mit Artikel lernen müssen. Dies ist einfacher, wenn die S drei Farben benutzen wie im Grammatikkasten vorgeschlagen. Zu diesem Thema gibt es eine Grammatik-KV. **Tipp:** Lernstrategie für die bestimmten Artikel zu Nomen. Achtung, die Lerntipps beziehen sich nur auf Nomen, bei denen sich die S den korrekten Artikel schwer merken können! Lerntipp 1: Durch farbige Markierungen Gruppen mit demselben Artikel bilden. Statt Wörter mühsam einzeln zu lernen, können sie so in Gruppen verankert werden. Lerntipp 2: Visueller Ansatz und Fantasie. Aus verschiedenen Nomen mit demselben Artikel werden Fantasie-bilder gestaltet: Es muss mindestens ein Nomen, dessen Artikel sicher bekannt ist, dabei sein. Dazu kommen die schwer zu behaltenden Nomen. Aus der Kombination erstellen die S ein Fantasiebild wie das Beispiel im KB. Zusätzlich ist es hilfreich, die Fantasiebilder in den festgelegten Farben der Artikel zu gestalten (im Buch, z. B. *die* – alle Nomen sind rot gezeichnet). Lassen Sie die S ihre Produkte zu *der, das, die* in der Klasse präsentieren und ggf. in der Muttersprache kommentieren.	Farbstifte, GR-Kopier-vorlage
4d	Die S notieren die angegebenen Wörter mit Artikel auf Kärtchen und suchen weitere Wörter zu Gegenstän-den in ihrem Klassenraum im Wörterbuch. Die Kärtchen werden an den Gegenständen befestigt. Auf diese Weise entsteht eine kleine Lernlandschaft im Klassenraum. Zur Sicherheit kann auf die Rückseite die Voka-bel in der Muttersprache geschrieben werden. Am Ende der Stunde können die S die Wörter wiederholen, indem sie die Seite mit den Vokabeln in der Muttersprache nach oben drehen und kontrollieren, ob sie die deutsche Vokabel noch wissen.	Kärtchen
ÜB 4g	Nach der Bearbeitung der Übungen 4a bis f als HA bietet sich weiteres Wortschatz-Üben mit Übung 4g an.	
5	Die S erstellen eine → **Collage** mit eigenen Sachen wie in der Aufgabe vorgegeben. Sie wählen die Dinge aus, machen von jedem Gegenstand ein Foto und gestalten damit eine Collage (digital oder ausgedruckt auf Papier). Sie notieren die Wörter zu den Fotos und präsentieren ihre Ergebnisse in KG (entweder auf Papier oder digital): *Das ist …* **Variante:** Die S notieren die Wörter nicht auf ihrer Collage, sondern auf einem Extra-Blatt. Zwei KG präsentie-ren sich gegenseitig ihre Collage. Die S der Gruppe, die nicht präsentieren, sagen die Wörter zu den passen-den Fotos auf der Collage, und die S, die die Collage erstellt haben, kontrollieren mit ihrem „Kontrollblatt".	Handys, Kameras, Stifte, Papier, Kleber

Was macht ihr gern?

6a	Lesen Sie die Fragen im PL und klären Sie das Nötige. Hängen Sie Ja-/Nein-Plakate im Raum auf und führen Sie das Beispiel aus dem Buch durch, d. h. Sie fragen die Klasse: *Spielt ihr gerne Volleyball?* Zeigen Sie, was die S machen sollen. Die S laufen zum Ja- oder Nein-Plakat und antworten im Chor. Lassen Sie die S mehrmals die Antwort wiederholen, sodass auch alle mitsprechen und die Betonung und Aussprache stimmt. Stellen Sie dann die weiteren Fragen in einer beliebigen Reihenfolge, und die S stellen sich zum jeweiligen Plakat und antworten. Bei dieser Aktivität ist das Tempo wichtig, damit sie nicht langweilig wird. Um es den S leichter zu machen und damit sie wirklich *gern/nicht gern* benutzen, notieren Sie die Antwortstrukturen an der Tafel, sodass die S diese während der Aktivität benutzen können: *Ja, wir spielen gern Volleyball. – Nein, wir spielen nicht gern Volleyball.* Gehen Sie hier nicht weiter auf die Negation ein. Weisen Sie auf den Grammatikkasten hin: *Wie sind die Endungen im Plural?* Notieren Sie die Tabelle an der Tafel und lassen Sie sie stehen, weil in 6d und e auch noch die sie-/Sie-Form dazukommt.	Ja-/Nein-Plakate
6b+c	In PA notieren die S Fragen in der ihr-Form auf Kärtchen. Achten Sie darauf, dass die S das Wort *gern* benutzen. Jeweils zwei Paare, die gemeinsam Kärtchen geschrieben haben, bilden anschließend eine KG. Beide Paare legen ihre Karten verdeckt auf den Tisch. Abwechselnd werden die Karten aufgedeckt, das Paar, das die Frage geschrieben hat, liest sie vor. Das andere Paar antwortet in der wir-Form.	Kärtchen
6d	**Freie Wahl:** Bevor die S sich für eine Aufgabe entscheiden, gehen Sie kurz auf den Grammatikkasten ein und ergänzen das Schema an der Tafel um die 3. Person Plural. Dieses üben die S in der Aufgabe 6e ausführlich. In PA wählen die S eine der beiden Aufgaben. Bilden Sie zwei Gruppen: eine Gruppe A, in der die S zuerst vorbereitend in PA, anschließend in der Gruppe erzählen; und eine Gruppe B, in der die S in PA einen Text schreiben. Geben Sie eine Zeitvorgabe für beide Gruppen, sodass sie gleichzeitig fertig sind. Sammeln Sie die Texte ein. Zu dieser Aufgabe gibt es einen Grammatik-Clip.	G3
6e	In PA oder KG notieren die S drei Fragen in der Sie-Form für Sie, die Lehrkraft. Bevor sie Ihnen die Fragen stellen, können sie als Wiederholung die Grammatik-KVs bearbeiten. Automatisierung der Pluralkonjugation: → **1, 2, 3** in PA. Schnellere S können variieren und abwechselnd die Singular-Konjugation und die Plural-Konjugation nehmen.	GR-Kopiervorlagen
7a+b	Aussprache: (7a) Die S schreiben die Wörter in ihr Heft, dann hören sie und markieren den Wortakzent. (7b) Beim zweiten Hören notieren sie, ob der Vokal lang oder kurz ist (Unterstrich bzw. Punkt). Lesen Sie dann den **Tipp** im PL. Sprechen Sie noch einmal alle Wörter vor und die S wiederholen im Chor. Achten Sie insbesondere darauf, dass die Länge der Vokale eingehalten wird. **Lösung:** E̲nglisch, Le̲hrer, Ta̲fel, Ma̱the, E̱thik, Kla̲sse, Fe̱nster, Schlüssel, Ha̱ndy, Füller, Sche̲re	1.33
ÜB 7a+b	Wenn die S Schwierigkeiten haben, kurze und lange Vokale zu hören und zu differenzieren, dann bearbeiten Sie auch diese Übung in der Klasse.	

das Buch, die Bücher ...

8a+b	Die S hören die Wörter zweimal und sprechen sie nach. Anschließend sehen sich die S in PA das Bild an und besprechen wie in der Sprechblase, was wichtig für die Schule ist und was nicht passt. Vergleich im PL. **Lösung:** Wichtig für die Schule: das Wörterbuch, die Schultasche, die Stifte, die Schere, der Stundenplan, der Radiergummi, die Bücher, das Lineal, der Bleistift, die Hefte, der Füller, die Kulis. Nicht wichtig für die Schule: die Kartoffeln, der Schlüssel, die Gläser, das Handy, der Bikini	1.34
8c	In PA suchen die S die Pluralformen zu den angegebenen Wörtern. Sie erstellen eine Tabelle in ihrem Heft und notieren Singular und Plural – oder sie benutzen dazu die Grammatik-KV. Gehen Sie dann auf die Abkürzungen (")-- / (")-e / -(e)n / (")-er / -s für die Pluralform ein, indem Sie fragen: *Was ist im Singular und im Plural anders?* Anschließend fragen Sie die S: *Wie heißt der Artikel im Plural?* Machen Sie deutlich, dass es im Deutschen nur einen Pluralartikel für maskulin, neutrum und feminin gibt. **Lösung:** der Kuli – die Kulis, der Schlüssel – die Schlüssel, die Kartoffel – die Kartoffeln, der Stift – die Stifte, das Buch – die Bücher **Variante:** Selbstentdeckendes Lernen. Verteilen Sie die Wortkärtchen von der Kopiervorlage an KG (darauf sind die Wörter aus 8a und 8c). Die S ordnen die Singular-Wörter den Plural-Wörtern zu. Frage im PL: *Welche Pluralformen seht ihr? Was verändert sich bei den Wörtern?* Verteilen Sie anschließend die Kategorien (z. B. -e, -s, …), und die S ordnen sie zu. Frage: *Wie heißt der Artikel im Plural?*	Karten, GR-Kopiervorlage Kopiervorlage
9a	Teilen Sie vorbereitete leere Kärtchen für die Lernkarten aus. Die S notieren aus 3a auf jedes Kärtchen das Wort im Singular mit Artikel, suchen im ÜB den Plural dazu und notieren diesen mit Artikel auf der Rückseite des Kärtchens. Vergleich in der Klasse.	Karten

9b	In PA fragen die S sich gegenseitig mit den Lernkarten ab.	
	Tipp: Lesen Sie gemeinsam den Tipp im PL: Da es keine verlässlichen Regeln für die Pluralbildung gibt, ist es wichtig, dass die S Nomen immer zusammen mit der Pluralform lernen.	

9c	Notieren Sie das Beispiel aus dem Buch an der Tafel und verdeutlichen Sie die Frage- und Anwortstruktur. Lassen Sie im PL noch ein zweites Beispiel formulieren. In PA stellen sich die S dann gegenseitig Fragen und beantworten sie.	
	Erweiterung: Klassenstatistik. Sammeln Sie im PL weitere Objekte, z. B. *Handys, Hunde, Computer* etc. – alles, was die S interessiert. Zu zweit sind die S für eine Frage verantwortlich, befragen alle anderen in der Klasse und notieren die Anzahl. Am Ende wird gemeinsam ein Klassenstatistik-Plakat erstellt: *Wir haben … Handys. Wir haben … Computer. Wir haben … Hunde.*	Plakat
	Zur Wiederholung der Pluralformen bietet sich die Lernfalter-Kopiervorlage an. Mehr zu Verwendung und Erstellung von Lernfaltern erfahren Sie in der Einleitung.	Lernfalter

ÜB 9b	Die S schreiben einen kleinen Text über ihre Schule.
	Binnendifferenzierung: Bei lernschwächeren Gruppen, die sich mit einem schriftlichen „Spickzettel" wohler fühlen, schreiben die S zuerst einen kleinen Text in PA und stellen sich dann gegenseitig Fragen, erst zu dem Text und dann zu weiteren Objekten, wie in 9c beschrieben.
	Erweiterung: Wiederholen Sie Wortschatz im Plural mit → **Buchstabieren mit Bewegung** oder mit → **Koffer-packen**. (Wenn Sie sich für *Kofferpacken* entscheiden, achten Sie darauf, dass nur Wörter im Plural verwendet werden, wo die Akkusativform gleich wie der Nominativ Plural lautet.)

Haben wir am Montag Sport?

10a	Die S sehen sich den Stundenplan von Jannik an. Zur Vorentlastung führen Sie zunächst die Wochentage mit der Frage *Wie heißt der Tag heute? Heute ist … ein.* Notieren Sie den Namen des Wochentags an der Tafel. Die S entnehmen die Namen der restlichen Tage dem Stundenplan im Buch und übertragen die Tabelle von der Tafel in ihr Heft. Erklären Sie die verschiedenen Fragen in den Sprechblasen, indem Sie Beispiele anhand des Stundenplans geben und Fragen und die passenden Antworten an der Tafel notieren. Dann fragen sich die S gegenseitig in PA und antworten mithilfe des Tafelanschriebs. Beispiel: *Was hat Jannik am Freitag? Kunst, Englisch und Musik. Wann hat Jannik Englisch? Am Montag, Donnerstag und Freitag. Hat Jannik am Mittwoch Kunst? Nein.*	🖱
	Tipp: Lesen Sie dann im PL den Lerntipp. Hier lernen die S die Formulierung *am Wochenende* (für Samstag und Sonntag) kennen.	
	Info: In Deutschland gehen die Schüler normalerweise von Montag bis Freitag zur Schule. Samstag und Sonntag sind schulfrei. Der Unterricht beginnt gegen 8.00 Uhr und endet mittags gegen 13.00 Uhr. Manchmal gibt es noch einige Stunden am Nachmittag (besonders für die älteren Schüler) oder die Schul-AGs finden in dieser Zeit statt. Es gibt jedoch immer mehr Schulen, die am Nachmittag Unterrichts- oder Betreuungs-angebote haben. In Österreich und in Teilen Deutschlands gibt es an wenigen Schulen auch am Samstag Unterricht. In der Schweiz geht der Unterricht normalerweise immer bis in den Nachmittag, nur am Mitt-wochnachmittag ist fast überall schulfrei.	

10b	Die S hören den Hörtext und notieren, was Jannik und Sinan machen. Weisen Sie die S darauf hin, dass es nicht für alle Tage Aktivitäten gibt. Zur Kontrolle hören die S ein zweites Mal. 🎧 (1.35)

Lösung:

	Donnerstag	Freitag	Samstag	Sonntag
Jannik	hat Chor		spielt mit Sinan Volleyball	lernt Bio
Sinan		joggt mit Clara	spielt mit Jannik Volleyball	spielt mit Florian und Luis Computerspiele

Binnendifferenzierung: Bei schwächeren Gruppen teilen Sie die Klasse auf und eine Gruppe achtet darauf, was Jannik macht, und die andere, was Sinan macht.

11a	Lesen Sie die Fragen gemeinsam im PL und klären Sie den nötigen Wortschatz. Dann bilden Sie KG und die S hören den Hörtext, während sie auf Janniks Stundenplan in 10a sehen. Die S beantworten die Fragen erst in der KG, dann wird im PL verglichen. Die dritte Frage kann man übrigens nur durch einen Blick auf den Stundenplan lösen. 🎧 (1.36) **Lösung:** Welche Fächer hat Jannik morgen? Sport, Mathe. Welches Fach hat er nicht? Deutsch. Welcher Tag ist morgen? Montag.
11b	Die S hören noch einmal und ergänzen in PA mündlich die Sätze, ggf. mit Hilfe des Grammatikkastens. 🎧 (1.36) **Lösung:** 1. hast, 2. habt, 3. haben, 4. hat, 5. habe

11c	Die S schreiben die Sätze aus 11b in ihr Heft. Fragen Sie noch einmal nach der Konjugation von *haben* und notieren Sie diese gemeinsam an der Tafel. Die S schreiben sie in ihr Heft.	
11d	Personalisieren Sie die Aufgabe durch Bezug zur Lebenswirklichkeit der S: In PA stellen sich die S gegenseitig Fragen zu ihren eigenen Stundenplänen und beantworten diese. Schreiben Sie dazu die verschiedenen Frageformen an die Tafel: *Wann hast du …? Hast du am … …?*	
	Variante: Wenn Sie S aus einer Klasse haben, dann haben diese den gleichen Stundenplan. Kopieren Sie die Kopiervorlage mit den unterschiedlichen Stundenplänen und die S bearbeiten dies als → **Wechselspiel**.	Kopiervorlage

Das ist kein …

12a	Vorgehen wie in der Arbeitsanweisung beschrieben. **Lösung:** *kein* ist die Negation. **Erweiterung:** Die kleinen Dialoge nachspielen und variieren.	(1.37)
	Binnendifferenzierung: Wenn die Unterscheidung zwischen unbestimmtem und bestimmtem Artikel bei Ihren S ein Problem ist, bringen Sie einen Rucksack mit verschiedenen Dingen mit, die die S schon kennen. Sie greifen in den Rucksack und befühlen die Dinge. Dazu versprachlichen Sie das Gefühlte, z. B.: *Was ist das? Das ist ein Buch.* Dann holen Sie es heraus: *Ah, das ist das Buch „Klasse!"!* Anschließend fühlen verschiedene S und benennen die Gegenstände mit den beiden Artikelformen. Sie können so auch die die Unterscheidung zwischen *ein* und *kein* üben: Sie greifen in den Rucksack und ziehen z. B. ein Buch heraus: *Was ist das? Ist das ein Heft? Nein, das ist kein Heft. Das ist ein Buch.* Dann sind die S an der Reihe.	Rucksack mit Gegenständen
ÜB **12a**	Hier müssen die S die Wörter erraten. **Erweiterung:** Geben Sie weitere Beispiele mit Fotos am IWB und lassen Sie die S in Gruppen raten und notieren. Welche Gruppe hat alles erraten? Als HA können die S ähnliche Fotos von Gegenständen machen, die sie schon auf Deutsch kennen, und diese das nächste Mal mitbringen. Die S raten in KG.	
12b	Die S lesen die Dialoge noch einmal, übertragen die Grammatiktabelle aus dem Buch ins Heft und ergänzen sie. Oder die S benutzen die Grammatik-KV. Lesen und besprechen Sie den **Tipp** im PL. **Lösung:** der Schüler, ein Schüler, kein Schüler – das Buch, ein Buch, kein Buch – die Lehrerin, eine Lehrerin, keine Lehrerin	GR-Kopiervorlage
	Binnendifferenzierung: Üben von Wortschatz und Wechsel zwischen unbestimmtem und bestimmtem Artikel. Die S nennen Wörter mit Artikel aus Kapitel 3, die Sie an der Tafel notieren. Dann fragen sich die S in PA gegenseitig ab: Ein S nennt ein Wort mit bestimmtem Artikel und der andere S sagt es mit unbestimmtem Artikel.	
12c	Die S hören die Szenen und schreiben anschließend Sätze ins Heft. Zu dieser Aufgabe gibt es einen Redemittel-Clip. **Lösung:** 1. Das ist kein Schüler. Das ist ein Lehrer. 2. Das ist kein Sportplatz. Das ist ein Klassenzimmer. 3. Das ist keine Party. Das ist ein Konzert. 4. Das ist keine Cafeteria. Das ist eine Bibliothek	(1.38) R3
	Variante: Die S sortieren die Szenen zuerst, ohne sie zu hören. Geben Sie dazu ein Beispiel: *Das ist kein Schüler. Was passt dazu?* Danach wird mit dem Hörtext kontrolliert.	
12d	Die S hören noch einmal und imitieren die Sätze so, wie sie im Hörverstehen gesprochen werden. Danach sprechen sie die Sätze mit verschiedenen Emotionen, z. B. Satz 1: überrascht, Satz 2: freundlich, Satz 3: euphorisch und Satz 4: gelangweilt.	(1.38)
12e	In KG spielen die S → **Montagsmaler**: Ein S malt ein Wort aus dem Kapitel und die anderen raten, was er malt. Dabei benutzen sie den unbestimmten Artikel. Der S, der malt, verneint oder stimmt zu. Dann Wechsel.	
	Variante: Gestalten Sie einen Wettbewerb. Nutzen Sie erneut die Kärtchen von der Kopiervorlage aus 8c. Kopieren Sie sie evtl. noch einmal und schneiden Sie die Kärtchen aus. Teilen Sie die Klasse in zwei Gruppen auf. Ein S aus jeder Gruppe kommt zu Ihnen und Sie geben beiden je die erste Karte mit einem Wort. Der S malt und die eigene Gruppe rät, wie oben beschrieben. Hat die Gruppe es geraten, kommt der nächste S zu Ihnen und holt sich die nächste Karte ab. Welche Gruppe hat zuerst keine Karten mehr?	Kopiervorlage
13	**Freie Wahl:** Lesen Sie die Aufgaben im PL und klären Sie sie ggf. Die S wählen eine Aufgabe und bearbeiten sie. Geben Sie dazu eine bestimmte Zeitangabe, z. B. 10 Minuten. Aufgabe B und C werden anschließend im PL präsentiert.	

Was kann ich nach Kapitel 3?

	Die S bearbeiten die „Was kann ich?"-Seiten im KB und im ÜB wie in der Einleitung zum Lehrerhandbuch beschrieben. Zur Erinnerung: Im KB wird die linke Spalte abgedeckt, die Aufgaben in der rechten Spalte werden in PA bearbeitet und im Anschluss mithilfe der linken Spalte kontrolliert. ÜB-Seite als HA.	

Plateau 1

Erläuterungen zum Unterricht	Material
In **Klasse!** gibt es vier Plateaus, die der Anwendung des Gelernten und der Wiederholung von Wortschatz der vorausgegangenen Kapitel dienen. Die S werden in den Plateaus nicht mit neuen Inhalten konfrontiert, sondern haben hier Zeit, noch einmal das zu wiederholen und zu vertiefen, was sie schon gesehen und gelernt haben. Die ersten 4 Seiten enthalten v. a. Flüssigkeits- und Sprechtraining sowie spielerische Aufgaben. Die letzten beiden Seiten sind Landeskunde und Aufgaben zum Film.	

ÜB Im Übungsbuch findet sich als Pendant zu den Plateaus ein Testtraining. Die Tests sind dem Format der Prüfung *Fit in Deutsch 1* angeglichen, damit die S mit diesen und ähnlichen Testformaten schrittweise vertraut gemacht werden. In jedem Testtraining werden immer zwei Fertigkeiten trainiert.
Wenn die S Teile des Testtrainings im ÜB zu Hause bearbeiten sollen, leiten Sie die S immer genau dazu an und vergleichen und besprechen Sie die Übungen auf jeden Fall in der Klasse. Es bietet sich jedoch an, Testtraining 1 auf jeden Fall komplett in der Klasse durchzuführen, damit die S das Format kennenlernen und Sie sie auf die Tipps und Hilfekästen hinweisen können.

Karussell

1a Der Übungstyp *Karussell* ist als Partnerübung gedacht. Die S sollen zu zweit die Impulse (blau) und deren Entsprechungen (rot) abwechselnd nennen und darauf reagieren. Dazu müssen sie ihre Kursbücher immer wieder drehen, daher der Name der Übung. In dieser Aufgabe werden viele Strukturen aus den Kapiteln 1 bis 3 im Format Minidialog wieder aufgegriffen. Zur Vorbereitung lesen die S in EA ca. 5 Minuten lang die Sätze im Karussell und ordnen sie zu.

1b In PA: Partner A liest eine blaue Frage vor und Partner B sucht bzw. reagiert mit der passenden Antwort in Rot. Dann liest Partner B eine blaue Frage vor und Partner A antwortet.
Regen Sie die S an, die Antworten mit passender und abwechslungsreicher Intonation zu lesen.
Lösung:

Hallo Claudine, sprichst du Englisch?	Nein, ich spreche Deutsch und Französisch.
Wann hast du Sport?	Sport? Am Donnerstag.
Guten Morgen, wie geht's?	Danke, sehr gut!
Wie heißt du?	Ich? Ich heiße …
Spricht Mischa Russisch?	Klar, er kommt aus Russland.
Wer ist das?	Das ist Henri. Er ist cool.
Ich spiele Gitarre. Und du?	Ich auch! Und ich spiele Saxophon.
Hi, wie alt bist du?	Ich bin 12 Jahre alt. Und du?
Hallo, kommst du aus Berlin?	Nein, ich komme aus Hamburg.
Singst du gern?	Ja, ich singe und tanze gern.
Hörst du gern Musik?	Ja, ich höre gern Cro!
Wie heißt das auf Deutsch?	Das heißt Fußball.
Ist das eine Lehrerin?	Nein, das ist ein Lehrer!
Wie ist deine Telefonnummer?	017253 747681
Ist das Lukas?	Ja, er ist total lustig.
Wie viel ist fünfunddreißig und dreiundfünfzig?	Moment, also fünfunddreißig und dreiundfünfzig? Das ist achtundachtzig.
Wie viele Bücher siehst du?	Acht … ah, nein, sieben!

Training

2a In PA lesen die S das Gedicht und überlegen sich, welche Buchstaben und Sätze zusammenpassen. Lesen Sie den S zuerst das Beispiel vor und übertreiben Sie, sodass die S merken, dass sich C und *Tee* reimen.
Lösung: ABC – Kaffee oder Tee? / DEF – Kaffee für den Chef. / GHI – Yes, oui, si! / JKL – Kaffee, aber schnell. / MNO – Wo ist das Klo? / PQR – Dort, mein Herr. / STU – Was trinkst du? / VWX – Ich möchte nix! / YZ – Du bist sehr nett.

2b Die S hören das Gedicht und lesen mit. Anschließend klären Sie Verständnisfragen im PL. Bitten Sie die S, beim nächsten Hören des Gedichts auf die Aussprache zu achten. 🎧 1.39

2c In PA lesen die S das Gedicht zweimal wie in der Aufgabe beschrieben.

3 Geben Sie den S Zeit, die Zahlen zur Erinnerung noch einmal halblaut in EA zu lesen. Dann spielen die S in KG 5 Minuten lang: Eine Person beginnt und nennt die ersten drei Zahlen von einer der Reihen. Die anderen hören gut zu. Wer glaubt, die passende Reihe gefunden zu haben, liest so schnell wie möglich alle sechs Zahlen der Reihe vor.

4a Die S hören und lesen die Dialoge. Beim zweiten Hören sagen Sie den S, dass sie auf die Reaktionen achten sollen. Stoppen Sie nach jedem Dialog und fragen Sie: *Ist das eine positive Reaktion? Ist das eine negative Reaktion?* Halten Sie dies an der Tafel fest. Drittes Hören: Stoppen Sie nach jedem Dialog. Lesen Sie selbst die Aussage noch einmal und lassen Sie die Klasse im Chor wie in den Dialogen vorgegeben reagieren. Anschließend üben die S in PA und lesen die Dialoge noch einmal mit verteilten Rollen. Gehen Sie herum und ermuntern Sie die S, ausdrucksstark zu reagieren.

Lösung:
Positive Reaktionen: Cool!, Toll!, Aha!, Boah!, Echt?
Negative Reaktionen: Nee!, Hmm., Okay., Was?

4b Sammeln Sie im PL Informationssätze. Notieren Sie die Satzanfänge an der Tafel. Beispiel: *Ich komme aus … – Ich spreche … – Ich spiele (gern) … – Ich lese …* Dann arbeiten die S in PA. Ein S formuliert seine drei Informationen und der andere reagiert positiv oder negativ darauf. Dann wird gewechselt. Achten Sie darauf, dass alle S drei Informationssätze formulieren. Die Aufgabe ist beendet, wenn alle Partnerteams sechs Informationen formuliert und darauf reagiert haben.

Binnendifferenzierung: Schnellere S können mehr Informationssätze formulieren.

5a Stellen Sie das Beispiel aus dem Buch vor der Klasse vor. Zeigen Sie mit der ersten (rechten) Hand zwei Finger und sagen Sie: *Das ist eine Zahl von 1 bis 5. Wie heißt die Zahl?* (Lösung: 2) Dann zeigen Sie fünf mit der zweiten (linken) Hand: *Das ist eine Zahl von 10 bis 50. Wie heißt die Zahl?* (Lösung: 50) Lassen Sie dann die Zahl „lesen" – zuerst Hand 1, dann Hand 2: *Wie heißt die Zahl?*

Projizieren Sie dann das zweite Beispiel an die Tafel und lassen Sie die S die Zahl wie oben „lesen" (zuerst Hand 1, dann Hand 2, dann zusammen). Wichtig: Die Zahlen werden mit den Fingern in der Reihenfolge gezeigt, wie man sie spricht, nicht wie man sie schreibt. Falls nötig, machen Sie noch weitere Beispiele, bis alle S die Aufgabe verstanden haben. Oder lassen Sie stärkere S Zahlen zeigen, die die Klasse „liest".

Lösung: 34

5b Die S üben in PA wie in der Aufgabe beschrieben.

6 Hier werden spielerisch Wortschatz und Grammatik automatisiert, indem alle möglichen Gegenstände mit dem unbestimmten Artikel bzw. dem Negationsartikel geübt, gesprochen und immer wieder verwendet werden. Die S spielen 10 Minuten in PA oder in Vierergruppe: Ein S denkt an einen Gegenstand aus der Tabelle. Die anderen S stellen Fragen mit der Struktur *Ist es …?* und der S mit dem Gegenstand antwortet wie im Beispiel. Wenn die anderen S den Gegenstand geraten haben, ist der nächste an der Reihe.

Variante: So wird das Spiel temporeicher und spannender: In jeder Spielrunde dürfen maximal drei Fragen gestellt werden, danach wird aufgelöst und es werden Punkte vergeben: Der S, der den Gegenstand richtig geraten hat, bekommt einen Punkt. Wenn niemand den Gegenstand erraten hat, dann bekommt der S mit dem Gegenstand einen Punkt. Wer hat am Ende die meisten Punkte?

7 In dieser Aufgabe geht es um die Automatisierung des Negationsartikels *kein*. Die S bilden Kettensätze, die immer mit dem Nomen vom vorherigen Satz beginnen. Lesen Sie das Beispiel im PL und verdeutlichen Sie durch Betonung und Wortmelodie das Prinzip. Danach üben die S ca. fünf Minuten in PA oder KG. Die Nomen aus dem Kasten in Aufgabe 6 helfen.

Binnendifferenzierung: Stärkere S schließen die Bücher und nutzen die Gelegenheit zur Aktivierung ihres Wortschatzes.

8a Die S lesen die Stichwörter („Notizen") zu Neveda und hören dann das Interview zweimal: *Welche Information ist neu?* Dabei legen sie einen kleinen Papierschnipsel auf jedes Stichwort, das sie gehört haben. Wenn alle Stichwörter abgedeckt sind, erzählt Neveda noch von ihrem Hund.

Lösung: Neveda sagt: *Ach ja, das ist mein Hund Blacky. Süß, oder?*

Schnipsel

8b Die S lesen die Sätze erst in EA, dann teilen sie in Partnerteams die Rollen auf. Diese üben das Interview und versuchen dabei, die Intonation zu variieren. Fragen Sie im Anschluss, ob ein Partnerteam das Interview vor der Klasse vortragen möchte. Wenn es kein freiwilliges Partnerteam gibt, dann lassen Sie diesen Schritt weg.

9a Die S arbeiten in PA. Sie lesen die Informationen und wählen Person 1 oder 2. Ein S ist der Interviewer und stellt die Fragen, der andere S antwortet. Hilfe finden die S in Aufgabe 8.

Binnendifferenzierung: Schnellere S können beide Interviews führen. Dann wechseln sie ihre Rollen nach dem ersten Interview.

9b	In der Klasse sammeln Sie weitere mögliche Fragen und halten diese an der Tafel fest. Dann wählen die S eine Person aus ihrem Lebensumkreis. Sie stellen dieser Person (ggf. als HA) die Interviewfragen und fotografieren sie. Die S können ein kleines Plakat von ihrer Person erstellen, auf dem sie Fragen und Antworten auf Deutsch notieren und das sie in der Klasse vorstellen. Bei großen Gruppen bietet es sich an, die Plakate in KG vorzustellen. Anschließend werden alle Interviews im Klassenraum aufgehängt.
	Variante: Die S wählen alle eine Person aus der Schule und interviewen diese. Wenn sie ihre Plakate vorstellen, tun sie dies ohne Namen und die anderen S raten, wer die interviewte Person ist.
10	Die S gehen noch einmal in die Kapitel 1 bis 3, um die gesuchten Informationen zu finden. So beschäftigen sie sich noch einmal intensiv mit dem im Kursbuch Gelernten.
	Tipp: Bearbeiten Sie Aufgabenteil a in der Klasse. Lesen Sie im PL den Tipp und fragen Sie: *Was bedeutet „S. 11"?* Sagen Sie: *Bernie ist eine Katze.* und bitten Sie die S, Informationen zu Bernie auf Seite 11 zu suchen. Wer die Information zuerst gefunden hat, nennt die Lösung.
	Lösung: a: Hund, b: 14, c: aus der Schweiz, d: 760, e: falsch (Clara Schmidt spielt oft Tennis), f: Marie, g: 8,50, h: Mathe, i: Lehrerin

Landeskunde

11a	Es geht um Städte in Deutschland. Die S sehen die Bilder an und berichten in der Klasse, welche deutschen Städte sie kennen. Ein weiterführendes Gespräch, in dem die S die Fragen zu den Fotos beantworten, kann in der Muttersprache erfolgen. Fragen Sie auch, welche Fotos die S interessant finden und warum.
11b	Die S arbeiten in PA, lesen die Sätze und versuchen herauszufinden, welcher Satz zu welchem Foto passt. Vergleichen Sie im PL und fragen Sie: *Welche Wörter oder Informationen helfen?* Klären Sie ggf. Wortschatz. Wichtig ist hier die Lernstrategie, dass die S nicht alle Wörter verstehen müssen.
	Lösung: 1. Ulm, 2. Berlin, 3. Kassel, 4. Hamburg, 5. Dresden, 6. Bremen, 7. München, 8. Frankfurt
11c	Führen Sie ein Klassengespräch darüber, welche Stadtsymbole oder andere typische Dinge aus dem Land der S international bekannt sind.
	Variante: Die S bereiten diese Aufgabe zu Hause vor, indem sie bekannte Symbole oder andere typische Dinge für Städte aus ihrem Land suchen und Fotos mitbringen. Sie zeigen die Fotos am IWB und die anderen S sagen, wie die Stadt dazu heißt.

Film

12a	Während die S den Filmclip sehen, achten sie nur auf die Namen und notieren diese. Nicht alle Personen werden mit Namen vorgestellt! Der Wortschatz in dem Filmclip geht über das Gelernte hinaus, dennoch sind die Aufgaben dem Niveau der S angemessen. Die S lernen so eine zentrale Lernstrategie: sich auf das zu konzentrieren, was für sie in dem Moment wichtig ist, wie sie es auch in ihrer Muttersprache tun. Da der Clip in den folgenden Aufgaben noch mehrere Male angesehen wird, sammeln Sie die Namen im PL, ohne den Clip noch einmal zu zeigen. Hier geht es um ein erstes Sich-vertraut-Machen mit dem Hör-Seh-Verstehen auf Deutsch. **Lösung:** Daniel, Frau Kohlhaas, Kathi, Anna
12b	In PA sehen die S die Fotos an und ordnen sie in die richtige Reihenfolge. Sie sprechen in der Muttersprache darüber, was das Foto zeigt, zum Beispiel Foto B: Frühstück; Foto H: Daniel spielt Schlagzeug. Dann sehen sie den Filmclip noch einmal und kontrollieren die Reihenfolge der Fotos. **Lösung:** F, I, C, D, G, A, H, E, B
12c	Lesen Sie die Wörter unter der Arbeitsanweisung im PL und klären Sie evtl. unbekannte Wörter. In PA lesen die S die Dialoge. Sie ergänzen die fehlenden Wörter und überlegen dann, zu welchem Bild der Dialog passt. Vergleich im PL. Wenn es Probleme gibt, zeigen Sie den Filmclip noch einmal und lassen die S ihre Dialoge mit dem Clip vergleichen. **Lösung:** 1. Szene – Bild F – Dialog c – Tee, 2. Szene – Bild I – Dialog f – neu, 3. Szene – Bild C – Dialog e – Ah, 4. Szene – Bild D – Dialog h – Katherina, 5. Szene – Bild G – Dialog d – wohne, 6. Szene – Bild A – Dialog g – schwimmen, 7. Szene – Bild H – Dialog i – Schlagzeug, 8. Szene – Bild E – Dialog b – sechs, 9. Szene – Bild B – Dialog a – super
12d	In PA üben die S einen der Dialoge aus dem Clip und lesen ihn laut vor einem anderen Paar vor. **Erweiterung:** Die S lesen die Dialoge zu zweit halblaut. Dann üben die S in Viergruppen: Ein Paar nennt ein Foto aus 12b und das andere Paar liest den passenden Dialog zu dem Foto. Dann wird gewechselt.
12e	Die S sehen den Filmclip noch einmal. Immer wenn die Szene kommt, die zwei Partner jeweils ausgewählt hatten, sprechen sie halblaut mit und gleichen so ihre Aussprache bzw. Intonation dem Clip an.

24 Stunden sind (m)ein Tag!

Lerninhalte: einen Tagesablauf beschreiben | Tageszeiten | Grüße zu verschiedenen Tageszeiten | Uhrzeiten | die Zeit angeben | einen Text über das Wochenende schreiben | sich verabreden | Orte und Aktivitäten
Grammatik: unregelmäßige Verben im Präsens | Inversion | trennbare Verben | Satzklammer
Aussprache: Aussprache: *ich-* und *ach-*Laut

	Erläuterungen zum Unterricht	Material
1a	**Mehrsprachigkeit:** Die S lesen die Wörter auf der Einstiegsseite in PA. Sie sprechen darüber, welche Wörter sie schon kennen und welche sie aus anderen Sprachen ableiten können. Notieren Sie dazu die beiden Redemittel aus den Sprechblasen an der Tafel: *Das ist fast gleich! – Das ist leicht!* und erklären Sie diese. So können die S die Dialoge auf minimalistische Weise auf Deutsch führen. Lassen Sie im Anschluss die S Wörter nennen, die sie erkannt haben. Fragen Sie, mit welchen anderen Sprachen die S sie verglichen haben. **Hinweis:** Findet der Unterricht in einem deutschsprachigen Land/Umfeld statt, können die Jugendlichen die Wörter auch durch ihre deutschsprachige Umgebung identifizieren, nicht nur durch andere Sprachen. Fragen Sie dann: *Welche Wörter kennt ihr? Welche Wörter habt ihr schon einmal gehört?* **Binnendifferenzierung:** Mit starken Lerngruppen können Sie zu den Wörtern Oberbegriffe bilden (mögliche Oberbegriffe: *Medien – Sport – Essen – Lernen – Einkaufen – Freizeit – Verkehrsmittel*). Notieren Sie diese an der Tafel und lassen Sie die S weitere Wörter zu den Oberbegriffen nennen. Halten Sie auch diese an der Tafel fest.	
1b	Vorgehen wie beschrieben. Sagen Sie, dass manche Wörter zu zwei Bildern passen. Vergleich im PL. **Lösung:** 1. der Computer, das Internet 2. der Ball, der Club, der Fußball, der Sport, das Turnier 3. die Cola, die Mensa, der Salat, die Schule, die Tomate 4. das Nomen, die Schule, das Verb, das Wort 5. die Banane, die Cola, das Popcorn, der Supermarkt, die Tomate 6. die Cola, der Film, das Kino, das Popcorn 7. der Bus, die Linie 13	
1c	**Erstes Hören:** Die S hören die Wörter und lesen sie mit. Notieren Sie, falls nötig, zur Hilfe die Reihenfolge, in der die Wörter gesprochen werden, an der Tafel (siehe Transkript). **Zweites Hören:** Die S hören die Wörter und sprechen sie nach. Pausen sind im Track vorhanden. Zum Wiederholen und Üben → **Wortschatzspiele**, z. B. **Rücken schreiben**	🎧 1.42
	Mein Tag	
2a	Die S sehen sich den Comic an. Fragen Sie: *Was sehen wir hier?* Die S können in der Muttersprache antworten. Sie können *Kims Tag* an der Tafel notieren. Lesen Sie dann die Aussagen A bis H vor. So hören die S die richtige Aussprache und Intonation. In EA ordnen die S anschließend die Aussagen den Bildern zu. Vergleich im PL. **Lösung:** 1G, 2A, 3C, 4E, 5B, 6F, 7D, 8H **Binnendifferenzierung:** Zeigen Sie bei stärkeren Gruppen den Comic an der Tafel und die S nennen Wörter zu Dingen, die sie schon kennen, z. B. *Banane, Mensa, Mathe, Fußball* etc.	
2b	In PA vergleichen die S ihre Zuordnung. Dann hören sie zur Kontrolle. Anschließend lesen die S in PA den Tagesablauf laut. → **Tipps zum Vorlesen**. Ein S liest den Tagesablauf komplett und der andere kontrolliert die Aussprache, dann wird gewechselt.	🎧 1.43
2c	Die S arbeiten zu zweit. Lesen Sie das Beispiel im PL. Dann erzählen die S abwechselnd die Aktivitäten von Kim. In Anschluss daran lassen Sie den Tagesablauf von Kim auch noch einmal im PL erzählen, um so auf die korrekte Konjugation zu achten und ggf. zu verbessern. **Tipp:** Lesen Sie in der Klasse den Tipp und machen Sie deutlich, dass man den Ausdruck *Gute Nacht* auf Deutsch dann verwendet, wenn man selbst oder jemand anderer ins Bett geht.	
	Ich schlafe, du schläfst …	
3a	Die S lesen den Grammatikkasten erst still, dann lassen Sie die Klasse noch einmal im Chor die Konjugation sprechen. Klären Sie die Bedeutung der Verben *schlafen* und *nehmen*. In PA erstellen die S ein Plakat für die unregelmäßigen Verben *schlafen* und *nehmen*. Die Plakate werden aufgehängt, gelesen und ggf. korrigiert.	Plakat
3b	Zeigen Sie auf die Plakate und stellen Sie im PL die Frage *Was ist anders bei* treffen, schlafen *und* nehmen*?* **Lösung:** Der Vokal ändert sich bei *treffen* (von *e* zu *i*), *schlafen* (von *a* zu *ä*) und *nehmen* (von *e* zu *i*). **Binnendifferenzierung:** Zum entdeckenden Lernen kopieren Sie für die S die Grammatik-KV und verteilen sie. In PA ergänzen die S zur Wiederholung die Konjugation der regelmäßigen Verben. Vergleich im PL und evtl. weitere Konjugation der unter der Tabelle angegebenen Verben. Dann ergänzen die S die unregelmäßigen Verben mit anschließendem Vergleich und weiterer Konjugation der Beispiele. **Variante:** Notieren Sie jede Form der Verben *kaufen* und *treffen* auf einem Plakatstreifen. An der Tafel geben Sie die Struktur von *ich* bis *sie/Sie* vor. Die S, die einen Streifen haben, kommen an die Tafel und kleben	GR-Kopiervorlage

ihren Streifen an die korrekte Stelle. Anschließend kontrolliert die ganze Klasse, ob die Konjugation richtig ist. Notieren Sie auch jede Form von *schlafen* und *nehmen* auf Plakatstreifen. Diese verteilen Sie nun an andere S, die ebenfalls nach vorne kommen und die Konjugation an die Tafel kleben. Wieder kontrolliert der Rest der Klasse. Lassen Sie dann die drei Verben *treffen*, *schlafen* und *nehmen* mit dem Verb *kaufen* vergleichen. Fragen Sie: *Was ist anders bei* treffen, schlafen *und* nehmen? | Streifen

Erweiterung: Automatisierung: → **1, 2, 3** in PA mit den unregelmäßigen Verben. Schnellere S wechseln das Verb, wenn sie alle drei Formen durch eine Bewegung ersetzt haben.

3c Die S lesen die Verben, klären Sie ggf. Wortschatz. In PA besprechen die S, ob die Verben regelmäßig oder unregelmäßig sind. Dazu können Sie Aufgabe 3a zur Hilfe hinzuziehen. Kontrollieren Sie die Ergebnisse im PL und halten Sie sie an der Tafel fest. Wichtig: Schreiben Sie nur den Infinitiv an die Tafel.
Lösung:
regelmäßig: machen, wecken, spielen, schreiben, duschen
unregelmäßig: schlafen, essen, fahren, lesen, sein

Danach schreiben die S die Tabelle aus dem KB mit den Verben von der Tafel in ihr Heft. In PA fügen sie die Formen für *ich* und *er/sie/es* zu diesen Verben hinzu. Bei schwächeren Gruppen lassen Sie nicht nur die Form von *er/sie* notieren, sondern dazu auch die Form von *du*. Zeigen Sie am Ende zur Kontrolle die Lösung an der Tafel, damit die S vergleichen können, ob sie die Verben richtig konjugiert haben.
Lösung:

regelmäßig	unregelmäßig
machen: ich mache – er/sie macht	ich schlafe – er/sie schläft
wecken: ich wecke – er/sie weckt	ich esse – er/sie isst
spielen: ich spiele – er/sie spielt	ich fahre – er/sie fährt
schreiben: ich schreibe – er/sie schreibt	ich lese – er/sie liest
duschen: ich dusche – er/sie duscht	ich bin – er/sie ist

Hinweis: Erklären Sie, dass beim Verb *lesen* die Endungen bei *du* und *er/sie* nicht identischen Ursprungs sind, sondern dass das zweite s bei *du liest* entfällt, da der Verbstamm auf -s endet.

Tipp: Lesen Sie den Tipp im PL. Nennen Sie einige Infinitive und die S antworten im Chor mit der *er/sie*-Form. Weisen Sie darauf hin, dass sie die Verbform der unregelmäßigen Verben immer mitlernen und auf ihre Lernkarten / in ihr Heft notieren. Tipp: Außer bei *sein* sind die Pluralformen immer regelmäßig.

Erweiterung: Kopieren Sie die KV. Die S spielen in KG. Sie würfeln und rücken so viele Felder vor, wie die gewürfelte Zahl vorgibt. Dort konjugieren sie das abgebildete Verb entsprechend dem am Felderrand angegebenen Personalpronomen. Wenn es richtig konjugiert ist, dürfen sie dort stehen bleiben, sonst müssen sie 2 Kästchen zurück. Dann ist die nächste Person an der Reihe. Gewonnen hat, wer zuerst ins Ziel kommt. | Kopiervorlage, Würfel, Spielsteine

Erweiterung: → **Widersprech-Spiel.** Sammeln Sie vor dem Spiel die Verben an der Tafel, die die S benutzen können. Geben Sie ein Beispiel im PL. Bei schwächeren Gruppen notieren Sie auch die Struktur an der Tafel.

ÜB 3g+h Verteilen Sie leere Karten an die S. Vorgehen in PA wie im Beispiel im ÜB zu sehen. Partner A schreibt das Verb in der Muttersprache auf eine Seite und ergänzt auf der anderen Seite das deutsche Wort und einen Satz damit. Partner B notiert auf der einen Seite einen Satz und diesen ohne das Verb auf der anderen Seite noch einmal. Dann werden die Karten mit einem anderen Paar getauscht. Jedes Paar übt mit den nun erhaltenen Karten und kontrolliert eigenständig mit der Rückseite. | Karten
Bei heterogenen Klassen setzen Sie S aus identischen Muttersprachen zusammen oder verwenden nur die Variante B.

---

4 Zeigen Sie die Bilder mit der Sonne bzw. den Tageszeiten an der Tafel und lesen Sie die Tageszeiten vor. Die S wiederholen jede Tageszeit im Chor. Notieren Sie evtl. Uhrzeiten zu den verschiedenen Tageszeiten, falls Sie in einem Land unterrichten, in dem der Tag anders eingeteilt wird als in D-A-CH. Dann lesen Sie in der Klasse die Fragen. Geben Sie Beispiele für die Fragen mit den drei Auslassungspunkten (Beispiele: *Wann lernst du Mathe/Bio? Wann spielst du Fußball/Gitarre? Wann duschst du?*). In PA stellen sich die S anschließend die Fragen und antworten mit den Tageszeiten. Geben Sie zu Beginn ein Beispiel für die Klasse, indem Sie einem S eine Frage stellen und dieser antwortet.

Variante: Schreiben Sie die Fragen je auf eine Karte. Verteilen Sie leere Karten an die S und jedes Paar schreibt noch eine Frage mit *wann*. Sammeln Sie die Karten wieder ein, mischen Sie sie und jeder S zieht eine Karte. Anschließend gehen die S in der Klasse herum. Immer wenn sich zwei S treffen, stellen sie sich ihre Fragen und antworten mit den Tageszeiten. Danach tauschen sie die Karten und suchen sich neue Partner. | Kärtchen

---

5a **Aussprache:** Sprechen Sie das Wort *ich* vor und die Klasse wiederholt es, dann sprechen sie *ach* vor und die Klasse wiederholt es. Die S hören den Track und ordnen A und B dem jeweiligen Laut zu. | 🔊 1.44
Lösung: A sind Wörter mit dem *ich*-Laut – B sind Wörter mit dem *ach*-Laut.

5b Die S hören noch einmal Wörter mit dem *ich*- und dem *ach*-Laut und sprechen diese nach. Die Wörter werden zweimal vorgelesen, dann folgt eine Pause zum Nachsprechen. Lassen Sie die S die Wörter auch zweimal nachsprechen. Wenn die S Schwierigkeiten mit einem der Laute haben, so wiederholen Sie diesen noch einmal, indem Sie die Wörter mit diesem Laut anhand des Transkripts langsam selbst vorsprechen und die S Sie imitieren.

Hinweis zur Produktion der Laute:
Ich-Laut: ähnlich wie das *j* in *ja*. Die S ziehen die Lippen zur Seite wie zum Lächeln, die Zunge ist unten und die S sprechen das *j* mit Luft.
Ach-Laut: weit hinten im Rachen, grenzen Sie es vom *k*-Laut ab, indem Sie den S sagen, dass es wie das *k* ist, aber mit Luft (*machen* ↔ *Macken*)
Man findet auch hilfreiche Videos zur Aussprache im Internet.

Tipp: Lesen Sie den Tipp mit der ganzen Klasse und halten Sie ihn als Regel auf einem Plakat im Klassenraum fest. Lassen Sie, auch in den folgenden Stunden, weitere deutsche Wörter mit diesen Lauten sammeln, die sie auf dem Plakat ergänzen: *Welche Wörter kennt ihr noch (aus dem Unterricht / aus D-A-CH)?* — Plakat

5c Die S bereiten wie im KB angegeben eine Liste im Heft vor. Dann hören sie noch einmal und notieren die Wörter in die passende Spalte. Danach kontrollieren sie zu zweit.
Lösung: *ch* wie in *ich*: leicht, richtig, ich, dich, Griechenland, Brötchen, sprechen, wichtig, die Bücher, München
ch wie in *ach*: das Buch, machen, nach, das Mädchen, die Sprache, acht, auch, suchen

Wie spät ist es?

6a Erstes Hören ohne Buch. Die S hören die Dialoge und bilden Verstehensinseln: *Was habt ihr verstanden?* Dann öffnen die S die Bücher und sehen sich die Bilder an. Zweites Hören und erstes Zuordnen der Bilder. Die S vergleichen zuerst in PA und konzentrieren sich beim zweiten Hören auf die Bilder, bei denen sie nicht sicher waren, und korrigieren ggf. Lesen Sie anschließend die Uhrzeiten unter den Bildern 1 bis 6 laut vor und die S sprechen sie im Chor nach. — Kärtchen
Lösung: 1B, 2E, 3C, 4D, 5F, 6A

6b Bevor die Uhrzeiten systematisiert werden, wird kurz der Fokus auf die Aktivitäten gelegt und so auf Bekanntes zurückgegriffen. Die S hören die Texte noch einmal und notieren mithilfe der Angaben die jeweiligen Aktivitäten der Jugendlichen. Sprechen Sie in homogenen Klassen in der Muttersprache zum interkulturellen Vergleich darüber, wann Ihre S zur Schule gehen, ins Bett gehen, zu Mittag essen usw.
Lösung: A: Er schreibt morgen einen Mathe-Test. B: Sie frühstückt. C: Sie geht zum Basketballtraining. D: Er fährt nach Hause. E: Er isst eine Pizza oder ein Hot Dog. F: Sie geht in den Supermarkt.

Binnendifferenzierung: Stärkere Gruppen können diese Aufgabe ohne nochmaliges Hören bearbeiten: Lassen Sie die S die Aktivitäten ohne Hilfestellung erkennen.

6c Die S arbeiten in PA und ordnen die passenden Uhrzeiten den Uhren zu, vergleichen ihre Ergebnisse im PL und notieren/malen die Uhren mit den Uhrzeiten in ihr Heft. Vergleich in der Klasse: Sie zeigen die Uhren an der Tafel und zwei, drei S schreiben/ziehen die richtige Uhrzeit zu der jeweiligen Uhr. Die Uhrzeiten sind für die meisten Deutschlerner ein schwieriges Thema, deshalb sollten sie auch nach dieser Einführung und Übungsphase immer wieder trainiert und wiederholt werden. Fragen Sie z. B. einfach ab und zu im Unterricht einen S, wie spät es gerade ist.
Lösung: 1. Es ist neun Uhr. 2. Es ist Viertel nach neun. 3. Es ist zwanzig nach neun. 4. Es ist halb zehn. 5. Es ist Viertel vor zehn. 6. Es ist zehn vor zehn.

Erweiterung: Die S erstellen ein Lernplakat, auf dem die informellen Zeiten in Uhren und Text festgehalten werden. Verteilen Sie dazu Streifen mit verschiedenen Uhrzeiten an PA oder KG. Die S müssen nun auf ein Plakat den Streifen kleben und eine analoge Uhr dazu malen. Die Plakate werden im Raum aufgehängt, sodass immer auf sie verwiesen werden kann. (Vorschlag für Uhrzeiten auf den Streifen: *Es ist vier Uhr. / Es ist Viertel nach vier. / Es ist zwanzig nach vier. / Es ist halb fünf. / Es ist Viertel vor fünf. / Es ist zehn vor fünf.*) Heben Sie *vor* und *nach* hervor. Erklären Sie den S das Konzept von „halb fünf", da diese Uhrzeit in vielen Sprachen anders ist und es hier oft zu Missverständnissen kommt. — Streifen, Plakate

6d Die S hören die Uhrzeiten und sprechen sie im Chor nach.

6e Vorgehen wie in der Arbeitsanweisung beschrieben. Die S notieren sich alle auftauchenden Fragen, diese werden im Anschluss im PL geklärt. — leeres Papier

Erweiterung: Spielen Sie mit den S → Uhrzeiten-**Bingo**. Vorgehensweise und Spielanleitung finden Sie auf der KV. — KV, Karton, Beutel o. Ä., Spielsteine

7a	Erklären Sie den S, dass es zwei verschiedene Formen gibt, die Uhrzeit auf Deutsch zu nennen. Die informelle Uhrzeit haben die S schon gelernt. Die S hören und notieren nun die offizielle Uhrzeit, die v. a. im Fernsehen, im Radio, bei Durchsagen usw. benutzt wird. Sie kontrollieren in PA. Lassen Sie die S dann noch einmal hören. Notieren Sie die erste Uhrzeit, die auch im Buch angegeben ist, an der Tafel: *8.30* und schreiben Sie darunter: *8 Uhr 30*. Erklären Sie den S, dass man immer beim Punkt (oder Doppelpunkt) *Uhr* sagt. Freiwillige S lesen dann die restlichen Uhrzeiten zur Lösungskontrolle vor. **Lösung:** 1. 8:30, 2. 10:20, 3. 14:30, 4. 17:45, 5. 20:15 **Erweiterung:** Notieren Sie weitere Uhrzeiten an der Tafel. Die S lesen sie sich in PA gegenseitig vor. Gehen Sie herum und korrigieren Sie ggf.	(1.48)
7b	Lesen Sie im PL den Tipp und notieren/zeigen Sie ihn an der Tafel. Die S arbeiten in PA. Zeigen Sie den S eine Münze und erklären Sie ihnen, was in der Aufgabe mit *Kopf* und *Zahl* gemeint ist. Lesen Sie dann die Arbeitsanweisung im PL. Vorgehen wie in der Arbeitsanweisung beschrieben. Freiwillige S nennen anschließend im PL die Uhrzeiten auf beide Arten.	
7c	**Mehrsprachigkeit:** Vergleichen Sie im PL das eben Gelernte mit der Nennung der Uhrzeiten in der Muttersprache der S. *Was ist gleich? Was ist anders?* Lassen Sie ein paar Beispiele nennen. *Findet ihr es einfach auf Deutsch?*	
ÜB 7b	Zur Wiederholung und zum weiteren Üben, auch als Einstieg in den nächsten Unterricht geeignet.	
8a	Lesen Sie den Grammatikkasten im PL oder nutzen Sie die Grammatik-KV und fragen Sie: *Wo steht das Verb?* Machen Sie den S deutlich, dass das Verb im deutschen Aussagesatz die feste Position 2 hat. **Erweiterung:** Zur Verdeutlichung der Verbposition lassen Sie → **Lebendige Sätze** stellen. Notieren Sie weitere „lebendige Sätze" auf Plakate (zum Beispiel *am Morgen – schreibt – Luisa – einen Mathetest – .*) und üben Sie auch mit diesen die Umstellungen (*Luisa schreibt am Morgen einen Mathetest.* oder *Am Morgen schreibt Luisa einen Mathetest.*).	GR-Kopier-vorlage Plakate
8b	Lesen Sie den Redemittelkasten im PL. Notieren Sie die Frage **Wann** *frühstückst du?* an der Tafel und bitten Sie die S, verschiedene Antwortmöglichkeiten auf die Frage zu nennen. Beispiel: **Um** *8 Uhr/* **Von** *acht* **bis** *Viertel nach acht. /* **Am** *Morgen.* Markieren Sie die Präpositionen und erklären Sie die Bedeutung. Lesen Sie dann mit den S den Tagesablauf von Luis und klären ggf. den Wortschatz. Anschließend sprechen die S zu zweit und erzählen sich den Tagesablauf von Luis wie im KB angegeben. **Binnendifferenzierung:** Variieren Sie die Aufgabe bei stärkeren Gruppen folgendermaßen: S A stellt eine Fragen mit *Wann …?* und S B beantwortet die Frage. Zum Beispiel: *A: Wann spielt Luis Fußball? – B: Um 9 Uhr.* Dann wird gewechselt.	
8c	Lesen Sie gemeinsam mit den S die angegebenen Möglichkeiten, sodass Sie Fragen klären können. Dann vorgehen wie in der Arbeitsanweisung beschrieben. Alle lesen ihre (ggf. korrigierten) Sätze noch einmal, einzelne Paare lesen im PL vor.	
8d	In EA schreiben die S einen Tagesplan wie in Aufgabe 8b für ihren eigenen Samstag. So holen Sie die Lebenswirklichkeit der S in Ihren Unterricht. Die S arbeiten in PA oder in KG und erzählen sich ihren Plan. Damit die Zuhörer aktiv zuhören, sollen sie am Ende einen Plan mit Uhrzeit von einer anderen Person aus der KG im PL vorstellen.	
ÜB 8e	Die Übung bietet sich an, um das Schreiben zu trainieren und anschließend mit allen „perfekten Tagen" ein Klassenplakat herzustellen. Die S schreiben den Text in EA im Unterricht. Die Texte werden ausgetauscht, in PA korrigiert und wieder zurückgegeben. Verteilen Sie farbiges Papier an alle S. Diese schreiben den Text noch einmal schön und können ihn auch verzieren und mit Bildern ergänzen. Anschließend kleben die S ihre Texte auf ein großes Plakat, das in der Klasse aufgehängt wird.	farbiges Papier, Plakat
	Paulas Tag	
9a	Bei geschlossenen Büchern: Projizieren Sie als Einstieg die Fotos an die Tafel und lassen Sie die S im PL über die Fotos sprechen. Sagen Sie: *Das ist Paula. Was macht sie?* Mögliche Antworten: *Sie schläft. Sie geht in den Supermarkt. Sie telefoniert. Sie macht Sport. Sie trifft eine Freundin/zwei Freunde. Sie lernt nicht.* etc. Die S öffnen die Bücher, lesen in PA die Sätze und ordnen sie den Fotos zu. Vergleichen Sie im PL. Danach lesen sich die S in PA gegenseitig abwechselnd die Sätze vor. **Lösung:** 1C, 2E, 3A, 4F, 5D, 6B	
9b	Lesen Sie die Verben vor und betonen Sie das Präfix. Die S sprechen im Chor mit der identischen Betonung nach. Bevor Sie die Bedeutung der Verben klären, ordnen die S die Verben den Sätzen aus Aufgabe 9a zu. **Lösung:** einkaufen E, anrufen A, aufstehen C, fernsehen B, abholen F, mitkommen D	

9c Vorgehen wie in der Arbeitsanweisung beschrieben. Fragen Sie: *Was ist besonders?* Die S vergleichen die Infinitive mit den Verben im Satz . Notieren Sie so wie im Grammatikkasten einen Infinitiv aus 9b an der Tafel und die S lesen den passenden Satz vor. Notieren Sie auch diesen an der Tafel. Machen Sie dies mit allen Infinitiven und achten Sie darauf, dass die konjugierten Verben und die Präfixe untereinander stehen. Dann markieren Sie die Verben/Präfixe, sodass die S sehen, dass diese eine Verbklammer ergeben. Erklären Sie den S, dass diese Verben im Infinitiv zusammenstehen, sich aber im Satz trennen und so weit wie möglich auseinander stehen, sodass der konjugierte Teil des Verbs auf Position 2 steht und das Präfix ganz am Ende.

9d In PA Vorgehen wie in der Arbeitsanweisung beschrieben. Am Ende lesen ein paar S zur Lösungskontrolle ihre Sätze vor und die anderen S achten darauf, ob die Sätze richtig sind und korrigieren ggf.
Zu diesem Thema gibt es einen Grammatik-Clip und eine Grammatik-KV.
Variante: Zur Vertiefung eignen sich sehr gut → **Lebendige Sätze**.

G4

GR-Kopier-vorlage

9e Vorgehen wie beschrieben. Lesen Sie mit den S den Textanfang und sagen Sie ihnen, dass sie auch Zeitan-gaben verwenden sollen. Als Hilfe können Sie diese an der Tafel sammeln, bevor die S ihre Texte schreiben.
Erweiterung: Zum Üben der Konjugationen können die S die KV mit dem Lernfalter nutzen.

Lernfalter

Die Verabredung

10a Geschlossene Bücher. Die S hören Dialog 1 und bilden Verstehensinseln: *Wer spricht? Wie heißen die Personen? Was verstehen sie noch?* Notieren Sie die Antworten an der Tafel und gehen Sie identisch mit Dialog 2 vor. Dann öffnen S die Bücher und hören und lesen die Dialoge und beantworten die Fragen *Wer? Was? Wann?*.
Lösung: Dialog 1: Paula und Mia – ins Schwimmbad gehen – heute Nachmittag um 15 Uhr
Dialog 2: Paula und Sinan – shoppen gehen – heute Nachmittag um 17 Uhr

1. (49-50)

10b In PA lesen und üben die S die Dialoge. Spielen Sie mit einem S einen Dialog vor, sodass die S merken, dass sie sich auch auf die Intonation konzentrieren sollen und den Text nicht nur herunterlesen. Die S können auch auf einer Kopie der Dialoge markieren, welche Wörter sie betonen wollen.
Erweiterung: Die S lesen die Dialoge flüsternd. Achten sie darauf, dass die S wirklich flüstern, denn Flüstern erhöht die Konzentration beim Sprechen und bei der Aussprache. Außerdem ergibt sich so eine authentische Situation, denn die S flüstern sich wahrscheinlich öfter in der Klasse etwas zu.

ggf. Kopie

10c Die S üben Dialogvarianten in PA, indem sie die Vorgaben in den Dialogen aus 10c ersetzen. Dann wechseln sie den Partner und spielen noch einmal einen Dialog mit einem anderen Partner. Als Einstieg können Sie den Redemittel-Clip nutzen, der zwei Situationen zeigt. Gehen Sie hier nicht auf die grammatischen Struk-turen ein (*ins Kino gehen* etc.), sondern die S lernen diese Aktivitäten als feste Einheiten (Chunks). Lassen Sie einige Dialoge vorspielen. Geben Sie dem PL dazu Fragen, damit die S konzentriert zuhören, z. B. *Klappt die Verabredung? Wann wollen sie sich verabreden? Wohin wollen sie?* etc.
Binnendifferenzierung: Sammeln Sie für die Bereiche *Aktivität* und *Zeit* weitere Möglichkeiten an der Tafel, aus denen die S auswählen können. Unsichere S können die Dialoge auch erst schreiben und dann üben. Stärkere S können wirklich ein Telefongespräch simulieren, indem sie Rücken an Rücken sitzen. Dadurch, dass die S sich nicht sehen, müssen sie so deutlich sprechen, dass der andere sie versteht.
Hinweis: Zum spielerischen Üben und Wiederholen bietet sich die Lernplattform Kahoot! an, in der sich schon erstellte „Kahoots" finden oder auch leicht eigene zu Wortschatz und Grammatikthemen erstellt werden können. Die S benötigen zum Mitspielen Internetzugang und pro KG zumindest ein Handy.

R4

ÜB 11 Teilen Sie die Klasse in zwei Gruppen. Je eine Gruppe ergänzt den Text A bzw. B aus dem Übungsbuch. Dann bilden je ein S aus Gruppe A und B ein Paar und sie lesen abwechselnd einen Satz vor. A hat Lücken, die B nicht hat und B hat Lücken, die A nicht hat. So können sie sich bei Problemstellen gegenseitig helfen.

11 **Freie Wahl:** Allgemeine Informationen → Kapitel 1. Hängen Sie Zettel mit A, B und C in drei Ecken Ihres Klassenraumes. Lesen Sie alle drei Wahlmöglichkeiten im PL. Dann gehen die S in die Ecke des Raumes, deren Aufgabe sie dort bearbeiten möchten. Geben Sie für die Aufgaben eine Zeitvorgabe (z. B. 15 min). Anschließend stellt Gruppe A ihre Recherche im PL vor. S aus Gruppe B machen eine Pantomime und die Klasse rät. Sammeln Sie dann die Zettel von Aufgabe B ein, sodass Sie sie zur Wiederholung nutzen können. Die S mit Aufgabe C geben ihre Tagesabläufe ab und Sie korrigieren diese. Dürfen Ihre S kein Handy benutzen, geben Sie Aufgabe A als HA; Präsentation in der nächsten Stunde in KG.

Handy/
Computer,
Karten

Was kann ich nach Kapitel 4?

Die S bearbeiten die „Was kann ich?"-Seiten im KB und im ÜB wie in der Einleitung zum Lehrerhandbuch beschrieben.

Guten Appetit!

5

Lerninhalte: Lebensmittel | Geschäfte | mit Verkäufern sprechen | über Preise sprechen | über Essgewohnheiten sprechen und schreiben | *immer, meistens, oft* … | über Vorlieben sprechen
Grammatik: bestimmter und unbestimmter Artikel im Akkusativ | Verben mit Akkusativ | *möchten* | *mögen* | *und, oder, aber*
Aussprache: Umlaute *ä, ö, ü*

	Erläuterungen zum Unterricht	Material
1a	Bevor die S den Linien folgen und so die Wörter zu den Fotos lesen können, sprechen sie in PA über die Wörter, die sie schon kennen, und kontrollieren mit den Linien, ob sie recht haben. Nach 5 Minuten ordnen die S die übrigen Wörter über die Linien zu und schreiben sie in eine Tabelle ins Heft. Notieren Sie die Tabellenvorgabe an der Tafel, damit die S die Wörter gleich zu den verschiedenen Artikeln sortieren:	

der/ein	die/eine	das/ein	die (Plural)
der Reis, der Apfel, der Kuchen, der Schinken, der Fisch, der Orangensaft, der Salat, der Zucker, der Käse	die Kartoffel, die Cola, die Milch, die Schokolade, die Banane, die Birne, die Salami, die Marmelade	das Mineralwasser, das Brötchen, das Eis, das Ei, das Brot, das Fleisch	die Nudeln

	Klären Sie anschließend ggf. anhand der Tabelle Fragen zum Wortschatz.	
1b	**Mehrsprachigkeit:** Bei homogenen Sprachgruppen: Anhand der Tabelle aus 1a notieren die S in PA ähnliche Wörter ihrer Muttersprache zu den Wörtern. Vergleich im PL: *Welche Wörter habt ihr gefunden?* Sprachheterogene Gruppen: Die S aus einer Sprache setzen sich zusammen und ergänzen die Wörter in ihrer Muttersprache. Die S, die keine anderen S aus ihrer Muttersprache haben, notieren es in EA. Anschließend Vergleich im PL: *Gibt es deutsche Wörter, die in allen Muttersprachen ähnlich sind?*	
	Zur Wiederholung und zum weiteren Üben finden Sie Aktivitäten unter → **Wortschatzspiele**. Hier eignet sich besonders gut das **Buchstabierspiel**.	
	Zur Wiederholung des Wortschatzes am Ende des Kapitels eignet sich die KV mit dem Lernfalter.	Lernfalter
1c	Vorentlastung für das Hören: Die S sehen sich die Bilder an. Sprechen Sie die Geschäfte vor und die S sprechen im Chor nach. Fragen Sie danach im PL: *Was kauft man … z. B. in der Bäckerei?* usw. und lassen Sie ein paar Lebensmittel nennen (z. B. *Brot und Kuchen*). Gehen Sie hier noch nicht auf den Akkusativ ein, dieser wird später im Kapitel systematisiert. Erklären Sie dann die Situation: *Sophie und ihre Mutter kaufen ein.* Die S sollen in diesem ersten Schritt nur auf die Reihenfolge der Geschäfte achten und noch nicht auf das, was die beiden einkaufen. Die S hören und notieren sich die Reihenfolge. Vergleich im PL. **Lösung:** in die Apotheke, in die Bäckerei, in die Metzgerei, in den Supermarkt	(1.51)
	Tipp: Lesen Sie den Tipp im PL. Fragen Sie die S: *Gibt es bei euch auch Synonyme für Geschäfte? Welche sind es?*	
	Interkultureller Vergleich: Sprechen Sie in der Muttersprache über die Einkaufsgewohnheiten in den Familien der S, um so die Lebenswirklichkeit der S mit den Unterricht einzubeziehen. *Geht ihr mit eurer Mutter/ eurem Vater einkaufen? Wer macht den Einkauf? Wo macht ihr den Einkauf?*	
ÜB 1e	Als Überleitung zu KB 1d fragen Sie nach Mengenangaben, in dem Sie die Fotos aus ÜB 1e an die Tafel projizieren. *Welche Mengenangaben kennt ihr?* Hier wird der Fokus auf das gelegt, was die S schon kennen, sollten also Felder frei bleiben, lassen Sie sie frei.	
1d	Die S notieren eine Tabelle wie im KB im Heft. Lesen Sie die Aufgabenstellung im PL. Dann hören die S und schreiben die Lebensmittel mit den Mengenangaben in die Tabelle. Sagen Sie den S, dass es nicht für alle Lebensmittel Mengenangaben gibt. Vergleich in PA. Spielen Sie den Dialog ggf. noch einmal vor, damit die S auf schwierige Stellen achten können. Zum Schluss vergleichen Sie im PL. **Lösung:** Bäckerei: 5 Brötchen, 1 Brot. Metzgerei: 300 Gramm Salami. Supermarkt: 1 Kilo Äpfel, 1 Kilo Birnen. 2 Liter Milch, Orangensaft, Cola, Nudeln, Käse, Schokolade. (Zu Beginn kaufen sie in der Apotheke: 1 Packung Aspirin – kein Lebensmittel.)	
	Kuchen für die Schulparty	
2a	Die S sehen den Comic an und beschreiben in KG mit Sätzen und Wörtern, was sie sehen, um den Wortschatz zu trainieren. Beschreibung im PL: Projizieren Sie den Comic an die Tafel und notieren Sie die Wörter/Sätze zu den passenden Bildern, z. B. *Sie lernen – die Schule – der Lehrer – Sie sprechen – die Hausaufgaben* etc. Dann lesen die S die Sätze und ordnen sie den Bildern zu. Vergleich erst in KG, dann Kontrolle im PL. **Lösung:** 1G, 2E, 3C, 4B, 5A, 6F, 7D	
2b	Lesen Sie die Sätze im PL und klären Sie evtl. Verständnisfragen, aber gehen Sie noch nicht auf den Akkusativ ein. In PA stellen sich die S gegenseitig die Fragen und beantworten sie. **Lösung:** 1. Kim, 2. Marie, 3. Kim, 4. Marie und Kim, 5. Marie	

	Binnendifferenzierung: Schnellere S können weitere Fragen beantworten. Bereiten Sie diese an der Tafel vor. Beispiele: *Wer kommt zu Kim? Wer ist zu Hause? Wer hat die Idee mit dem Kuchen?*	
2c	Lesen Sie den Comic einmal vor, damit die S eine Variante mit richtiger Betonung hören. Anschließend lesen die S in PA den Dialog mit verteilten Rollen. Dann bilden die S neue Paare und lesen mit einem anderen S den Dialog noch einmal. Möglichkeiten für die Bildung von Paaren → **Partnerarbeit**.	
	Erweiterung: Als Projekt können Sie mit den S einen eigenen Comic herstellen, z. B. mithilfe der Internetseiten makebeliefcomix, Pixton oder comiclife. Zeigen Sie den S die gewählte Seite und erklären Sie, wie diese funktioniert. Entweder die S erstellen als HA einen kleinen Comic in PA oder Sie gehen mit ihren S in den Medienraum der Schule und geben ihnen 30–40 Minuten Zeit zur Erstellung des Comics. Anschließend werden die Comics allen vorgestellt und gemeinsam gelesen. → **Präsentation der Ergebnisse** Als Alternative könne die S die Sprechblasen ihres Comics leer lassen, sodass ein anderes Paar diese ausfüllen muss. Das kann zu einem erhöhten Interesse bei der Präsentation der Comics führen.	

Wer kauft den Zucker?

3a	Zeigen Sie die Tabelle an der Tafel. Die S notieren diese Tabelle in ihr Heft oder sie benutzen die Grammatik-KV. Sie suchen die passenden Artikel aus 2b und ergänzen die Tabelle. Fragen Sie dann: *Seht euch die Artikel an. Was ist gleich? Was ist anders?* Weisen Sie darauf hin, dass sich nur der maskuline Artikel im Akkusativ ändert. Wenn Sie die Grammatik mehr systematisieren wollen, notieren Sie den ersten Satz an der Tafel und fragen Sie: *Was ist „Kim"? – Subjekt. Was ist „kauft"? – Verb. Was ist „den Zucker"? Akkusativ.* Lesen Sie im PL die Verben mit Akkusativ aus dem Grammatikkasten. Klären Sie ggf. Verständnisfragen.	GR-Kopiervorlage
	Mehrsprachigkeit: Jedes deutsche Verb braucht ein Subjekt; dieses steht immer im Nominativ (wenn Sie z. B. mit spanisch- oder portugiesischsprachigen S arbeiten, weisen Sie sie darauf hin, dass das Subjekt auf Deutsch immer explizit genannt werden muss). Die meisten Verben im Deutschen brauchen dazu noch ein Objekt, meist ein Akkusativ-Objekt. Vergleichen Sie die Muttersprache(n) der S mit dem Deutschen und sprechen Sie darüber, wie es in den Sprachen gehandhabt wird: Wird das Subjekt explizit genannt? Wie funktioniert das Objekt? Gibt es eine Deklination?	
	Erweiterung: Sie finden die Verben aus dem Grammatikkasten mit verschiedenen Nomen auf der KV. Kopieren Sie diese und schneiden Sie die Kärtchen aus. Am besten ist es, wenn die Verben und die Nomen unterschiedliche Farben haben. Die S legen alle Kärtchen verdeckt nebeneinander auf den Tisch und ziehen eins von jeder Farbe. Wenn Verb und Nomen zusammenpassen, bilden die S einen Satz. Wenn nicht, werden die Kärtchen wieder an die identische Stelle zurückgelegt (sodass die S sich merken können, wo sie liegen, falls sie das Wort für eine andere Karte brauchen). Die S konstruieren so 10 Minuten lang in KG Sätze. Auf den Nomenkarten sind die Nomen schon im Akkusativ angegeben, damit die S diesen Denkschritt noch nicht vornehmen müssen, sondern sich auf die Bildung des Satzes konzentrieren können. Im Anschluss bilden die S freie Sätze mit den Verben aus dem Grammatikkasten.	Kopiervorlage
ÜB 3a+b	Die S kennen die *Wer*-Fragen schon aus Aufgabe 2b im KB. Hier ergänzen die S zuerst im PL die 3a mit den richtigen Nomen im Akkusativ. Vergleich der vollständigen Fragen im PL. Danach setzen die S sich in PA zusammen und stellen sich gegenseitig die Fragen wie in KB 2b.	
3b	Projizieren Sie den Einkaufszettel an die Tafel und fragen Sie die S: *Was ist das?* Klären Sie den Begriff *Einkaufszettel* und sprechen Sie kurz im PL: *Kauft ihr manchmal ein? Habt ihr einen Einkaufszettel? Benutzen eure Eltern einen Einkaufszettel?* Lassen Sie die Fotos von den S mit den richtigen Wörtern vom Einkaufszettel benennen. Dann spielen die S in PA ca. 5–10 Minuten: S1 würfelt und bildet einen Satz mit dem Satzanfang *Ich kaufe …,* den er mit einem der beiden bei der Würfelzahl zur Auswahl gestellten Lebensmittel ergänzt. S 2 kontrolliert, ob der Akkusativ richtig verwendet wurde. Dann Wechsel.	Würfel
	Binnendifferenzierung: Falls Ihre S sich noch unsicher fühlen, kopieren Sie dieses Spiel aus dem KB und lassen Sie die S in PA die Wörter neben den Fotos notieren.	
ÜB 3e	Die S üben in PA. Notieren Sie die zwei Satzanfänge an der Tafel: *Findest du + Akk.? Siehst du + Akk.?* Gegenseitig stellen sich die S Fragen und zeigen auf eines der abgebildeten Lebensmittel.	
	Erweiterung Wortschatz: Die S erstellen in PA eigene Collagen aus Zeitschriften mit Lebensmitteln. Alle Wörter, die die S nicht kennen, suchen sie im Wörterbuch und notieren sie zu den jeweiligen Fotos. Die Collagen werden getauscht und dann Vorgehen wie in der Arbeitsanweisung beschrieben.	Magazine, Schere, Kleber, Papier
4a	Als Einstieg und zur Verknüpfung mit der Lebenswirklichkeit der S fragen Sie im PL: *Wisst ihr, was ein Stück Kuchen/Pizza / … bei euch / bei uns kostet?* Die S nennen verschiedene Preise. Anschließend notieren die S die Lebensmittel von der Preisliste in ihrem Heft. Sie hören und schreiben die Preise dazu. Vergleich in PA, dann hören die S noch einmal und achten auf die Preise, die ihnen noch fehlen. Weisen Sie die S darauf hin, dass die Lebensmittel beim Hörtext nicht in der gleichen Reihenfolge sind wie im Buch und dass es	1.52

	nicht zu allen Lebensmitteln einen Preis gibt. Fragen Sie nach dem Lösungsvergleich: *Welches Produkt fehlt?* – der Apfelsaft. Leiten Sie so zum Tipp über (siehe 4b). **Lösung:** Stück Kuchen: 1,20 („eins zwanzig"), Stück Pizza: 1,80 („eins achtzig"), Hamburger: 3 Euro 60 (Hamburger plus Käse: 3,80), Wasser: 50 Cent, eine Cola: 90 Cent, Apfelsaft: (keine Angabe), Orangensaft 80 Cent	
4b	Lesen Sie den **Tipp** im PL und schreiben Sie die zwei Möglichkeiten, die Euro-Preise zu nennen, an die Tafel: *1,20 Euro = ein Euro zwanzig / eins zwanzig*. Die S arbeiten anschließend in PA, stellen sich gegenseitig Fragen zu den Preisen auf der Liste in 4a und beantworten sie.	
4c	Vorgehen wie in der Arbeitsanweisung beschrieben. **Tipp:** Lesen Sie im PL den Tipp und erklären Sie ggf. anhand von weiteren Beispielen die Wörter *teuer* und *billig*. Die S lesen dann die Sprechblasen. Die erstellten Karten werden gemischt und wieder neu verteilt. Geben Sie den S eine Situation vor, z. B. *Ihr verkauft etwas auf der Schulparty oder im Feriencamp-Kiosk*, und schreiben Sie das Dialoggerüst an die Tafel. Die S arbeiten nun in PA zusammen. S1 fragt S2: *Was hast du?* S2 antwortet z. B. *Ich habe Salat.* S1 fragt: *Wie viel kostet der Salat?* S2 nennt den Preis und S1 reagiert auf den Preis. Dann wird immer gewechselt, bis alle fünf Preise erfragt sind. Fragen Sie im Anschluss im PL: *Waren die Preise teuer oder billig?*	
	Am Schulkiosk	
5a	Notieren Sie den Titel an die Tafel: *Am Schulkiosk.* Fragen Sie: *Gibt es bei euch einen Schulkiosk? Was kann man da kaufen?* Erklären Sie dann die Situation: *Ben und Sophie sind am Schulkiosk.* Die S lesen die Fragen und die möglichen Antworten. Sagen Sie ihnen, dass die Reihenfolge der Fragen im KB nicht der Reihenfolge im Hörtext entspricht. Die S hören die Aufnahme und schreiben die richtigen Antworten ins Heft. **Lösung:** 1. 3,40 Euro 2. einen Donut, eine Cola 3. Mathe	1.53
5b	Die S schreiben den Grammatikkasten in ihr Heft und ergänzen die fehlenden Angaben aus 5a. Oder Sie verteilen die Grammatik-KV. Die S vergleichen die Artikel und sehen, dass auch beim unbestimmten Artikel nur der maskuline Artikel im Akkusativ geändert wird. Fragen Sie: *Wie ist der Pluralartikel im Akkusativ?* So verdeutlichen Sie, dass es keinen unbestimmten Pluralartikel gibt. Lassen Sie von den S auch noch einmal den bestimmten Artikel im Akkusativ dazu nennen und erinnern Sie ggf. noch einmal an den Unterschied zwischen bestimmtem und unbestimmtem Artikel. Zu dieser Aufgabe gibt es einen Grammatik-Clip. **Lösung:** einen Donut, ein Wasser, eine Pizza	G5 GR-Kopier-vorlage
5c	Verteilen Sie an jeden S zehn Karten. Die S schreiben in EA je ein Wort aus Aufgabe 1a auf die Karten. Schreiben Sie verschiedene Fragemöglichkeiten an die Tafel: *Was kaufst du? Was isst du? Was nimmst du? Was trinkst du?* etc. Die S arbeiten in PA, sie mischen ihre zwanzig Karten und legen sie verdeckt auf einen Stapel in die Mitte. S1 stellt eine Frage, S2 zieht eine Karte und antwortet. Dann wechseln die beiden S.	Karten
5d	Lesen Sie die Wörter im PL. In PA wählen die S verschiedene Möglichkeiten und schreiben mindestens sechs Sätze. Anschließend werden die Sätze mit einem anderen Paar getauscht und dieses kontrolliert die Konjugation und den korrekten Akkusativ. Hinter die richtigen Sätze zeichnen sie einen Smiley o. Ä. Am Ende werden die Sätze dem Ausgangspaar zurückgegeben und Fragen im PL geklärt. **Variante:** Notieren Sie die Wörter aus den drei Blöcken auf Karten in verschiedenen Farben. Die S arbeiten in PA – sie ziehen von jeder Farbe ein Wort und müssen daraus einen Satz erst sagen, dann schreiben. **Binnendifferenzierung:** Verteilen Sie folgendes Material aus 5d auf vier Tischen: A: die Verben auf Kärtchen, B: die Substantive auf Kärtchen, C: die Satzanfänge (*Lukas ...; Ich ...* usw.) auf einem Zettel, D: die Wörter auf verschiedenfarbigen Karten wie in der Variante beschrieben. Für jeden Tisch gibt es eine eigene Arbeitsanweisung (siehe unten). In PA oder KG gehen die S herum, lesen die Arbeitsanweisungen und bearbeiten die Station. Geben Sie den S vor, wie viele Stationen sie besuchen müssen (z. B. zwei von den vier), die S können dann zwei oder drei oder vier Stationen in der vorgegebenen Zeit bearbeiten. Geben Sie für die ganze Aufgabe insgesamt 20 Minuten. Anweisungen: A: Konjugiert die Verben und notiert die Konjugation in euer Heft. B: Notiert die Nomen in euer Heft und sucht die Artikel. C: Schreibt sechs Sätze mit den Satzanfängen. D: Zieht von jeder Farbe einen Satz und schreibt aus diesen Wörtern einen Satz.	Karten Karten
6a	Zeigen Sie die Fotos an der Tafel. Die S nennen die Wörter, die sie kennen. Dann hören und lesen die S die Dialoge. Anschließend lesen die S die Dialoge in PA mit wechselnden Rollen.	1. 54-56
6b	Lesen Sie im PL den Redemittelkasten zum Verkäufer und klären Sie die Redemittel. Danach suchen die S aus den Dialogen aus 6a die Sätze heraus, die die Kunden sagen, und ergänzen diese im Heft. Vergleich im PL. Lesen Sie anschließend im PL die Konjugation zu *möchten* und verdeutlichen sie sie an weiteren Beispielen. (Sagen Sie z. B. zu einem S *Ich möchte einen Bleistift* und der S gibt Ihnen einen Bleistift.)	

Dazu gibt es einen Redemittel-Clip. Sehen Sie den Clip mit den S an. Beim zweiten Sehen teilen Sie die Klasse in zwei Gruppen: Gruppe A achtet darauf, was die Kundin kauft, und Gruppe B, was es kostet.
Lösung: Kunde/Kundin: Ich nehme … – Ich möchte bitte … – Ja, bitte. – Nein, das ist alles. – Ich hätte gern … – Ja, danke. – Bitte.

Binnendifferenzierung: Bei stärkeren Gruppen verteilen Sie die Grammatik-KV und die S ergänzen die Konjugation von *möchten*, ohne ins Buch zu sehen. Dann Vergleich im PL.

		R5
		GR-Kopier-vorlage

ÜB 6b **ODER-Aufgabe:** Die Klasse stimmt ab, welche der beiden Möglichkeiten sie machen möchte. Wenn sie sich für die Variante entscheiden, dass sie zuerst hören und dann schreiben, lassen Sie den Dialog am Ende zur Kontrolle noch einmal hören.

6c Vorgehen wie in der Arbeitsanweisung beschrieben. Die S spielen die Dialoge im PL vor und die anderen achten darauf, was gekauft wird und wie der Preis ist.

Erweiterung: Bringen Sie verschiedene Lebensmittel mit oder sagen Sie den S, dass sie verschiedene Lebensmittel/Getränke mitbringen sollen. Bauen Sie einen Kiosk wie im Redemittel-Clip. Sie S schreiben ihren Dialog anhand der mitgebrachten Lebensmittel und spielen ihn dann mit diesen vor.
(Lebensmittel/Getränke)

7a Bilden Sie mit ihren S die Laute *ä, ö* und *ü*. Wenn ihre S Schwierigkeiten mit den Umlauten haben, zeigen Sie ihnen sehr deutlich, wie man diese formt:
Das *ä*: Die S sprechen ein *e* und machen den Mund weiter auf.
Das *ö*: Die S lächeln wie beim *e* und sprechen ein *e*, dann runden sie ihren Mund.
Das *ü*: Die S sagen ein *i* und machen dann auch ihren Mund rund.
Hören Sie die Wörter und die S sprechen nach.
(1.57)

7b Schulung des Gehörs: Die S hören die Wörter und stehen immer dann auf, wenn das Wort einen Umlaut enthält.
(1.58)

7c Die S suchen in EA fünf weitere Wörter mit Umlaut in den ersten fünf KB-Kapiteln und schreiben sie auf. Dann setzen sie sich in PA zusammen und sprechen die zehn Wörter abwechselnd.

Variante: Die S suchen in EA fünf weitere Wörter mit und fünf ohne Umlaut aus den ersten fünf Kapiteln und sprechen sie laut für sich. Danach einigen sie sich in PA auf insgesamt zehn Wörter aus ihrem Fundus. Diese schreiben sie in einer gemischten Reihenfolge auf einen Zettel. Im PL, bei großen Gruppen in KG, lesen die S als Paare abwechselnd vor, dabei vorgehen wie in 7b beschrieben.

Was isst du?

8a Lesen Sie den **Tipp** im PL. Die S arbeiten in Dreier-KG. Vorgehen wie in der Arbeitsanweisung beschrieben.

Variante zu 8a+b: → **Wirbelgruppen**. Sie teilen die Klasse in drei Gruppen A, B und C: eine Gruppe für jeden Text. Die S notieren die Tabelle ins Heft, lesen ihren Text, klären in den Gruppen Fragen und vergleichen ihre Lösung. Dann setzen sich aus jeder Gruppe je 1 S zusammen, erzählen sich ihre Texte ohne abzulesen (davor können Sie die erste Erweiterung unter 8b zum Üben vorziehen) und ergänzen die Tabelle.

Erweiterung zu 8a+b: → **Wirbelgruppen**. Erstellen Sie ein Quiz zu den drei Texten. In ihren Ausgangsgruppen lösen die S das Quiz und sehen so, ob ihnen alles Wichtige erzählt wurde. (Beispiel für Fragen: *Wer frühstückt nicht? Wer isst mittags in der Schule? Wer isst Reis zum Frühstück?* etc.)
(Quizfragen)

8b Lesen Sie die Wörter und die Sprechblasen im PL. Danach tauschen sich die drei S aus 8a über ihre Personen aus und ergänzen die Tabelle.
Die S lesen im PL den Grammatik-Kasten oder ergänzen die Grammatik-KV und vergleichen anschließend mit dem Grammatik-Kasten im Buch. Fragen Sie die S: *Warum steht das zweite* er *in Klammern?* Beim gleichen Subjekt muss man das Subjekt nicht zweimal sagen. Sagen Sie einen Beispielsatz aus Ihrem Leben, z. B.: *Ich esse Müsli zum Frühstück oder ein Brot./ Ich trinke gern Kaffee zum Frühstück, aber ich mag keinen Tee.* Machen Sie eine → **Ballrunde** und jeder S sagt einen Satz mit *und/aber/oder* aus der eigenen Lebenswelt.
(GR-Kopier-vorlage)

Erweiterung: Geben Sie zum Üben ein paar Satzanfänge auf Streifen in die KG. Die S ziehen einen Streifen und beenden die Sätze mit *und, oder, aber*. Beispiele: *Morgens isst Finn ein Brot mit Marmelade und/oder/aber … – Isabel trinkt mittags eine Cola und/oder/aber … – Sophie macht nachmittags die Hausaufgaben und/oder/aber …* Die S beenden die Sätze wie im Grammatikkasten angegeben.
(Streifen)

Erweiterung: → **Rückendiktat:** Kopieren Sie die KV. Die S arbeiten zu zweit. Sie setzen sich Rücken an Rücken und diktieren sich gegenseitig die fehlenden Sätze aus dem Text. Anschließend kontrollieren sie gemeinsam die Rechtschreibung.
(Kopier-vorlage)

8c	Lesen Sie den **Tipp** im PL und stellen sie einige Fragen, um den Wortschatz zu festigen. Beispiele: *Wie oft isst du Marmelade zum Frühstück? Wie oft trinkst du Cola? Wie oft isst du Fleisch? Wie oft trinkst du Orangensaft?* Die S antworten und verwenden die Wörter aus dem Tipp. Wenn es in ihrer Gruppe funktioniert, machen Sie eine → **Ballrunde**. Der S, der geantwortet hat, stellt die nächste Frage und wirft den Ball. So üben die S zunächst mündlich, was sie anschließend schriftlich umsetzen.	
	Die S schreiben in EA einen Text zu ihrer eigenen Lebenswelt. Lesen Sie dazu den Ausriss im Buch und lassen sie die S kreativ werden und auch über ihre Familie schreiben, dabei sollen sie die Häufigkeitswörter benutzen. Gehen Sie hier darauf ein, dass vor *aber* ein Komma stehen muss.	
	Binnendifferenzierung: Um den S die Angst vor dem Schreiben zu nehmen, können Sie ihnen hier auch ein Gerüst vorgeben (siehe Beispiel), das sie ergänzen sollen, sodass ein durchgängiger Text entsteht. Die S schreiben ihren Text jeweils auf ein Plakat oder ein DIN-A4-Blatt und gestalten es schön. Diese werden wie in einer Ausstellung aufgehängt und alle S lesen sich alle Texte durch. Danach sprechen sie darüber, wer ähnliche Essgewohnheiten hat.	Plakat
	Variante: Wenn Sie in Ihrer Institution mit Blogs arbeiten, können Sie diese Texte auch auf einen Blog stellen, und die anderen S geben positive Kommentare dazu. Wiederholen Sie dazu die Redemittel, die die S schon können. Beispiel: *Ich esse zum Frühstück immer …, aber meine Eltern … Manchmal trinke ich … oder … Und meine Eltern trinken meistens … Mittags esse ich gern … oder … Aber ich esse nie … Meine Mutter kocht oft … Abends essen wir meistens … Das finde ich super. / Das finde ich nicht gut. Dann trinke ich …*	

Magst du das?

9a	Die S lesen den Chat und versuchen die Fragen zu beantworten, ohne dass Sie das Wort *mögen* schon erklärt haben. Sie vergleichen in PA und anschließend im PL. Fragen Sie: Was bedeutet *mögen*? Geben Sie zwei, drei Beispiele (*Ich mag Schokolade / Ich mag Fußball / Ich mag Kim*) und machen Sie dann eine → **Ballrunde** und fragen Sie den ersten S: *Was magst du?* usw. **Lösung:** 1. Kim, 2. Müllerstraße 9, 3. Lukas, 4. Marie, 5. Marie und Lukas, 6. Pizza Margherita	
9b	Die S lesen den Chat noch einmal, schreiben den Grammatik-Kasten ins Heft und ergänzen die Konjugation oder sie ergänzen die Konjugation auf der Grammatik-KV und kleben diese ins Heft. *Was fällt ihnen bei* ich *und* er/es/sie *auf?* – Die Form ist gleich. **Lösung:** ich mag – du magst – er/es/sie mag – wir mögen – ihr mögt – sie/Sie mögen **Erweiterung:** Auch als Wiederholung geeignet → **Bingo**	GR-Kopiervorlage
9c	Kopieren Sie die Grammatik-KV und lassen Sie die S in PA die Tabelle analog zum Indefinit-Artikel für die Negation ergänzen. *Was passiert?* Auch in der Verneinung brauchen wir den Akkusativ. Sammeln Sie noch einmal Wortschatz zu Essen und Trinken an der Tafel. Verteilen Sie Karten an die S. Jeder S schreibt etwas auf, was er nicht mag. Dann gehen die S durch den Raum, erzählen es und fragen den anderen wie im KB angegeben. Weisen Sie die S darauf hin, dass sie immer das, was sie auf den Karten haben, nicht mögen.	GR-Kopiervorlage, Karten
	Variante: → **Dreieck der Gemeinsamkeiten**.	Papier
10	**Freie Wahl:** Hängen Sie Zettel mit A, B, C in die Ecken ihres Raumes und die S entscheiden sich für eine Aufgabe, indem sie sich zu einem der Zettel stellen. Sie suchen sich dort ihre Partner und lösen die Aufgabe; Aufgabe C bearbeiten sie in EA. Geben Sie den S insgesamt 10 Minuten Zeit. Bei Aufgabe A und B lassen Sie die Paare nach fünf Minuten innerhalb ihrer Gruppe noch einmal wechseln. Aufgabe C wird im Klassenraum aufgehängt und im PL präsentiert. Die Fotos können die S auch an einem anderen Tag mitbringen, falls Ihnen kein Computerraum zum Ausdrucken von Fotos zur Verfügung steht.	A, B, C-Zettel, Wörterbücher, Schere, Kleber
	Variante: Nehmen Sie die Aufgabe C aus der Freien-Wahl-Aufgabe heraus und bearbeiten Sie sie als Projekt für die ganze Klasse. Dann können die S Fotos zu Hause suchen/machen, diese ausdrucken und mitbringen und dann das Plakat gestalten. → **Präsentation von Ergebnissen**	
ÜB 10	In PA ergänzen S die Satzanfänge. Sie kontrollieren ihre Rechtschreibung mit dem KB und ÜB. Dann diktieren sie sich gegenseitig ihre Texte. Danach werden die ÜB ausgetauscht und die Texte korrigiert.	

Was kann ich nach Kapitel 5?

	Die S bearbeiten die „Was kann ich?"-Seite im KB und im ÜB wie in der Einleitung zum Lehrerhandbuch beschrieben.	

Meine Familie

Lerninhalte: über meine Familie sprechen und schreiben | über Haustiere sprechen | über Berufe sprechen | jemanden auffordern
Grammatik: Possessivpronomen Nominativ + Akkusativ | Genitiv-*s* bei Namen | *für* + Akkusativ | *der Arzt – die Ärztin* | Imperativ | *doch* nach Fragen mit Verneinung
Aussprache: *oder*-Fragen

	Erläuterungen zum Unterricht	Material
1a	Im PL lesen die S die Fragen und Sie klären die neuen Vokabeln (*Eltern, von Beruf, Katze* etc.) Dann lesen die S in EA die Texte und beantworten die Fragen. Vergleich in der KG. Wenn sie unterschiedlicher Meinung sind, gehen die S noch einmal in die Texte und suchen nach Argumenten für ihre Lösung. **Lösung:** 1. Manfred und Susanne Schmidt, 2. Ärztin, 3. Kleopatra, 4. Hauptstraße 23, 5. Luzie 6. Fußball spielen, 7. 14, 8. Techniker **Binnendifferenzierung:** Kopieren Sie die Texte aus dem KB und schneiden Sie sie aus. Projizieren Sie die Fragen an die Tafel, klären Sie den Wortschatz. Sie verteilen die Texte an fünf Gruppen. Jede Gruppe liest ihren Text und beantwortet die dazu passenden Fragen. Anschließend setzen sich aus den fünf Gruppen je eine Person zusammen und erzählen sich anhand der gelösten Fragen ihre Texte. Sollten bestimmte Fragen offen bleiben, werde diese im PL geklärt.	Kopien
1b	Die S decken die Texte aus 1a ab und lesen in KG die Wörter. Dann sprechen sie darüber, zu welcher Person die Wörter passen. Am Ende vergleichen sie in der Klasse und bei Unstimmigkeiten mit den Texten. **Lösung:** das Auto: Marius, der Techniker: Marius, Fußball spielen: Daniel, die Katze: Luzie, die Eltern: Marius und Bettina / Manfred und Susanne, 80 Jahre alt: das Haus, 14 Jahre alt: Daniel, die Großeltern: Manfred und Susanne, der Sohn: Daniel/Marius, die Ärztin: Bettina	
ÜB 1	Die S spielen zu zweit das Dominospiel aus dem ÜB. S 1 beginnt und nennt einen Satzteil, S 2 muss das passende Ende finden und liest den Satzanfang von dieser Domino-Karte. **Variante:** Schreiben Sie die Domino-Karten in ein Textprogramm und schneiden sie sie aus, sodass die S das Dominospiel wie mit Spielsteinen wirklich spielen können.	Karten
	Das ist meine Familie	
2a	Im PL lesen die S die Wörter und ordnen sie in den Stammbaum ein. Vergleich im PL. Lesen Sie die Wörter vor und die S sprechen sie nach. Der Stammbaum hier beinhaltet noch nicht alle Verwandtschaftsbezeichnungen. Der Fokus liegt erst einmal auf den wichtigsten Wörtern. In 4b kann dann in gemeinsamer Arbeit der Stammbaum ergänzt und erweitert werden. **Lösung:** die Großeltern: die Großmutter + der Großvater – die Eltern: die Mutter + der Vater – die Verwandten: die Tante + der Onkel – die Kinder: die Tochter + der Sohn – die Geschwister: die Schwester + der Bruder – die Kinder: die Cousine + der Cousin	
2b	**Mehrsprachigkeit:** Klassengespräch: *Welche Wörter kennt ihr aus anderen Sprachen? Welche Wörter sind ähnlich?* Dabei kann die Muttersprache zu Hilfe genommen werden. Beispiele für ähnliche Wörter: *oncle* und *grand-mère* (Französisch), *cugina* (Italienisch), *father, mother, uncle* (Englisch) etc. Grammatische Ähnlichkeiten wie die Wortbildung von *Großmutter/grandmother/grand-mère* können ebenfalls angesprochen werden.	
ÜB 2b	**ODER-Aufgabe:** Die S arbeiten in EA und entscheiden sich für eine der beiden Möglichkeiten. Geben Sie insgesamt zehn Minuten Zeit für die Bearbeitung der gewählten Aufgabe. Zur Präsentation arbeiten die S in PA aus den verschiedenen Gruppen. Ein S liest die Wortpaare vor und der andere S zeigt den Stammbaum.	
2c	Die S hören und sprechen exakt nach. Anschließend sprechen die S noch einmal in PA die Wörter und kontrollieren sich gegenseitig. Weisen Sie hier auch auf die Betonungszeichen im KB hin und erinnern Sie die S daran, dass ein Strich auf einen langen Vokal und ein Punkt auf einen kurzen Vokal hinweist. **Variante:** → **Rechts-links-Gehen.** Notieren Sie nach dem Hören und Nachsprechen an der Tafel: *langer Vokal: ein Schritt nach links – kurzer Vokal: ein Schritt nach rechts.* Lesen Sie die Wörter erneut.	1.59
2d	Zeigen Sie den Grammatik-Kasten oder benutzen Sie die Grammatik-KV, die für die Aufgabe 2d, 3b und 5a angelegt ist. Dort können die S dann schrittweise das neu Gelernte ergänzen. Erklären Sie anhand von Zeichen, was *mein* bedeutet. Verdeutlichen Sie es ggf. mit Gegenständen von Ihrem Lehrertisch. Weisen Sie die S darauf hin, dass es dieselben Endungen wie bei *ein/kein* sind. Danach gehen Sie auf die Lebenswelt der S ein: Im PL lesen Sie die Fragen und die Antwortmöglichkeiten. Anschließend fragen sich die S gegenseitig in PA und sprechen über ihre eigene Familie. Wenn die S auf ihren Handys Fotos von ihrer Familie haben, können sie diese benutzen und anhand der Fotos die Fragen beantworten.	GR-Kopiervorlage

Variante: Partnerspiel zu einer Fantasie-Familie. Kopieren Sie die KV. Die S arbeiten zu zweit und notieren sechs Informationen (z. B. Name, Wohnort, Beruf, Alter, Hobby, Geschwister etc.) zu verschiedenen Familienmitgliedern. Dabei dürfen die S sich eine eigene Familie ausdenken. Sie tauschen die Blätter aus, der Partner lernt die Informationen auswendig, dann wird das Blatt wieder zurückgegeben und die Informationen werden aus dem Gedächtnis vorgetragen. Beispiel: Partner A spricht über die Informationen von Partner B.: *Also, deine Mutter heißt … und dein Onkel ist …* B hört zu und korrigiert: *Nein, nein, meine Mutter heißt …*

Wortschatz-Wiederholung: → **Paare finden** mit Schülern

Kopier-
vorlage

Unsere Nachbarn sind neu

3a Die S hören und lesen die Dialoge. Dann sprechen sie die Dialoge noch einmal in PA. Anschließend ordnen sie die Fotos den Dialogen zu.
Lösung: A4, B1, C3, D2

1. (60-63)

Variante: Kopieren Sie die Fotos und die Dialoge aus dem KB, schneiden Sie die Fotos aus und zerschneiden Sie die Dialoge in A, B, C und D. Jede KG bekommt zuerst nur die Fotos und beschreibt in KG, was sie auf den Fotos sehen. Anschließend hören die S die Dialoge und legen die Fotos in die Reihenfolge, in der sie sie hören. Verteilen Sie dann die Dialoge und die S ordnen sie den Fotos zu. Danach hören und lesen S die Dialoge. Vergleich im PL.

Fotos,
Dialoge,
Track

3b Autonomes Lernen: Die S arbeiten in PA, lesen die Arbeitsanweisung, ergänzen in der Grammatik-KV die fehlenden Angaben, sehen sich zur Kontrolle den Grammatik-Kasten an und haben 10 Minuten Zeit, die Aufgabe zu lösen und zu besprechen, warum sie diese Lösung gewählt haben. Vergleichen Sie anschließend im PL und fragen Sie die S, warum sie ihre Antworten gewählt haben.
Lösung: 1. dein, 2. eure, 3. ihre, 4. Meine, 5. sein, 6. Ihre, mein, mein

GR-Kopier-
vorlage

Erweiterung: In einigen Sprachen gibt es keinen Unterschied zwischen *ihr/sein* in der 3. Person Singular. Wenn Ihre S dies im Deutschen schwer finden, üben sie es noch einmal detailliert mit der KV. Die S würfeln und bilden zu den Wörtern einen Satz mit *Das ist…*

Kopier-
vorlage

3c Automatisierung der Possessivartikel: Verteilen Sie pro S fünf Karten. Auf diese Karten schreiben die S in EA Nomen mit Artikeln. Die Artikel müssen die S anhand der Wortliste im ÜB oder mithilfe eines Wörterbuchs überprüfen. Die Karten werden eingesammelt und gemischt und wieder neu verteilt, sodass alle Paare 10 Karten vor sich liegen haben. S A würfelt, zieht eine Karte und beendet mit dem darauf notierten Nomen und dem durch die Würfelzahl bestimmten Possessivpronomen den Satz *Das ist ….* Dann ist S B an der Reihe.

Karten,
Würfel

4a In EA lesen die S die Texte und die Sätze und schreiben auf, wer die Sätze sagt. Dazu müssen die S die Perspektive, aus der die Texte formuliert sind, klar erkannt haben: Weisen Sie darauf hin, dass Daniel und Luzie erzählen und dass die S die Informationen von der Einstiegsseite als Hilfe benutzen können.
Lösung: 1. die Großeltern (Susanne und Manfred Schmidt), 2. Jeremy und Lissy, 3. Simon (Schmidt), 4. Lissy, 5. Julia (Mutter von Felix Schmidt), 6. Otto (Hund)

Erweiterung: In PA schreiben die S weitere Sätze zu den Texten. Diese werden an ein anderes Paar weitergegeben und sie schreiben dazu, wer die Sätze sagt.

4b In PA malen die S den Stammbaum der Familie Schmidt. Dann gehen zwei Paare zusammen und erklären sich gegenseitig und abwechselnd die Familie. (Bettina und Claudia sind Schwestern.)
Lösung:

Erweiterung: Wenn die Familienthematik in Ihrer Klasse unproblematisch ist: Die S malen ihren eigenen Stammbaum und bringen zum nächsten Mal ein paar Fotos von der Familie mit. In KG stellen sich die S gegenseitig die Familie vor. Die anderen S stellen Fragen zu der Familie. Sammeln Sie vorher Themen an der Tafel, zu denen Fragen gestellt werden können, z. B. Hobbys, Alter, Wohnort, Herkunft

5a Die S ergänzen nun den letzten Teil der Grammatik-KV oder lesen den Grammatikkasten in der Klasse. Sie sollen erkennen, dass der Akkusativ der Possessivartikel wie beim unbestimmten Artikel gebildet wird. Bevor die S die Sätze lesen, bilden Sie vier KGs. Diese notieren die Formen der Possessivartikel auf Plakate (KG 1: Singular Nominativ, KG 2: Singular Akkusativ, KG 3: Plural Nominativ, KG 4: Plural Akkusativ). Die Plakate werden im PL besprochen und dann passend zueinander aufgehängt. Danach lesen die S in EA die Sätze und ergänzen den Possessivartikel im Akkusativ. Vergleich zuerst in PA, dann im PL.
Lösung: 1. meinen, 2. Ihren, 3. ihren, 4. eure, 5. seine

GR-Kopier-
vorlage,
Plakate

5b Die S schreiben in EA einen Text über ihre eigene Familie zu den Angaben, die im Buch vorgeschlagen werden. Anschließend lesen sie sich in PA gegenseitig ihre Texte vor. Geben Sie den S vorher die Höraufgabe, dass sie im Anschluss an das Vorlesen ein bis zwei Fragen zu den Texten stellen sollen. Das übt das aktive Zuhören. Bei großen Gruppen lesen die S die Texte in KG und stellen sich anschließend Fragen zu dem Text.

Variante: Vorgehen wie oben beschrieben, die S notieren jedoch keine Nachnamen. Am Ende sammeln Sie die Texte ein, mischen sie und Sie lesen die Texte vor. Dieses Vorgehen hat den Vorteil, dass Sie direkt Fehler aus den Texten (Satzbau, Akkusative, Artikel etc.) bereinigen können und somit einen korrekten Text vorlesen. Außerdem sind Sie im Umgang mit verschiedenen Schriften sicher geübter als die S. Die S raten, wer den Text geschrieben hat.

	Haustiere	
6a	In EA Vorgehen wie beschrieben. Die S notieren die Antworten im Heft. Vergleich im PL. **Lösung:** Jannik: Hund Bernie und Papagei Lollo – Yoko: Katze Morle und Kaninchen Millie **Variante:** Teilen Sie die Klasse in zwei Gruppen: Eine Gruppe liest den Text von Jannik und die andere Gruppe den Text von Yoko. Anschließend gehen aus jeder Gruppe je ein S zusammen und präsentieren die Tiere aus ihren Texten: Name, Alter, Aktivitäten.	
6b	Lesen Sie die Arbeitsanweisung und beantworten Sie die erste Frage anhand des Beispiels. Zeigen Sie dann den Grammatikkasten; die S schreiben ihn in ihr Heft oder verwenden die Grammatik-KV. Sie können auch bei geschlossenen Büchern die Texte an die Tafel projizieren und dort die Namen (*Lollos, Millies, …*) markieren; anschließend verteilen Sie die Grammatik-KV und die S ergänzen diese. Vergleich mit dem Buch. Üben Sie, indem sie Dinge von den S nehmen und die S sagen lassen: *Das ist Marias Bleistift. Das ist Rameshs Lineal.* etc. Danach ergänzen die S in PA die Sätze aus 6b. Vergleich im PL. Wenn der Name von einem S aus Ihrer Klasse auf *-s* oder auf *-x* endet, wird kein *-s* angehängt, der Name wird dann gesprochen wie sonst auch. Sie können den S an der Tafel zeigen, wie damit schriftlich umgegangen wird: *Andreas' Lineal, Felix' Buch.* Ansonsten gehen Sie nicht weiter darauf ein. **Lösung:** 2. Yokos Katze schläft gerne. 3. Bernies Lieblingsspielzeug ist ein Ball. 4. Millies Lieblingsessen ist Fisch. 5. Janniks Haustiere sind sechs und acht Jahre alt. **Variante:** Haben Sie in 6a die Variante bearbeitet, gehen Sie dennoch vor wie unter 6b beschrieben. Die S müssen den anderen Text nicht lesen, sondern merken so, ob ihnen alles erzählt wurde. Vergleich im PL. **Erweiterung:** Notieren Sie das Wort *Lieblings-* an der Tafel. Klären Sie noch einmal die Bedeutung und sammeln Sie dann Wörter, die man mit *Lieblings-* verbinden kann (z. B. *Essen, Tag, Musik, Instrument, Schulfach, Hobby, Getränk, Haustier, Beruf*). Im Anschluss daran machen Sie eine → **Ballrunde** mit der Frage *Was ist dein(e) Lieblings-…?* Oder die S sprechen in KG über ihre Lieblingsdinge und nennen anschließend im PL von jeder Person eine Information.	GR-Kopier-vorlage
6c	Als Vorentlastung sammeln Sie Wortschatz zu Tieren an der Tafel. Dann vorgehen wie beschrieben. **Erweiterung:** Sie können hier ein Projekt anschließen. Die S stellen ihre Haustiere vor und bringen Fotos, Bilder etc. mit, die sie zu einer Collage zusammenstellen, auf die sie auch das Alter, den Namen der Tiere und was sie gern essen/spielen etc. schreiben. Die S, die keine Haustiere haben, erstellen ein Plakat zum Thema *Lieblingstier*, suchen auch Fotos/Bilder und schreiben Sätze dazu. Hängen Sie dann alle Plakate im Raum auf und kleben Sie einen Zettel daneben. → **Ausstellung.**	
6d	Klären Sie die Arbeitsanweisung und zeigen Sie den Grammatikkasten. Der Akkusativ ist nicht neu für die S und hier geht es um die Präposition *für+Akk.* Anschließend bilden die S in PA Sätze mit den vorgegebenen Wörtern. Sie können auch kreativ eigene Sätze mit anderen Tieren und Dingen bilden. Als Wiederholung eignet sich die Grammatik-KV. Verteilen Sie sie im nächsten Unterricht und die S ergänzen. **Variante:** → **Platzdeckchen** Die S arbeiten in KG. Jeder S notiert Sätze zu Haustieren in einer Ecke des Blattes. Dann wird das Blatt gedreht und ein anderer S aus der KG formuliert noch einmal die Sätze, indem er die Struktur mit dem Genitiv-*s* benutzt. **Variante:** Sie verteilen Bilder/Fotos aus dem Internet von den gängigen Haustieren (z. B. Hund, Katze, Vogel, Hamster, Meerschweinchen, Schildkröte) an die KGs. Eine Person zieht ein Foto und die S bilden in den KG so viele Sätze wie möglich zu dem Tier. Dann wird die nächste Karte gezogen.	GR-Kopier-vorlage
↻	**Hinweis:** Für den fächerübergreifenden Unterricht mit dem Fach Biologie können Sie die CLIL-Kopiervorlage nutzen. Ziel: Die S kennen mehr Tiere und ihre Charakteristika. Kopieren Sie die KV und verteilen Sie sie an die S. Die S verbinden die Tiere mit dem richtigen Wort. Vergleich im PL. Lesen Sie dann die Wörter vor und die S sprechen sie im Chor nach. Dann lesen die S den Text und ergänzen den Steckbrief. Klären Sie Wortschatz in der Klasse. Führen Sie danach die Farben ein, indem sie auf verschiedenfarbige Dinge in der Klasse zeigen und das Wort nennen. Die S wiederholen es, dann notieren	CLIL-KV

6

Sie die Wörter für die Farben an der Tafel. In PA bearbeiten die S Aufgabe 3 und 4. Wenn Sie nicht möchten, dass alle in Aufgabe 4 die gleichen Tiere nehmen, dann teilen sie die Tiere auf. Die S suchen die Informationen, erarbeiten einen Steckbrief und gestalten eventuell auch ein Plakat zu ihrem Tier, das sie im PL präsentieren. → **Präsentation der Ergebnisse**.

Info: In D-A-CH unterscheidet man zwischen *Haustieren*, *Nutztieren* (z. B. auf dem Bauernhof) und *Wildtieren*.
Lösung: auf dem Bauernhof: die Kuh, das Schaf, die Gans, das Schwein, das Huhn – im Wald: das Reh, der Fuchs, der Igel, das Eichhörnchen – beide: der Schmetterling

	Er ist Tierarzt	
7a	Lesen Sie die Wörter vor und die S sprechen sie nach. Dann ordnen die S in PA die Bilder den Wörtern zu. Nicht für jeden Beruf gibt es ein Bild. Vergleich im PL. Klären Sie ggf. offene Fragen zu den Wortbedeutungen. **Lösung:** 1. der/die Mechatroniker/-in, 2. der/die Künstler/-in, 3. der Kaufmann/die Kauffrau, 4. der/die Ingenieur/-in, 5. der/die Architekt/-in, 6. der/die Techniker/-in, 7. der Tierarzt/die Tierärztin, 8. der/die Schauspieler/-in, 9. der Koch/die Köchin, 10. der/die Polizist/-in **Mehrsprachigkeit:** Sprechen Sie im PL: *Welche Wörter sind in eurer Muttersprache ähnlich? Was ist in anderen Sprachen ähnlich?*	
7b	Die S hören die Szenen und schreiben die Berufe in ihr Heft. Vergleich in PA. Dann hören sie noch einmal und korrigieren ggf. Vergleich im PL. **Lösung:** 1. Polizistin, 2. Bäcker, 3. die Tierärztin, 4. der Sekretär, 5. der Koch	(1.64)
7c	Lesen Sie den Grammatikkasten im PL und erklären Sie die drei Gruppen für die männliche und weibliche Berufsbezeichnung. Dann können Sie die Grammatik-KV bearbeiten oder sie arbeiten direkt mit 7c aus dem KB in EA. Sie schreiben die Berufe in ihr Heft und ergänzen die fehlende Form, dahinter notieren sie die Gruppe 1 oder 2 aus dem Grammatikkasten. Anschließend lassen Sie die S aus 7a den Beruf mit -*mann*/-*frau* suchen (*Kaufmann/Kauffrau*). Ergänzen Sie hier evtl. noch *Hausmann/Hausfrau*. **Lösung:** die Tierärztin (2), die Verkäuferin (1), die Technikerin (1), die Lehrerin (1), die Köchin (2)	GR-Kopier-vorlage
7d	Die S hören noch einmal, dieses Mal in der Audiodatei, die Aussprache aller Berufe aus Aufgabe 7a und sprechen sie dann nach. Sie können diese Höraufgabe also auch vorziehen und bereits bei 7a benutzen.	(1.65)
7e	In KG vorgehen wie in der Arbeitsanweisung beschrieben. Hier bietet sich auch der → **Staffellauf** an.	
7f	Die S hören das erste Beispiel und sprechen es nach. Damit die S sich in der Struktur sicher fühlen, können Sie das erste Beispiel aus dem Transkript auch an die Tafel schreiben/an der Tafel zeigen. Dann arbeiten die S in PA und sprechen wie im Beispiel. Gehen Sie herum und korrigieren Sie die Intonation.	(1.66)
7g	Eingehen auf die Lebenswirklichkeit der S. Die S lesen noch einmal die Berufe aus 7a und sprechen in KG, welche Berufe aus dieser Liste es in ihrer Familie gibt. Dabei wiederholen sie die Familienbezeichnungen. **Erweiterung:** Fragen Sie nach Berufen der Eltern der S. Dazu geben Sie ihnen ein paar Minuten Zeit, um die noch nicht bekannten Berufsbezeichnungen im Wörterbuch zu suchen. Dann antworten die S. Wenn man die Berufe pantomimisch erklären kann, so werden sie pantomimisch erklärt, sonst kann hier auch in die Muttersprache übersetzt werden. Notieren Sie die neuen Berufsbezeichnungen an der Tafel.	
8a	Aussprache: Die S lesen die Sätze, hören sie und sprechen sie nach. Wenn die S mit der Intonation Schwierigkeiten haben, sprechen Sie die Sätze noch einmal übertrieben, sodass die S hören, wann die Stimme nach oben bzw. nach unten geht.	(1.67)
8b	In PA sprechen die S kleine Minidialoge nach dem Schema aus 8a. Gehen Sie herum und helfen sie.	
ÜB 8a–c	Die S üben weitere *oder*-Fragen mit eigenen Ergänzungen. In EA ergänzen die S zuerst die angegebenen Fragen im ÜB. Dann tauschen sie mit einem Partner, lesen die Fragen erst leise und dann laut und üben so die Intonation für sich selbst. Dann fragen sie sich gegenseitig und antworten. Anschließend wählen sie aus ihren Fragen drei aus und stellen diese im PL an Sie und Sie beantworten die Fragen der S.	
	Räumt auf!	
9a	Die S hören und lesen den Comic ohne Vorbereitung. Dann sehen sie sich die über dem Comic notierten Infinitive an. Klären Sie dann evtl. Wortfragen, wobei die Wörter schon durch das Hören und Lesen des Comics deutlich werden. Dann sprechen die S in PA: *Was macht Kim? Was macht sie nicht?* Lassen Sie am Ende ein paar Beispiele im PL nennen. **Lösungsbeispiele:** Sie räumt nicht auf. Sie macht keine Hausaufgaben. Sie hört Musik. Sie macht die Musik nicht leise. Sie isst keine Schokolade. Sie chattet nicht. Sie streitet mit Leo. Sie fotografiert nicht.	(1.68)

9b Die S lesen die drei Varianten, entscheiden sich für eine, setzen sich mit den S zusammen, die auch diese Variante gewählt haben, und sortieren die Sätze. Dann üben sie den Dialog und spielen ihn anschließend vor. Hierbei ist wichtig, dass die S richtig spielen und die Sätze betonen (wütend, beleidigt etc.).
Lösung: 1. Mutter: Wer ist das denn, Kim? Leo: Das ist ihr Freund! Kim: Das stimmt nicht! Ihr seid blöd! Geh jetzt und macht die Tür zu! – 2. Kim: Leo, du Blödmann. Leo: Sag das nicht noch mal! Mutter: Hört auf! Kim, räum sofort auf. Leo, komm. – 3. Kim: Das ist MEIN Foto. Mutter: Leo, gib Kim das Foto! Leo: Oh Mann! Hier bitte. Dann räum alleine auf!

Variante: Wie oben beschrieben wählen die S in KG ein Ende und ordnen die Sätze. Dann stellen sie vor dem PL ein → **Standbild** zu ihrem gewählten Ende. Eine andere KG spricht dazu: Welches Ende hat die Standbild-KG gewählt? Der passende Dialog wird vorgetragen. Dann ist die nächste KG an der Reihe.

10a Die S kopieren den Grammatik-Kasten wie im Buch angelegt ins Heft oder nutzen die Grammatik-KV. Dann ergänzen sie die Imperative. Weisen Sie die S darauf hin, dass sie Aufgaben 9a und 9b zu Hilfe nehmen können. Vergleich im PL. Zeigen Sie den S anhand eines weiteren Beispiels, wie der Imperativ gebildet wird:
  – bei der du-Form streicht man das *du* und die Endung *-st* weg
  – bei der ihr-Form streicht man das *ihr* weg
  – bei der Sie-Form wird das *Sie* nach hinten gestellt.
Das Verfahren wird auch im Clip deutlich visualisiert. Schreiben Sie Verben an die Tafel und lassen Sie die S in KG Imperative bilden. Vergleich im PL. Beispiele: *trinken, essen, machen, hören, kaufen, schreiben, lesen*.
Lösung: du gibst: Gib! – du räumst auf: Räum auf! – ihr gebt: Gebt! – ihr hört auf: Hört auf! – Sie geben: Geben Sie!

GR-Kopier- vorlage
G6

10b Lesen Sie die angegebenen Aktivitäten und sammeln Sie mit den S weitere Aktivitäten an der Tafel. Die S gehen in Dreier-KG zusammen und spielen wie in der Aufgabe beschrieben, indem sie sich abwechselnd in den verschiedenen Formen Anweisungen geben. Der/Die angesprochene S führt die Anweisung entweder aus oder stellen sie pantomimisch dar. Als Wiederholung bietet sich hier auch → **1, 2, 3** an.

R6

Ja! Nein! Doch!

11a Die S lesen die Fragen und Antworten und ordnen sie zu. Damit die S wirklich vom Verstehen der Frage ausgehen und nicht schon den Grammatik-Kasten ansehen, schreiben Sie die Fragen und Antworten auf Kärtchen mit den Nummern und Buchstaben und kopieren Sie sie für die verschiedenen KG und diese ordnen sie dann zu. Vergleich im PL. Fragen Sie in der Klasse: *Welche Optionen für die Antwort gibt es? (Ja, nein, doch.) Was bedeutet* doch? *Wann sagen wir* doch? Lesen Sie dann gemeinsam mit den S den Grammatikkasten und erklären Sie, wann *doch* benutzt wird: *Wenn die Frage verneint ist und ich affirmativ antworten möchte.*
Lösung: 1C, 2A, 3E, 4F, 5B, 6D

Das Phänomen *doch* ist für viele S schwierig, weil es in vielen Sprachen nicht existiert. Es sollte daher öfter geübt werden. Achten Sie ab jetzt darauf, ob und dass die S richtig antworten und nicht weiterhin *ja* sagen, wenn sie *doch* meinen. Zum weiteren Üben benutzen sie die KV mit dem Lernfalter.

Lernfalter

11b Erstes Hören: Die S hören die Fragen. Sie schreiben sich auf, was sie antworten würden, und machen ein Fragezeichen in ihr Heft, wenn sie eine Frage nicht verstanden haben. Fragen Sie vor dem zweiten Hören, ob alle Fragen verstanden wurden. Weisen Sie die S darauf hin, dass jeder in der Ich-Form antworten soll, auch wenn die Fragen an die ganze Klasse gestellt werden. Die S sollen sich aufschreiben, wie sie antworten möchten. Dann hören die S noch einmal und antworten einzeln im PL.

1.69

11c Verteilen Sie pro S sechs Karten. In EA schreiben die S Fragen auf diese Karten. Weisen Sie die S darauf hin, dass sie Fragen mit Verneinung (*nicht, kein/keine*) und ohne Verneinung schreiben sollen. Dann arbeiten die S in PA; sie tauschen die 12 Karten mit einem anderen Paar und fragen sich/antworten gegenseitig.

Karten

12 **Freie Wahl:** Hier kann nur Aufgabe B direkt in der Klasse bearbeitet werden. Lassen Sie die S schon frühzeitig im Kapitelablauf, z. B. vor Aufgabe 10, zwischen A, B und C wählen, damit die S ggf. Zeit haben, sich auf Option A und C vorzubereiten und die benötigten Materialien von zu Hause mitzubringen. Wenn Sie A und C als Hausaufgabe gegeben haben, dann geben Sie allen drei Gruppen im Unterricht 10 Minuten Zeit. Gruppe A übt ihre Präsentationen in der KG, Gruppe B bearbeitet die Aufgabe und Gruppe C erstellt ein Plakat mit deutschen Wörtern zu den Fotos von den Berufen, die sie mitgebracht haben.

Plakate, Kleber, Schere

Variante: Mehrheitsentscheidung: Sie stellen die drei Möglichkeiten zur Wahl und die Klasse stimmt ab, welche sie alle bearbeiten wollen. Bei Option A lassen Sie im Fall einr großen Klasse die Präsentationen in KG halten; die Zuhörer sollen mindestens zwei Fragen zur Präsentation stellen.

Was kann ich nach Kapitel 6?

Die S bearbeiten die „Was kann ich?"-Seite im KB und im ÜB wie in der Einleitung zum Lehrerhandbuch beschrieben.

	Karussell	Material
1a+b	Allgemeines zum Übungstyp „Karussell" siehe bei Plateau 1. In dieser Aufgabe werden viele Strukturen aus den Kapiteln 4 bis 6 in einer Art Minidialog wieder aufgegriffen. Um sich mit den Fragen und Antworten vertraut zu machen, lesen die S in EA ca. 5 Minuten lang die Sätze im Karussell. Dann nennen die S in PA abwechselnd die Impulse (blau) und reagieren mit der passenden Antwort (rot) darauf. Regen Sie die S an, die Antworten mit passender und abwechslungsreicher Intonation zu lesen.	

Lösung:

Wann machst du deine Hausaufgaben? – Meine Hausaufgaben? Äh … jetzt nicht! Heute Abend.
Der Unterricht beginnt um 8 Uhr. – Ja, und er hört um 16 Uhr auf.
Wann rufst du Oma an? – Das mach ich sofort. Wo ist mein Handy?
Kommst du mit ins Café? – Nein, heute nicht, tut mir leid. Keine Zeit!
Hallo, hallo! Hörst du mich nicht? – Doch, doch. Entschuldigung, mein Handy funktioniert nicht gut.
Lies mal wieder ein Buch! – Lesen, lesen! Keine Lust, ich spiele lieber Fußball.
Was macht Daniel am Abend? – Sport! Daniel macht am Abend Sport.
Machst du etwas für die Schulparty? – Ja, ich mache einen Schokoladenkuchen.
Ich hätte gern zwei Brötchen mit Käse. – Gerne! Das macht 4 Euro 40.
Möchtet ihr ein Stück Kuchen? – Ja, gerne! Wir lieben deinen Kuchen!
Ich mag keinen Salat und kein Fleisch. – Ich mag auch keinen Salat, aber ich esse gern Currywurst.
Wann triffst du deine Freunde? – Heute Nachmittag. Wir spielen Fußball.
Hast du das Mehl den Zucker und die Milch? – Mehl, Zucker, … Mist! Keine Milch, sorry!
Wie spät ist es? – Keine Ahnung. Vielleicht halb zehn?
Ich möchte einen Tiger als Haustier! – Ein Tiger ist kein Haustier! Eine Katze ist auch okay.
Ist meine Oma meine Großmutter? – Klar, und dein Opa ist dein Großvater.
Der Supermarkt und *supermarket*, das ist ja fast gleich! – Ja, genauso wie *der Tee* und englisch *tea*.
Kim duscht sehr lange! – Ja, jeden Morgen eine halbe Stunde, das nervt!

	Training	
2	Die S hören den Dialog bis zum Satz „Dann gehe ich zur Schule" und lesen ihn mit. Schreiben Sie einen *Dann*-Satz an die Tafel. Markieren Sie das Verb auf Position 2 und notieren Sie eine 2 darunter, sodass die S, während sie die Aufgabe bearbeiten, immer sehen, dass das Verb nach dem *dann* folgt. Die S lesen in PA den Dialog einmal laut und können dann mit diesem weitermachen oder einen neuen beginnen. Hilfe finden die S auch bei den Verben, die neben dem Dialog notiert sind. S A stellt die Frage *Und dann?* so lange, bis der Partner keine Ideen mehr hat. Dann wird gewechselt. Bilden Sie für diese Aufgabe möglichst gleichstarke Paare, damit sich niemand überfordert fühlt. **Variante:** Zur Erhöhung der Konzentration und des Sprechanteils können die S dieses Spiel mit dem → **Koffer packen** verbinden, indem die S alle Aktivitäten immer wieder wiederholen müssen. *Beispiel: Ich stehe um 7 Uhr 30 auf, dann frühstücke ich, dann gehe ich zur Schule, dann gehe ich am Nachmittag nach Hause und dann …*	🎧 1.70
3a	Papageien-Spiel: Zuerst hören die S die Beispieldialoge und lesen sie mit. So haben sie zwei Beispiele für die Intonation bei Aufzählungen und können diese bei der zusammenfassenden Wiederholung der Informationen imitieren. Danach arbeiten die S in PA und üben mit den angegebenen Dialogen wie beschrieben. Hier müssen die S einander gut zuhören, damit sie die Informationen nicht vergessen. Gehen Sie herum und helfen sie, da die Konjugation der 2. Person Singular für die S oft schwierig ist.	🎧 1. 71-72
3b	Lesen Sie die vorgeschlagenen Möglichkeiten und klären sie diese in der Klasse, indem sie nach weiteren Beispielen pro Thema fragen und ein paar an der Tafel notieren. So haben unsichere S für die ersten Sätze eine Hilfe an der Tafel. Die S arbeiten in PA und sprechen die Papageien-Dialoge mit eigenen Ideen und Informationen, die der „Papageien-S" jeweils wiederholt und am Ende zusammenfasst, wie in 3a.	
4a	Bei geschlossenen Büchern: Notieren Sie den Titel *Eine Verabredung* an der Tafel und lassen Sie die S erklären, was das ist und an welche Redemittel sie sich noch erinnern (Kapitel 4, Aufgabe 10). Schreiben Sie diese dazu. Zeigen Sie bei geschlossenen Büchern die Bilder A und B an der Tafel und lassen Sie die S Vermutungen zum Inhalt der Verabredungen anstellen. Dann hören die S den Dialog und schreiben sich die Dinge auf, die sie verstanden haben (Namen der beiden, evtl. die Zeit etc.) Vergleich in PA. Die S öffnen das Buch, lesen die Fragen, hören den Dialog noch einmal und beantworten die Fragen im PL. **Lösung:** Dialog 1: Bild A – Dialog 2: Bild B – Fredo mag Greta.	🎧 1.73
4b	Die S lesen die Dialoge in PA mehrmals laut, wobei sie auch die Rollen tauschen. So üben sie die Aussprache und die Betonung. Dann entscheiden sie sich für eine Reaktion und einen Dialog und präsentieren diesen Dialog vor der Klasse. Bei großen Gruppen können Sie die Dialoge in zwei Gruppen präsentieren lassen.	

Erweiterung: Die S überlegen sich in PA eigene Dialoge und sprechen diese. Dazu können sie die Dialoge vorher aufschreiben oder sie notieren sich nur kurze Stichworte und formulieren die Dialoge frei.

5a Die S lesen die verschütteten Verse des Gedichts und ergänzen in PA die Sätze. Sie vergleichen in KG und unterhalten sich darüber, wie sie auf die Lösung gekommen sind. Dann vergleichen sie im PL.
Lösung:

Mein Vater sagt schwarz, meine Mutter sagt weiß.   Mein Onkel mag Fisch. Meine Tante mag Pizza.
Meine Schwester sagt kalt, mein Bruder sagt heiß.   Die Cousine spielt Tennis, der Cousin läuft gern Ski.
Mein Opa liebt Rom. Meine Oma liebt Nizza.   Das ist meine Familie, ich liebe sie.

5b Die S hören das Gedicht. Dann lernen sie es, überlegen sich in KG eine Präsentationsform und spielen es vor der Klasse vor: Helfen Sie den S bei der Wahl der Präsentationsformen, indem Sie ihnen verschiedene Möglichkeiten anbieten. Z. B. die KG verteilt sich im Klassenraum, teilt die Sätze untereinander auf und jeder spricht mit einer anderen Intonation (flüsternd, wütend, laut etc.). Oder die S stehen alle vorne und sprechen das Gedicht im Chor und haben sich überlegt, an welcher Stelle sie lauter/leiser werden möchten. Sie können das Gedicht auch als HA auswendig lernen und es im Chor oder mit verteilten Rollen (jeder eine Zeile) vortragen. Hier können sie wieder in verschiedenen Stimmungen lesen, z. B. begeistert, genervt, traurig, fröhlich. Dazu können sie sich auch Gesten und Mimik überlegen.

Variante: Zur Einstimmung auf die KG-Arbeit sprechen die S das Gedicht einmal im PL. Sie sind der Dirigent und zeigen an, wie die S sprechen sollen. Zeigen Sie ihnen vorher Ihre Gesten (z. B. Hände nach unten = die S werden leiser – Hände nach oben = die S werden lauter – Sie ziehen die Hände auseinander = die S werden langsamer – Sie schütteln Ihre Hände = die S werden schneller).

6a Lesen Sie im PL **Tipp** und Beispiel. Fragen Sie nach dem Partnerwort von *zusammen*. Antwort: *allein*. Danach üben die S in PA. Ein Wort aus der linken Spalte hat jeweils eine Entsprechung in der rechten Spalte.
Lösung:

billig – teuer	Sommer – Winter	alles – nichts	gut – schlecht	essen – trinken
langsam – schnell	traurig – lustig	Tag – Nacht	allein – zusammen	Hund – Katze
laut – leise	fragen – antworten	anfangen – aufhören	richtig – falsch	ja – nein

Erweiterung: Zur Wiederholung schreiben Sie die Wörter auf Kärtchen für KG. Die S spielen →**Paare finden**.

6b In PA ergänzen die S die angegebenen Sätze und schreiben sie ins Heft.
Lösung: 1. Nein, 2. essen, trinken, 3. schlecht, 4. Schwester, Katze

6c Die S wählen in PA zwei andere Wortpaare aus 6a und schreiben ähnliche Sätze wie in 6b. Anschließend werden die Sätze vorgelesen. Bilden Sie anschließend neue Paare, indem die S mit einem S auf der anderen Seite oder vor/hinter ihnen arbeiten und wiederholen Sie den Vorgang.

Erweiterung: Die S erstellen in KG eine Collage aus ihren Sätzen, die sie visuell gestalten (z. B. als Karussell oder indem sie die Sätze mit Bildern verdeutlichen). Diese werden in der Klasse aufgehängt.

7a Die S hören die Beispiele und imitieren sie anschließend in PA. Die S sollen sich in der Schärfe ihrer Aussagen steigern, d. h. es geht von der freundlichen Aufforderung über zu einem klaren Befehl.

7b In PA benutzen die S zuerst die Sätze aus 7b und fordern sich gegenseitig damit zu etwas auf. Nach zwei oder drei Anregungen aus dem KB können die S auch eigene Sätze benutzen.

8a In KG lesen die S die Wörter laut und fragen in der Gruppe, ob alle noch wissen, was das Wort bedeutet. Wenn sich nicht alle erinnern, dann versuchen sie in der Gruppe das Wort zu klären, indem sie es malen, pantomimisch vormachen oder mit einem Beispielsatz klären. Sagen Sie den S, dass sie die Übersetzung als letztes Mittel benutzen sollen, da sie andere Möglichkeiten haben, die Wörter zu verdeutlichen.

8b Vorgehen wie in der Aufgabe beschrieben. Am besten eignen sich Vierer-KG.

9a Aussprache: Die S lesen in PA die Sätze klar und deutlich vor. Weisen sie die S vorher darauf hin, dass sie sowohl auf die Betonung, die Satzmelodie und den Rhythmus als auch auf die richtige Aussprache der einzelnen Wörter (*z*, *ch*, *sch*, *e* am Ende, die Vokale) achten sollen.

9b Die S hören die „Bleistiftsätze" einmal. Als Hilfe können Sie die S darauf hinweisen, dass es drei Sätze aus Aufgabe 9a sind. Dann vergleichen die S in PA, welche Sätze sie verstanden haben. Anschließend hören sie noch einmal zur Kontrolle. Dann Vergleich im PL.
Lösung: Mein Vater ist Polizist. – Möchtest du ein Eis? – Karotten sind Millies Lieblingsessen.

Info: Schauspieler in der Sprechausbildung machen ebenfalls diese Übung, um ihre Artikulation zu verbessern. Der Titel dieser Aufgabe zitiert das deutsche Sprichwort *Mit vollem Munde spricht man nicht!*, mit dem insbesondere Kinder beim Essen darauf hingewiesen werden, dass sie deutlich sprechen sollen.

9c	Vorgehen wie beschrieben. Wenn die S zusätzlich noch flüstern, wird es schwieriger für die Zuhörer und der Sprecher muss sich mehr anstrengen, denn wenn man flüstert, muss man noch genauer artikulieren.	
9d	Die S überlegen sich in EA einen eigenen Satz und schreiben ihn auf. Geben Sie ihnen dafür 5 Minuten Zeit. Dann spricht jeder einzelne S seinen Satz mit Bleistift in der Gruppe und diese versucht ihn zu verstehen.	
10	Die S gehen noch einmal in die Kapitel 4 bis 6 und suchen die Informationen. So beschäftigen sie sich noch einmal mit dem Gelernten im Kursbuch. Diese Aufgabenform ist schon aus dem Plateau 1 bekannt. Lösung: a: fünf nach zehn – b: fünf Brötchen – c: guck mal – d: in der Nacht – e: Super! Wir backen den Kuchen und dann machen wir die Hausaufgaben. – f Kim – g: schläft – h: heute Nachmittag – i: Mathe, Oma	

Landeskunde

11a	Lesen Sie im PL den Einleitungstext. Die S besprechen in KG, wie die Rangfolge der Plätze sein könnte. Fragen Sie dann nach den Gruppenergebnissen und halten sie diese an der Tafel fest. Die S hören nun den Hörtext und vergleichen mit den Vorüberlegungen an der Tafel: Welche Gruppe hat richtig getippt? Lösung: 1. Äpfel, 2. Bananen, 3. Trauben, 4. Pfirsiche, 5. Erdbeeren	(1.78)
11b	Die S sprechen in KG und überlegen sich, welches Obst in ihrem Land am liebsten gegessen wird. Dann stellen sie sich ihre Gruppenergebnisse gegenseitig vor, indem sie eine Top-5-Liste erstellen und diese vorlesen. Die anderen KG vergleichen mit ihren Ergebnissen. Anschließend geht es um die eigenen Vorlieben der S. Fragen Sie im PL, welches Obst in den Herkunftsländern der S gegessen wird und sammeln Sie die Aussagen an der Tafel. Jeder S übernimmt dann ein oder zwei Früchte. Alle S stehen auf und gehen durch die Klasse und fragen alle anderen S in der Klasse, ob das ihr Lieblingsobst ist. Jeder notiert sich die Ergebnisse. Anschließend werden die Ergebnisse zusammengetragen und an der Tafel als Klassenstatistik festgehalten. Fragen Sie abschließend, wie die eigene Statistik im Gegensatz zu der deutschen Statistik aus dem Hörtext aussieht.	
12a	Zeigen Sie die Fotos der vier Lebensmittel an der Tafel und notieren Sie die Namen dazu. Lassen Sie die S intuitiv raten, was sie denken, welches Lebensmittel wie heißt. Lesen Sie dann mit den S die Überschrift des Textes und fragen Sie: *Was sind Kannibalen? Warum heißt der Text so?* Danach lesen die S die Dialoge und ordnen die Wörter den richtigen Lebensmitteln zu. Waren die Voreinschätzungen richtig? Hier bietet sich im Anschluss ein kurzes Klassengespräch zur eigenen Lebenswelt der S an: *Habt ihr diese Lebensmittel schon einmal gegessen? Mögt ihr sie? Ja/Nein – warum? Gibt es ähnliche Wörter in euren Sprachen?* (Beispiel: englisch *hamburger*, man isst „einen heißen Hund" [hot dog] u. Ä.) Lösung: A: Hamburger, B: Amerikaner, C: Berliner, D: Wiener	
12b	Klären Sie ggf. noch einmal die Wörter *süß* und *salzig*. Sprechen Sie im PL über die im KB angegebenen Fragen und helfen Sie bei Wörtern, die die S auf Deutsch noch nicht kennen. Notieren Sie ggf. noch einmal die Struktur an die Tafel: *Ich esse (nicht) gern …/ …esse ich (nicht) gern.*	

Film

13a	Vorgehen wie beschrieben. Geben Sie zu Beginn ein Beispiel für einen Ort, z. B. *zu Hause*. Vergleich im PL. Mögliche Lösung: zu Hause, auf der Straße, in der Bäckerei, im Garten, bei Daniel	2
13b	Lesen Sie mit den S die Arbeitsanweisung und gehen Sie dann vor wie darin beschrieben. Die S arbeiten in PA und wählen eine der drei angebotenen Möglichkeiten. Sie lesen sich in KG ihre Dialoge vor und vergleichen, ob sie die gleichen Varianten gewählt haben. Dann sehen die S den betreffenden Teil des Films noch einmal (Beginn bis 00:50) und kontrollieren. Vergleich im PL. Erweiterung: Die S arbeiten in PA und führen nun selbst ein Telefongespräch. Dazu verändern sie zum einen die grünen Angaben aus dem KB mit eigenen Ideen und zum anderen die Namen und die Uhrzeit. Lassen Sie Freiwillige die Dialoge vor der Klasse vorspielen.	2
14a	Vorgehen wie beschrieben; die S arbeiten in KG. Danach vergleichen sie mit dem Film (00:50–02:25). Lösung: 1 D, 2 E, 3C, 4A, 5B	2
14b	Die S spielen die Dialoge in Dreier-KGs, indem sie nacheinander die verschiedenen Rollen übernehmen. Die Person mit dem wenigsten Text achtet bei den anderen beiden auf die korrekte Phonetik.	
15	Fragen Sie: *Könnt ihr euch noch erinnern?* Die S versuchen, zuerst ohne das Video noch einmal zu sehen, die Fragen in KG zu beantworten. Fragen Sie dann: *Was habt ihr notiert?* Anschließend sehen die S den Filmclip von 02:25 bis zum Ende noch einmal und korrigieren ggf. ihre Antworten. Vergleich im PL. Lösung: 1. Nein, 2. Daniel Schmidt, 3. Bruder (hier wird im Film gesagt, das Luzie die Schwester von Daniel ist; die S müssen die Antwort also erschließen), 4. Kuchen backen, 5. Kuchen essen, 6. Wasser	2

Hast du etwas Zeit für mich?

Lerninhalte: Aktivitäten am Nachmittag | Texte aus der Schülerzeitung über Aktivitäten verstehen | Einladung, Zusage, Absage | eine Einladung schreiben, verstehen und darauf reagieren | ein Telefongespräch verstehen | sagen, was man kann oder will | mit verschiedenen Emotionen sprechen
Grammatik: Modalverben *können* und *wollen* | Personalpronomen im Akkusativ | Verben mit Akkusativ | Satzklammer
Aussprache: *s* oder *sch*

	Erläuterungen zum Unterricht	Material
1a	Zeigen Sie zum Einstieg nur die Bilder ohne den Text an der Tafel. Fragen Sie die S: *Was seht ihr? Wie alt sind die Personen? Was machen sie?* Dann lesen die S die Texte. Bei Wortschatzfragen lassen Sie, soweit es geht, die S erklären. Helfen Sie nur, wenn die S nicht weiterkommen. Fragen Sie: *Was denkt ihr – welche Fotos passen vielleicht zusammen?* (Die richtige Lösung lässt sich schon vor dem Hören in 1b durch die Puzzleteile erschließen.)	
1b	Die S vergleichen ihre Vermutungen aus 1a in KG, indem sie die aus ihrer Sicht zueinander passenden Textteile laut vorlesen. Anschließend hören sie zur Kontrolle. Vergleich im PL. **Lösung:** A4, B2, C1, D5, E3	🎧 2.02
1c	Bereiten Sie pro KG ein Plakat mit den vier Assoziogrammen vor. Die S arbeiten wie beschrieben in KG zu allen vier Verben und notieren sowohl Wörter aus 1a als auch aus den Kapiteln vorher zu den Assoziogrammen. Nach 10 Minuten werden alle Wörter, die die S gefunden haben, an der Tafel gesammelt und ggf. noch einmal erklärt.	Plakate
	Variante: Schreiben Sie auf je 1 Plakat pro KG ein Verb. Die S beginnen Wörter zu notieren. Nach 5 Minuten werden die Plakate rotiert und die nächste Gruppe ergänzt. Nach vier Wechseln hängen Sie die Plakate auf. Die S lesen sie und Wörter werden geklärt.	Plakate

Was machst du heute?

2a Lesen Sie im PL die Aufgabenstellung und die vier Fragen und klären Sie ggf. den Wortschatz. Danach lesen die S die Texte und machen sich kurze Notizen zu den Fragen. Anschließend vergleichen sie in KG und verschiedene S aus unterschiedlichen Gruppen tragen am Ende eine Lösung für das PL vor.
Lösung:

	Freiwillige Feuerwehr	GirlsFightClub	Schulchor	Schulgarten
1.	Freiwillige Feuerwehr	GirlsFightClub	Schulchor	Schulgarten
2.	trainieren, Theorie und Praxis lernen, im Sommer ein Camp	Karate, Boxen und Taekwondo trainieren, Technik, Respekt, Konzentration lernen	(Pop, Rock, Klassik, Rap) singen	viel über die Natur (Blumen, Obst und Gemüse) lernen
3.	jeden Mittwoch	immer donnerstags	am Montag um 15 Uhr	dienstags
4.	Theorie und Praxis lernen, Camp im Sommer mit anderen Feuerwehr-Teams, Arbeit bei der Feuerwehr	das Training, die anderen Mädchen, den Club, der Club macht Mädchen stark	singen, Rap und Rock	die Schulgarten-AG, die Natur, draußen sein

Info: AG ist eine Abkürzung für *Arbeitsgemeinschaft*. Viele Schulen bieten nach der Schule gratis AGs für ihre S an. Die AGs sind nicht verpflichtend und werden meist von einem Lehrer/einer Lehrerin geleitet. In den Texten gibt es 2 AGs: Schulchor und Schulgarten.
Freiwillige Feuerwehr: In kleineren Orten in D-A-CH gibt es meist keine Berufsfeuerwehr, sondern der Brandschutz wird durch die Freiwillige Feuerwehr gewährleistet. Sie besteht aus ehrenamtlichen Mitarbeitern. Diese bilden normalerweise auch Nachwuchs aus, indem sie Kinder und Jugendliche spielerisch dazu anleiten, was sie als zukünftige Feuerwehrleute in Theorie und Praxis wissen sollten.
Variante: → **Wirbelgruppen.** Nachdem sich die S ihre Texte erzählt haben, erfolgt auch hier der Vergleich im PL. Für die Aufgabe 2b bleiben die S in diesen gemischten Gruppen, damit sie von jedem Text einen Experten in der Gruppe für den Wortschatz haben.

2b Lesen Sie den **Tipp** im PL. Fragen Sie die S: *Welche internationalen Wörter kennt ihr schon auf Deutsch?* Die S arbeiten in PA, sie lesen die Wörter aus der Wortliste und sortieren sie in die Tabelle, ohne ein Wörterbuch zu benutzen. Alle Wörter stammen aus den Texten. Die S vergleichen mit einem anderen Paar. Unklarheiten klären Sie im PL.
Lösungsvorschlag:

Freiwillige Feuerwehr	GirlsFightClub	Schulchor	Schulgarten
das Feuer, 112, das Camp, die Feuerwehr, die Hilfe, lernen, die Praxis, das Team, die Theorie, trainieren	der Club, der Kampfsport, die Konzentration, lernen, der Spaß, stark, die Technik, trainieren	der Chor, das Lied, planen, das Programm, singen, der Spaß	die AG, arbeiten, die Blume, der Garten, das Gemüse, lernen, die Natur, das Obst, draußen

7

Dieser Lösungsvorschlag richtet sich danach, in welchen Texten die Wörter vorkommen. Sie können die Wörter auch, etwas freier, sinngemäß sortieren lassen: Dann würde z. B. *draußen* auch bei der Freiwilligen Feuerwehr passen.

ÜB 2a+b	Im ÜB gibt es zwei weitere Texte mit AGs. Die S lesen die Texte und stellen sie sich gegenseitig vor, indem die Person, die vorstellt, nicht in den Text sehen darf, sondern nur die Tabelle nutzt. Die andere Person hilft und ergänzt mithilfe des Textes. Dann Wechsel.	
2c	Klassengespräch: Fragen Sie die S: *Welche Aktivität möchtet ihr ausprobieren? Warum? Warum nicht?* Ermitteln Sie am Ende des Gesprächs ein kurzes Meinungsbild, indem sie die S für ihre Lieblingsaktivität die Hand heben lassen.	
	Erweiterung: Gehen Sie auf die Lebenswirklichkeit der S ein und fragen Sie: *Gibt es hier an der Schule AGs? Welche? Was für Aktivitäten macht ihr nach der Schule in einem Verein/Club? Was lernt ihr dort?* Lassen Sie die S die Fragen 2 bis 4 aus 2a in der Du-Form nennen und notieren Sie diese an der Tafel. Dann sammeln Sie weitere W-Fragen zu den Aktivitäten. Im Anschluss schreibt jeder S die Fragen auf einen Zettel und lässt für Antworten Platz. Spielen Sie Musik, die S stehen auf und gehen herum, stoppen Sie die Musik und die S fragen sich gegenseitig und halten die Antworten auf dem Papier fest. Wiederholen Sie diesen Vorgang zwei- bis dreimal. Dann stellen die S einzelne Ergebnisse im PL vor. Bei großen Gruppen lassen Sie dies in 2 bis 3 KG machen. Wenn ein S eine interessante Aktivität ausübt, lassen Sie ihn etwas vormachen oder kurz genauer erzählen, was man dabei macht.	Zettel, Musik
	Erweiterung: Die S erstellen eine → **Collage.** Dazu können Sie zwischen zwei Vorgehensweisen wählen: Entweder sprechen die S in Anlehnung an den Einstieg mit ihren Freunden und ein, zwei Erwachsenen, die in ihrem Leben wichtig sind, und gestalten die Collage, oder sie gestalten eine Collage zu einer Aktivität, die sie machen oder gerne machen würden. Die S überlegen sich zu Hause ihre Vorgehensweise, sprechen als HA mit verschiedenen Personen oder recherchieren. Dann beginnen sie in KG das Plakat zu gestalten und kleine deutsche Texte zu schreiben. Bilden Sie Gruppen zu den jeweiligen Vorgehensweisen. Sie stehen dabei als Hilfe zur Seite. Als Präsentationsform eignet sich hier → **die Ausstellung**; siehe auch → **Präsentation von Ergebnissen.**	Plakate
	Kann ich …?	
3a	Die S sehen sich das Bild an, lesen die Sätze und ordnen sie in PA zu. Sprechen Sie anschließend im PL, warum die S ihre Lösung so gewählt haben (Gesten, Denkblase). **Lösung:** 1E, 2C, 3D, 4B, 5A	
	Variante: Kopieren Sie das Bild auf Plakate. Die S notieren in die Sprechblasen eigene Sätze. Machen Sie danach eine Ausstellung: Sie hängen die Bilder auf und alle S gehen herum und lesen sie und geben ihnen einen Titel. Gehen Sie anschließend so vor wie unter 3a beschrieben.	Plakate
3b	Vorgehen wie beschrieben. Die S können auch die Grammatik-KV nutzen. (In 2a finden sie die Formen in den Texten zum Schulchor und zum Schulgarten.) Notieren Sie die Sätze an der Tafel und lassen Sie sich von den S die fehlenden Verbformen nennen. Markieren Sie die erste und die dritte Person Singular, sodass die S sehen, dass dort die normale Verb-Endung fehlt. Fragen Sie nach der Bedeutung von *können*, indem Sie den S weitere Beispiele geben. So sehen die S, dass die Bedeutung von *können* eine Fähigkeit/Möglichkeit ausdrückt. **Lösung:** ich kann – du kannst – er/es/sie kann – wir können – ihr könnt – sie können (Die 3. Person Sg. muss gemeinsam erschlossen werden.)	GR-Kopier-vorlage
3c	In EA schreiben die S die Sätze in ihr Heft und konjugieren dabei *können*. Vergleich im PL. **Lösung:** 1. Lara kann gut boxen. 2. Kannst du Basketball spielen? 3. Wann können wir den Schulgarten besuchen? Am Dienstag könnt ihr kommen. 4. Herr Martens, können Sie neue Lieder mitbringen? 5. Nein, mittwochs kann ich nicht kommen. 6. Kann mein Bruder mitspielen?	
3d	Ein Paar aus 3c schreibt die ersten vier Sätze an die Tafel. Die anderen S machen es im Heft. Dann markieren die S die Verben und beantworten die Frage. Lassen Sie dieses Tafelbild mit der markierten Satzklammer auch für die Aufgabe 3f stehen. Fragen Sie die S: *Woher kennt ihr diese Struktur schon?* Und weisen Sie sie darauf hin, dass sie die Satzklammer schon aus Kapitel 4 von den trennbaren Verben kennen. **Lösung:** Im Aussagesatz und bei W-Fragen steht *können* auf Position 2 und der Infinitiv am Ende. Bei Ja-Nein-Fragen steht *können* auf Position 1 und der Infinitiv am Ende.	
3e	**Mehrsprachigkeit:** Sprechen Sie in der Muttersprache über den Beispielsatz in 3d und fragen Sie: *Wie ist es in eurer Sprache: Ist „boxen können" ein Verb? Oder zwei Verben? Wenn es ein Verb ist, wie wird das Können ausgedrückt? Wenn es zwei Verben sind: Wo stehen sie im Satz?* Bei einer heterogenen Klasse fragen Sie diese Fragen auf Deutsch und lassen die S durch Gestik und Beispiele erklären.	

3f	Die S bilden in PA mündlich Sätze. Hilfe für die richtige Satzstruktur finden die S bei den noch aus 3d an der Tafel stehenden markierten Sätzen. Als HA können sie die Aufgabe noch einmal schriftlich machen.	Plakate, Satzstreifen, Kopier- vorlage
	Erweiterung: → **Satzstreifen** von der KV. Knicken Sie die Streifen an der markierten Stelle und kleben Sie die Rückseiten zusammen, sodass Karten entstehen. Sagen Sie den S, dass sie manchmal mehrere Möglich- keiten haben.	
	Variante: Mit den Sätzen aus 3f oder von der KV sind auch → **Lebendige Sätze** möglich.	
	Lösung: 1. Der Schulchor kann sein Programm planen. 2. Kannst du im Garten helfen? 3. Ihr könnte in AGs mitmachen. 4. Wir können heute nicht kommen. 5. Können wir ins Camp mitfahren? 6. Wer kann gut singen?	
3g+h	Lesen Sie im PL die Ausdrücke und klären Sie sie ggf. Dann arbeiten die S zu zweit und stellen sich gegen- seitig mindestens fünf Fragen und beantworten sie. Der S, der fragt, notiert sich die Antwort von seinem Partner. Anschließend berichtet jeder S von seinem Partner.	
	Variante: Bei großen Gruppen bietet sich die Form → **Sprechmühle** oder → **Kugellager** an.	

Was willst du?

4a	Verstehensinseln bilden: Die Bücher sind geschlossen und die S hören die Dialoge. Stoppen Sie nach jedem Dialog und die S besprechen dann in PA/KG, was sie verstanden haben. Danach öffnen die S die Bücher und lesen die Dialoge in PA laut. Möglicherweise können sie dann schon entscheiden, welche markierten Informationen die richtigen sind. Beim nochmaligen Hören notieren die S nun die richtigen Informationen bzw. kontrollieren ihre vorherigen Entscheidungen.	2. (03-06)
	Lösung: A: in die Stadt, Basketball, B: ein T-Shirt, fernsehen, C: ins Kino, Max treffen, D: Meine Mutter, Danke!	
4b	In PA wählen die S einen Minidialog aus 4a aus und lernen ihn auswendig. Dann bilden sie Vierer-KG und zwei S sprechen den Dialog vor. Die anderen beiden S lesen mit und helfen, wenn nötig. Dann gehen zwei Vierer-KG zusammen und jeweils 2 S sprechen sich gegenseitig die Dialoge vor.	
ÜB 4a+b	Die S lösen in PA die Übung 4a im ÜB. Dann sprechen sie die Minidialoge laut. Zuerst langsam, aber dann so, dass die Antworten immer schneller gesagt werden.	
4c	Vorgehen wie in der Arbeitsanweisung beschrieben. Vergleich mit *können* im PL.	
	Lösung: Im Aussagesatz und in W-Fragen steht *wollen* auf Position 2 und der Infinitiv am Ende. In Ja-Nein- Fragen steht *wollen* auf Position 1 und der Infinitiv am Ende.	
4d	Bevor die S in PA die Sätze ergänzen, zeigen Sie zur Verdeutlichung den Grammatik-Clip. Dann ergänzen die S die Sätze und achten dabei darauf, ob sie eine Aussage oder eine Frage bilden müssen. Als Hilfe haben die S die komplette Konjugation der Modalverben im Grammatikkasten. Weisen Sie die S darauf hin, dass auch hier – wie schon bei *können* – im Singular in der 1. und 3. Person die sonst übliche Verb-Endung fehlt.	G7 GR-Kopier- vorlage
	Binnendifferenzierung: Bei stärkeren Gruppen kopieren Sie die Grammatik-KV und die S ergänzen die Formen in PA, bevor sie die Sätze ergänzen.	
	Tipp: Lesen Sie den Tipp und sagen Sie den S, dass die Wörter *wollen* und *möchten* im Deutschen fast identisch benutzt werden, aber dass das Wort *möchten* höflicher ist und daher bei Einkäufen, im Restaurant, im Eiscafé oder beim Essen benutzt werden sollte.	
	Variante: Auch hier bieten sich (wie in 3f) → **Lebendige** Sätze oder → **Satzstreifen** an.	
	Erweiterung: → **Widersprechspiel**	
4e	Zur Verdeutlichung des Unterschieds zwischen *können* und *wollen* können Sie schon hier den kleinen Rede- mittel-Clip (siehe auch Aufgabe 4f) zeigen. Fragen Sie: *Welche Situationen seht ihr im Filmclip?* In EA ergänzen die S die fehlenden Formen von *können* und *wollen*. Dann vergleichen sie in PA und über- legen sich die Intonation für die Sätze der Minidialoge. Anschließend üben sie die Intonation laut. Jede Gruppe spielt nach einer kurzen Übungsphase einen Dialog vor.	R7
	Lösung: 1. Wollt, können 2. will, kann 3. könnt, willst	
4f	Vorgehen wie beschrieben. Zeigen Sie als Hilfe evtl. (nochmals) den Filmclip.	R7
	Binnendifferenzierung: Sammeln Sie als Hilfe zu Beginn verschiedene Fragen an der Tafel, sodass die S auch aus diesem Fundus wählen können, wenn sie möchten.	
	Variante: Nach dem Schreiben der Fragen → **Kursspaziergang**.	
	Erweiterung: → **Bingo**-Spiel: Kopieren Sie die KV für alle S. Die S lesen die Begriffe. Erklären Sie ggf. Begriffe, die die S vergessen haben. Die S gehen herum und fragen sich gegenseitig. Immer wenn ein S auf die exakte Frage mit „ja" antwortet, wird der Name notiert. Wer zuerst fünf Personen notiert hat (horizontal, vertikal oder diagonal), hat gewonnen. Sie können das Spiel erschweren, indem die S jede Person nur einmal notieren dürfen. Bei schwächeren Gruppen notieren die S zuerst in PA die Fragen in die Felder.	Kopier- vorlage

Die Einladung

5a Zeigen Sie als Einstieg bei geschlossenen Büchern verschiedene Einladungen zu Geburtstagen von Jugendlichen (z. B. aus dem Internet) an der Tafel und notieren Sie das Wort *die Einladung* dazu. Fragen Sie die S: *Was feiern die Personen?* So führen Sie als Vorentlastung die Wörter *Einladung* und *Geburtstag* ein. Dann öffnen die S die Bücher und lesen die Einladung. Lesen Sie laut die Fragen vor, indem Sie die Fragewörter betonen, sodass die S hören, dass diese Informationen wichtig sind. Dann beantworten die S die Fragen in EA. Vergleich im PL.

Lösung: 1. Geburtstag 2. am Samstag ab 16 Uhr 3. Kuchen, Essen vom Grill 4. Er ruft Marie an oder er schreibt Marie eine Nachricht.

Erweiterungen: Kommen Sie auf Ihre Einladungen vom Einstieg zurück und fragen Sie auch dort: *Wer? Was? Wann?* und die S antworten.
Wenn Ihre Klasse gerne singt, notieren Sie den Text von einem Geburtstagslied auf Deutsch an der Tafel und üben Sie es mit den S. Immer wenn ein S Geburtstag hat, singen alle dieses Lied.

Info: Am verbreitetsten ist in D-A-CH das Geburtstagslied zur Melodie von „Happy birthday to you" mit deutschem Text: *Zum Geburtstag viel Glück, zum Geburtstag viel Glück, zum Geburtstag liebe/-r …, zum Geburtstag viel Glück!*

ÜB 5a–d Wenn Sie näher auf das Thema eingehen möchten und Ihre S eine eigene Einladung schreiben sollen, bietet es sich an, die Übungssequenz 5 aus dem ÜB in der Klasse zu bearbeiten.

6a **ODER-Aufgabe:** Die S lesen und hören den Dialog. Dann lesen sie ihn in PA einmal laut. Sie entscheiden sich für eine Aufgabenoption, setzen sich in passende KG um und bearbeiten ihre Option. Geben Sie ihnen dafür 10 Minuten Zeit. Die S notieren ihre Ideen auf ein Plakat und stellen sie am Ende im PL vor. Die KGs, die den Dialog zu Ende schreiben, üben ihn und spielen ihn dann vor. Die anderen hören aktiv zu: *Geht Henri zur Party?*
🎧 2.07

6b Die S hören das Gespräch zu Ende und vergleichen mit ihren eigenen Ideen und Dialogen. Fragen Sie, was im Hörtext passiert: *Geht Lars zur Party? Was ist das Problem?* Greifen Sie hier ggf. das Wort *streiten* auf und erklären Sie es. Anschließend Klassengespräch: *Was ist gleich/anders als bei euren Ideen? Wie gefällt euch dieses Ende? Welches Ende gefällt euch am besten?*
🎧 2.08

Lösung: Lars geht nicht zur Party. Er streitet immer mit Lukas. Er findet die Situation blöd (*Mist!*).

Um weitere Dialoge/Telefongespräche zu üben, benutzen Sie die Lernfalter-KV. Weisen Sie die S darauf hin, dass dieser Lernfalter ein wenig anders aufgebaut ist als die bisher bekannten.
Lernfalter

ÜB 6 Als Vorentlastung für Aufgabe 6c bearbeiten die S im ÜB die Übung 6 in PA. Sie wählen Möglichkeit A oder B und schreiben einen Text.

6c In PA schreiben die S eine Zu- oder eine Absage an Marie. Dazu lesen sie zuerst den Redemittelkasten im PL. Nach dem Schreiben geben die Paare ihren Text an ein anderes Paar und diese lesen und korrigieren ihn. Machen Sie im Anschluss daran eine Klassenabfrage: *Wer geht zur Party?* Die S mit Zusage heben die Hände. So können alle sehen, ob die Klasse eher zur Party gehen möchte oder nicht.

Ich sehe dich …

7a Die S lesen die Sprechblasen. Sie notieren die Tabelle aus dem Grammatikkasten in ihr Heft und ergänzen die fehlenden Akkusativpronomen *dich, ihn, sie* – oder sie arbeiten auf der Grammatik-KV. Lesen Sie die angegebenen Verben mit Akkusativ und klären Sie die Bedeutungen. Weisen Sie die S auf die beiden trennbaren Verben (*einladen* und *anrufen*) hin.
GR-Kopiervorlage 👆

7b Die S arbeiten in PA und ordnen zu. Vergleich im PL. Lassen Sie die S immer nennen, auf wen das im Akkusativ stehende Pronomen Bezug nimmt. Dann lesen die S zu zweit die Dialoge.

Lösung: 1C (ihn = Lars), 2E (sie = Marie), 3B (sie = Kim und Marie), 4A (dich = Lars), 5D

7c Lesen Sie die Aufgabe und die Fragen im PL und klären sie eventuelle Wortschatzfragen. Sagen Sie den S, dass sie die Pronomen/Namen in Personalpronomen im Akkusativ umwandeln müssen. Die S arbeiten zu zweit, eine Person fragt alle sechs Fragen und die andere Person antwortet, dann Wechsel.

Lesen Sie anschließend den **Tipp** im PL. Die S lesen die Fragen und Antworten nun noch einmal abwechselnd und achten darauf, dass die die Antwort immer mit einer anderen Emotion erfolgt. Bei einer homogenen Sprachgruppe kann der fragende S benennen, welche Emotion es war.

Lösung: 2. Nein, ich rufe dich nicht an! 3. Nein, ich treffe sie nicht! 4. Nein, ich sehe ihn heute nicht! 5. Nein, ich besuche sie nicht! 6. Nein, ich lade euch nicht ein!

Erweiterung: Zur Wiederholung und Automatisierung → **Widersprechspiel** mit eigenen Sätzen. Sammeln Sie dazu weitere Fragen an der Tafel. Lassen Sie die S mindestens einmal die KGs wechseln.

Hast du etwas Zeit für mich?

ÜB 7d	Als Vorentlastung für 7d im Kursbuch möglich. Die S entscheiden nach eigenem Wissen, ob sie die Pronomen frei oder mit der Hilfe des Kastens ergänzen möchten.	
7d	In PA ergänzen die S die Sätze. Dann setzen sich zwei Paare zusammen und vergleichen. Dabei notieren sie sich Fragen, die danach im PL geklärt werden. **Lösung:** 1. es, 2. sie, 3. ihn, 4. euch, 5. uns, 6. sie, 7. euch	
7e	Die S lesen die Dialoge und schreiben in PA die grün markierten Satzteile in die richtige Reihenfolge. Dann lesen sie die Dialoge laut. Auch hier können sie wieder verschiedene Emotionen einsetzen. Jedes Paar trägt einen Dialog im PL vor. → **Tipps zum Vorlesen** **Lösung:** 1. Ich finde sie toll. 2. Ich mag sie. 3. Kennst du ihn? 4. Hast du es? 5. Meine Eltern können euch mitnehmen. – Mein Vater holt uns ab.	
7f	Lesen Sie den **Tipp** im PL und sammeln Sie danach Verben, die einen Akkusativ brauchen, an der Tafel (eine kurze Liste finden die S bereits in Aufgabe 7a im Grammatikkasten). Die S bekommen Karten in zwei Farben und schreiben in PA Verben auf die Karten einer Farbe und Nomen auf die Karten der anderen Farbe (pro Karte ein Wort). Dann werden die Karten getauscht. Die S ziehen je 2 Karten, je eine von einer Farbe, und bilden einen Satz mit Personalpronomen. Wenn das Verb nicht passt, ziehen sie entweder eine neue Verb-Karte oder sie bilden einen Quatschsatz und der Partner sagt, ob der Satz „gut" war oder Quatsch. **Variante:** → **Paare finden** **Hinweis:** Die Internetseite „quizlet" bietet sich an, um die Personalpronomen im Akkusativ zu wiederholen. Schreiben Sie z. B. Fragen wie in 7c und notieren Sie passende Antworten und die S müssen diese zuordnen.	Karten
8a	Als Einstieg schreiben Sie die beiden Laute an die Tafel und sprechen sie vor. Die S überlegen und nennen ein paar Wörter mit diesen Lauten, die sie schon kennen. Sammeln Sie an der Tafel. Die S hören den Hörtext und lesen die Wörter mit. Sie tippen immer auf die entsprechenden Wörter, wenn sie ein *sch* hören.	2.09
8b	Vorgehen wie in der Arbeitsanweisung beschrieben. **Lösung:** *sch*: schön, spielen, Stadt, Schwimmbad, Sport – *s*: Sonntag, singen, kannst, lesen	2.09
8c	Die S lesen die Wörter zuerst in EA laut für sich alleine. Dann lesen sie sie noch einmal in PA und helfen dem Partner bei Schwierigkeiten. Anschließend überlegen sie, was die Regel sein könnte. Weisen Sie die S anschließend darauf hin, dass diese Regel nur für *s* am Wort- und Silbenanfang gilt. **Lösung:** In den Kombinationen *sch*, *sp* und *st* sprechen wir das *s* am Wort- und Silbenanfang als *sch*.	
8d	Die S machen sich ein paar Minuten Gedanken über die Aussprache der Wörter. Dann sprechen sie sie in PA laut. Unklarheiten werden im Anschluss im PL besprochen. **Lösung:** *sch*: Spaß, Spiel, Stall, sprechen, stimmt – *s*: Liste, isst, triffst	
ÜB 9	Hier üben die S im ÜB noch einmal die Struktur mit dem Modalverb *können*. Sie arbeiten zu zweit und fragen und antworten gegenseitig. Geben Sie im PL ein Beispiel, wie die Struktur aussieht, und schreiben sie diese an die Tafel: *kochen – Kannst du (gut) kochen?*	
9	**Freie Wahl:** Hängen Sie drei Zettel mit A, B und C in die Ecken des Raumes. Die S lesen die Optionen und stellen sich zu ihrer bevorzugten Aufgabe. Lassen Sie die S in jeder Ecke durchzählen. Dann wird die meist-gewählte Aufgabe bearbeitet. Der Mehrheitsentscheid bietet sich hier an, da die Organisation der drei Aufgaben gleichzeitig schwierig wäre. A: Jeder S wählt eine Frage und notiert sie auf einen Zettel. Dann gehen alle in der Klasse herum und fragen sich diese Frage. Es wird notiert, wie viele S positiv/negativ antworten. Am Ende stellen sich die S in einen Kreis und stellen den anderen in einem Satz ihre Antworten vor: *Elf Schüler spielen Fußball und neun Schüler spielen nicht Fußball.* B: Sammeln Sie weitere Fragen zum Thema *Hobbys* an der Tafel. Dann sprechen die S in KGs über ihre Hobbys, überlegen, welches sie im PL vorstellen möchten, und machen dazu Notizen. Sagen sie, dass jeder aus der Gruppe sprechen muss. Die S können zu ihrer eigenen Sicherheit ein Hilfsplakat dazu erstellen. Sie üben die Präsentation und stellen sie dann im PL vor. → **Präsentation von Ergebnissen** C: Die S arbeiten in KG und überlegen sich, was sie neuen Mitschülern in ihrem Ort zeigen würden. Sie recherchieren zu Hause zu den Orten, damit sie mehr Informationen haben. Dann tragen sie alle Informationen aus ihrer Gruppe zusammen und erstellen eine → **Collage**, die sie im Anschluss präsentieren. → **Präsentation von Ergebnissen**	Zettel
	Was kann ich nach Kapitel 7?	
	Die S bearbeiten die „Was kann ich?"-Seite im KB und im ÜB wie in der Einleitung zum Lehrerhandbuch beschrieben.	

Lerninhalte: Körperteile | über Schmerzen und Krankheiten sprechen | Angaben zum Befinden | gute Wünsche | Entschuldigungen/Ausreden formulieren | Steckbriefe verstehen | über Sport und Sportler sprechen und schreiben | über den Lieblingssport berichten | eine Grammatikregel erklären
Grammatik: Modalverben: *müssen, dürfen* | Satzklammer | Präteritum: *haben, sein* | Komposita | *deshalb*
Aussprache: *-er* am Wortende

	Erläuterungen zum Unterricht	Material
1a	Die S sehen sich das Foto an. Lesen Sie die Wörter und die S sprechen sie im Chor nach. Dann lesen Sie die Wörter aus 1a. Im Anschluss daran ordnen die S die Wörter den Nummern zu.	Plakate, Karten
	Variante: Zeigen Sie die Fotos groß an der Tafel oder kopieren Sie sie auf Plakate. Dann notieren Sie die Wörter aus 1a auf Kärtchen. Die S arbeiten in KG, jede KG bekommt ein Plakat und einen Satz Karten und sie ordnen sie intuitiv zu den Nummern zu, indem sie sie dorthin legen. Vergleich im PL und ggf. Korrektur. Am Ende lesen Sie alle Körperteile laut vor und die S wiederholen sie im Chor.	
	Variante: Steigen Sie über ein → **Kahoot** zu Körperteilen ein.	
	Erweiterung: Die S überlegen sich in KG eine Form, wie sie die Wörter lernen können, und notieren sie so ins Heft. Beispiel: Sie malen eine Körper und notieren die Wörter je nach Artikel in der entsprechenden Farbe an den Körperteil und markieren den Körperteil mit der Farbe.	
	Lösung: 1. die Hand, 2. die Haare, 3. der Fuß, 4. das Knie, 5. der Arm, 6. die Nase, 7. der Finger	
1b	In PA lesen die S die Wörter noch einmal laut. Gehen Sie herum und korrigieren Sie die Aussprache.	
1c	Die S schreiben eine Tabelle wie im Buch angegeben in ihre Hefte. Sie arbeiten in PA und notieren die Wörter nach den zwei Oberbegriffen *Kopf* und *Körper* in die Tabelle. Am besten schreiben sie die Wörter mit einem Artikel zuerst und dann die mit einem anderen, sodass sie nicht nur die Oberbegriffe als Gruppen haben, sondern auch die Artikel. Weisen Sie die S darauf hin, dass sie unter den Wörtern Platz lassen sollen, da sie in 1d evtl. weitere Wörter aus anderen Sprachen dazuschreiben werden.	

Lösung:

der Kopf	der Körper	
der Mund	der Hals	das Bein
der Zahn	der Bauch	das Knie
das Auge	der Rücken	die Hand
die Nase	der Arm	
die Haare	der Finger	
das Ohr	der Fuß	

1d	In PA überlegen die S, welche Wörter in ihrer Muttersprache oder auf Englisch ähnlich sind, und notieren diese neben die deutschen Wörter in die Tabelle. Dann vergleichen sie im PL, indem Sie die aufgefüllte Tabelle an der Tafel zeigen und die S ihre Wörter dazurufen. Notieren Sie diese neben den deutschen Wörtern.	
1e	Die S stehen auf und haben Platz um sich herum. Dann hören sie den Hörtext und zeigen immer auf den genannten Körperteil. Es wird langsam begonnen und dann immer schneller ausgeführt.	(2.10)
	Zur Wiederholung des Wortschatzes: → **Wortschatzspiele**. Sie können auch folgendes Spiel mit den S machen: In KG zeigt ein S auf einen Körperteil und die anderen müssen ihn mit Artikel nennen. Oder die S arbeiten in PA. S1 zeigt auf die Nase und sagt *Das ist mein Mund*. S2 antwortet und korrigiert: *Nein, das ist deine Nase*. Dann zeigt er auf den Mund und sagt *DAS ist dein Mund*. Im Anschluss zeigt und nennt S2 einen Körperteil falsch. Auch die Lernfalter-KV hilft bei der Wiederholung der Körperteile.	Lernfalter
	Mein Hals tut weh	
2a	Zeigen Sie das Bild und notieren Sie dazu: *Jannik ist krank*. Fragen Sie: *Wie geht es Jannik?* und klären Sie so das Wort *krank*. Lesen Sie dann im PL die Sätze 1 bis 7 und im Anschluss daran den **Tipp**. Notieren Sie *Schlüsselwort* an der Tafel. Fragen Sie nach den beiden Wörtern, aus denen das Kompositum besteht und erinnern Sie ggf. noch einmal an die Bedeutung von *Schlüssel*. Fragen Sie die S *Was sind Schlüsselwörter?* In sprachhomogenen Gruppen können die S auch in der Muttersprache antworten: *Schlüsselwörter sind die Wörter mit den wichtigen Informationen im Text. Mit ihrer Hilfe kann man den Text verstehen.* Rückkehr ins Buch: Fragen Sie im PL: *Was sind in den Sätzen 1 bis 7 die Schlüsselwörter?* und schreiben sie diese an die Tafel (1. *Kopfschmerzen*, 2. *Bauchschmerzen*, 3. *nicht + Schule*, 4. *Arzt*, 5. *Hals + weh*, 6. *Tee*, 7. *isst + Obst*). Gehen Sie hier noch nicht explizit auf die Wörter ein, da die S darauf achten sollen, was sie hören. Dann hören die S den Text und notieren, welche Aussagen richtig sind. Kurzer Vergleich in PA. Beim nächsten Hören überprüfen die S die richtigen Aussagen und korrigieren die falschen.	(2.11)

	Lösung: 1. r, 2. f (er hat keine Bauchschmerzen), 3. r, 4. f (Er will nicht zum Arzt gehen), 5. r, 6. r, 7. f (Er isst nichts).	
2b	In PA lesen die S die Sätze und ordnen sie den Bildern zu. **Lösung:** 1D, 2A, 3C, 4B, 5F, 6E Zum weiteren Wiederholen und Üben → **Zick-Zack**	
2c	Lesen Sie das Dialoggerüst im PL und schreiben Sie den Text aus dem **Tipp** groß an die Tafel, sodass die Struktur deutlich bewusst ist, während die S die Dialoge sprechen. Spielen Sie den Dialog im Buch mit mehreren S durch und lassen Sie sie auch noch einmal in PA lesen. Spielen Sie Musik, dabei laufen die S durch den Raum. Sie können ihr Buch mitnehmen. Sobald die Musik stoppt, suchen sie sich einen Partner und spielen den Dialog. Sobald die Musik wieder beginnt, gehen sie wieder durch den Raum, und sobald diese erneut stoppt, suchen sie sich einen neuen Partner usw. **Variante:** Verteilen Sie Karten mit Krankheiten an die S. Dann Vorgehen wie oben beschrieben. Am Ende des Dialogs tauschen die S die Karten.	Musik Karten

Du musst im Bett bleiben!

3a	Rückführung zum Thema *Jannik ist krank*. Fragen Sie: *Wie ist die Situation? Um was geht es?* Die S hören den Dialog mit geschlossenen Büchern und notieren, was sie verstanden haben. Dann öffnen sie die Bücher und lesen die Aktivitäten unter dem Foto. Sie hören den Text noch einmal und notieren, was Jannik und seine Mutter machen müssen. Sie vergleichen in PA, dann wird das Gespräch noch einmal gehört und ergänzt bzw. kontrolliert. Bevor die S Sätze schreiben, besprechen Sie im PL den Grammatikkasten oder lassen Sie die S den Grammatik-kasten auf der Grammatik-KV ergänzen. Gehen Sie mit den S die Konjugation von *müssen* durch und klären Sie die Bedeutung (Verpflichtung, Notwendigkeit). Fragen Sie: *Welche Verben haben auch solche Formen, wo ist die erste und dritte Person auch gleich?* Antwort: *können* und *wollen*. Bringen Sie dann in Erinnerung: *Wie ist die Satzstruktur bei Sätzen mit* können *und* wollen*?* Antwort: Die Form von *müssen* steht im Aus-sagesatz und in W-Fragen auf Position 2 und der Infinitiv am Ende. Anschließend schreiben die S Sätze in PA: ein S für Jannik und ein S für die Mutter. Sie tauschen ihre Sätze und der Partner markiert die Verben, d. h. er kontrolliert die Satzstruktur und achtet auf die Konjugation. **Lösung:** Jannik: den Tee trinken – etwas essen – eine Tablette nehmen Mutter: bis 17 Uhr im Büro bleiben – in der Schule anrufen – im Supermarkt einkaufen **Variante:** Bei geschlossenen Büchern: Eine Gruppe achtet darauf, was Jannik machen muss und die andere Gruppe darauf, was die Mutter machen muss. Die S tauschen sich in der eigenen Gruppe aus. Dann hören sie noch einmal und achten auf ihre Person und, wenn sie möchten, auch auf die andere Person. Im Anschluss daran suchen sie sich einen Partner aus der anderen Gruppe und vergleichen. Zum Abschluss wird das Gespräch noch einmal gehört. Dann weiteres Vorgehen wie oben beschrieben. **Erweiterung:** Eingehen auf die Lebenswirklichkeit der S: Schreiben Sie an die Tafel: *Was müsst ihr machen?* und lassen Sie ein paar Beispiele im PL nennen, z. B. *Ich muss Hausaufgaben machen. Ich muss Milch trinken.* In KG machen die S eine → **Kettenübung**. Schwieriger wird es, wenn die S immer den Satz mit *muss* von den anderen auch wiederholen müssen → **Kofferpacken**.	🖐️ GR-Kopier-vorlage
3b	Lesen Sie die Aufgabenstellung im PL und weisen Sie auf die Konjugation von *dürfen* hin. Erklären Sie, dass ein Satz mit *dürfen* genauso gebildet wird wie Sätze mit *müssen*, *können* und *wollen*. Lesen Sie die Sprech-blase und klären Sie die Bedeutung von *dürfen* (Erlaubnis) und *nicht dürfen* (Verbot). Geben Sie den S dazu ein Beispiel aus ihrem Unterricht: *Ihr dürft Fragen stellen. Ihr dürft nicht mit dem Handy spielen.* Die S sehen die Bilder an und ordnen die Sätze zu den Bildern. Danach bilden sie in PA Sätze und schreiben sie ins Heft. Vergleich im PL. **Lösung:** B 2. Lina darf fernsehen, aber sie darf nicht Computer spielen. – C 3. Max darf Joghurt essen, aber er darf keine Schokolade essen. – D 4. Vicky darf Orangensaft trinken, aber sie darf keine Cola trinken. Zur Wiederholung kopieren Sie die Grammatik-KV und die S ergänzen die Konjugation und den Beispiel-satz.	GR-Kopier-vorlage
3c	Die S lesen die Aufgabenstellung im PL, dann schreiben sie mindestens vier Sätze. Schnellere S können in derselben Zeit auch mehr Sätze schreiben. Danach sprechen die S zu zweit und lesen sich die Sätze vor. Der Partner achtet auf den Sinn des Satzes und auf die richtige Struktur. **Erweiterung:** Schreiben Sie Krankheiten auf Karten und kleben Sie jedem S eine Krankheit auf den Rücken. Die S gehen in der Klasse herum und fragen alle anderen S: *Ich bin krank. Was darf ich (nicht)? Was muss ich machen?* Diese sagen ihnen, was sie *dürfen/nicht dürfen* und *müssen*. So errät jeder S seine Krankheit.	

	Erweiterung: Zum weiteren Üben von *müssen* und *dürfen* kopieren Sie den Spielplan und die Kärtchen von der KV. Schneiden Sie die Kärtchen aus. Die S arbeiten in KG. Sie würfeln, setzen die Spielsteine, ziehen eine Karte und entscheiden, ob sie in den Satz *müssen* oder *dürfen* einsetzen sollen und wie die korrekte Form lautet. Dann lesen sie den Satz vor. Wenn der Satz korrekt ist, dürfen sie die Karte behalten. Gewonnen hat, wer am Ende zuerst im Ziel war und die meisten Karten hat.	Würfel, Spielsteine Kopiervorlage
	Binnendifferenzierung: Kopieren Sie die Karten von Tabelle B und schneiden Sie sie aus. Diese Karten enthalten die Modalverben *wollen* und *können*. Bei schnelleren und lernstarken KGs können Sie diese zur Ergänzung dazugeben. (Bei wenigen Karten gibt es dann zwei richtige Möglichkeiten.)	
ÜB 3e	Die Übung fasst alle Modalverben, die die S gelernt haben, zusammen. Sie schreiben die Sätze. Klären Sie hier ggf. noch einmal die Bedeutungsunterschiede zwischen den vier Modalverben und weisen Sie ggf. darauf hin, dass Modalverben in verschiedenen Sprachen nicht unbedingt die gleiche Bedeutung haben bzw. gleich benutzt werden (z. B. ist die Verwendung von *müssen* und *must* im Deutschen und Englischen unterschiedlich und für die S oft schwierig).	
3d	Vorgehen wie in der Arbeitsanweisung beschrieben. Gehen Sie vor dem Schreiben den Heftausriss mit den S durch. Diesen können sie als Schreibgerüst nutzen. Bevor die S Ihnen den Text geben, lesen sie sich gegenseitig ihre Texte in KG vor.	
	Ausreden	
4a	Die S lesen den Comic und die Fragen. Klären Sie ggf. Wortschatz. Die S beantworten die Fragen in PA. Vergleichen Sie die Fragen im PL und lassen Sie im Anschluss daran das Geschehen noch einmal zusammenfassen. Fragen Sie dann: *Wie findet ihr die Reaktion von Kim?* Kommen sie so auf das Wort *Ausrede* und erklären Sie es.	
	Lösung: 1. Fußballtraining 2. am Mittwoch 3. nein 4. sie hatte Knieschmerzen, aber es war nicht schlimm 5. das Knie	
	Variante: Kopieren Sie den Comic und zerschneiden Sie ihn in die einzelnen Bilder. Die S lesen die Texte und ordnen den Comic in die richtige Reihenfolge. Vergleichen Sie im PL. Dann weiteres Vorgehen wie oben beschrieben.	
	Sehen Sie mit den S den Grammatik-Clip zu den Präteritumformen von *sein* und *haben*. Fragen Sie: *Wann braucht man die Formen? Für heute, gestern, morgen? Wie bildet man die Formen?* Systematisieren Sie die Konjugation an der Tafel, danach schreiben die S die Konjugationen in ihr Heft. Oder Sie kopieren die Grammatik-KV und die S ergänzen dort die Konjugation und kleben sie in ihr Heft.	G8 GR-Kopiervorlage Kopiervorlage
	Erweiterung: Zur weiteren Übung der Verben *sein* und *haben* im Präteritum kopieren Sie die KV. Schneiden Sie die beiden Tabellen aus. Je zwei S arbeiten zusammen. Person A beginnt mit den vier Fragen der oberen Reihe, B antwortet. Anschließend fragt Person B die vier Fragen der zweiten Reihe, A antwortet. Usw. Während des Fragens und Antwortens notieren A und B die fehlenden Sätze/Wörter.	
	Binnendifferenzierung: Bilden Sie zwei Gruppen: Gruppe A und Gruppe B. Die S ergänzen zuerst die fehlenden Formen von *war* und *hatte* in der eigenen Gruppe. Dann suchen sie sich einen Partner von der anderen Gruppe, stellen sich gegenseitig die Fragen und antworten.	
ÜB 4a	Die S bearbeiten die Übung in der Klasse. Dabei entscheiden sie, ob sie den Kasten zu Hilfe nehmen wollen oder zuerst die Sätze schreiben und dann kontrollieren.	
4b	Die S lesen den Redemittelkasten und lesen das Beispiel. Weisen Sie darauf hin, dass es um Ausreden geht – dass die Antwort also nicht stimmt. Als weiteres Beispiel können Sie den Redemittelclip nutzen: Zeigen Sie ihn zweimal und fragen Sie: *Welche Ausreden nennen die Schüler?* Dann üben die S in PA: Ein S stellt eine Frage wie im Beispiel und der andere S antwortet mit einer Ausrede. Falls die S Schwierigkeiten haben, weitere Ideen für Fragen/Ausreden zu finden außer denen im Buch, sammeln Sie vorher Ideen an der Tafel:	R8

Mögliche Fragen	Mögliche Ausreden
Gestern war … Schulgarten-AG/Chor/Foto-AG/ Segeln/ … Gestern hatten wir … Klavierunterricht/Ballett/ …	Ich war … zu Hause/in London/in Paris/bei Kim/ … Ich hatte … Ferien/Knieschmerzen/einen Unfall/ kein Geld/ …

5a	Die S arbeiten in EA mithilfe des Grammatikkastens und schreiben die Wörter in ihr Heft. Dann bearbeiten Sie die Grammatik-KV. Vergleich im PL.	GR-Kopiervorlage
	Lösung: der Fahrradunfall, das Volleyballtraining, die Hausaufgabe	
5b	In PA sprechen die S über die Regel und überlegen, woher der Artikel kommt.	
	Lösung: Der Artikel für die Komposita ist immer der Artikel vom letzten Wort.	

5c Die S hören die Komposita und notieren sie im Heft. Fragen Sie anschließend: *Wo ist der Akzent?* Die S hören noch einmal und markieren den Wortakzent. Den S soll auffallen, dass bei Komposita immer der Akzent vom ersten Wort betont wird.

(2.13)

Lösung: der Fahrradunfall, das Volleyballtraining, die Hausaufgabe, das Schulfest

Erweiterung: Schreiben Sie weitere Wörter wie in 5a auf ein Blatt und kopieren Sie es. Die S arbeiten zu zweit, sie bilden das Kompositum, lesen das Wort und markieren den Wortakzent. Zum Vergleich liest immer ein S das Wort laut vor und die anderen vergleichen, ob sie den Akzent gehört haben und ob er an der richtigen Stelle ist. Mögliche Wörter: *das Haus + das Tier, der Basketball + der Spieler, das Telefon + die Nummer, der Sport + das Programm, die Hand + der Ball, das Wort + die Karte, der Apfel + der Saft, der Abend + das Essen, der Computer + das Spiel*

Deshalb ...

6a Die S sehen sich die Fotos an und lesen die Bildunterschriften 1. bis 5. Dann hören sie die Dialoge zweimal und notieren die passenden Sätze ins Heft. Vergleichen Sie im PL. Danach lesen die S die Sätze in PA laut.

2.(14-18)

Lösung: 1D, 2E, 3A, 4C, 5B

GR-Kopiervorlage

Zeigen oder notieren Sie den Grammatikkasten aus dem Buch oder von der Grammatik-KV an der Tafel. Fragen Sie: *Wo ist das Verb?* Das Verb steht auf Position 2 nach dem Wort *deshalb. Was bedeutet deshalb?* Es drückt eine Folge oder Konsequenz aus. Nun ergänzen die S die Lücken auf der Grammatik-KV.

ÜB 6a+b Nachdem die S die Übung als HA gemacht haben, schreiben Sie zur Wiederholung die zwei passenden Sätze je auf einen Satzstreifen und kopieren diese für KG, z. B. 1B: *Ida bekommt heute Besuch. Sie räumt ihr Zimmer auf.* Schreiben Sie auf die Rückseite den *deshalb*-Satz. Die S nennen in KG noch einmal die *deshalb*-Sätze und kontrollieren mit der Rückseite.

Papierstreifen

6b Zu zweit schreiben die S wie im Beispiel angegeben zehn Satzverbindungen mit *deshalb*, jeweils aufgeteilt auf zwei Karten: Auf eine Karte schreiben sie den Satz ohne *deshalb* und auf die andere Karte den Satz mit *deshalb*, der eine Folge ausdrückt. Gehen Sie herum und helfen Sie sowohl bei der Logik als auch bei der Struktur. Dann mischen die Paare ihre Karten und tauschen mit einem anderen Team. Sie legen die erhaltenen Karten offen vor sich auf den Tisch. S1 liest einen Satz und S2 sucht den passenden *deshalb*-Satz dazu.

Karten

Erweiterung: Zur Wiederholung und Festigung der Satzverbindungen mit *deshalb* eignet sich die Kopiervorlage. Die S arbeiten in PA und notieren die Sätze. Sie können die Übung auch als → **Satzstreifen** gestalten.

Kopiervorlage

Profisportler

7a Die S lesen die Steckbriefe in EA und sehen sich die Fotos an. Dann ordnen sie die Sportarten den Steckbriefen zu.

Lösung: Jan Hojer: Sportklettern – Angelique Kerber: Tennis – David Olatukunbo Alaba: Fußball

Info: Jan Hojers Spitzname „Ungehojer" ist ein Wortspiel mit seinem Nachnamen Hojer, der ausgesprochen wird wie ein Teil des Wortes *Ungeheuer* (= Monster; siehe Illustration) oder auch wie des Adjektivs *ungeheuer* (*ungeheuer* ist etwas, das man bestaunt, vor dem man Respekt hat oder vor dem man sich sogar ein bisschen fürchtet)

Erweiterung: Gestalten Sie 7a als Projekt: Verteilen Sie die drei Sportler an verschiedene KG in ihrer Klasse. Die S lesen ihren Steckbrief und recherchieren zu Hause weitere Informationen zu ihrer Person und suchen ggf. interessante Videos. Am nächsten Unterrichtstag setzen sich die KG mit demselben Steckbrief zusammen und überlegen sich eine digitale Form der Präsentation: *Was möchten wir sagen? Was finden wir wichtig? Welches Video/Welchen Teil zeigen wir?*
Dieses Projekt können Sie auch später in den Unterricht einbauen, denn in den Hörtexten von 8a werden weitere bekannte Sportler genannt, die sie auch für dieses Projekt nutzen können.

ÜB 7a–c Diese Übung kann als Vorbereitung und Hilfe für 7b im Kursbuch dienen. Die S lesen das Porträt und schreiben in EA mindestens vier W-Fragen ins Heft. Dann arbeiten sie zu zweit, stellen sich gegenseitig die Fragen und beantworten sie.

7b Lesen Sie die möglichen Frageoptionen im PL, aber sagen Sie den S auch, dass sie eigene Fragen bilden können. In KG schreiben die S mindestens sechs Fragen zu den drei Sportlern. Dann tauschen sie die Fragen mit einer anderen Gruppe, die diese beantworten muss. Am Ende werden die Fragen wieder der Ausgangsgruppe gegeben, welche die Richtigkeit kontrolliert.

Erweiterung: Wenn Sie die Aufgabe 7 als Projekt gestaltet haben, können sich hier auch viele andere Fragen ergeben.

Hinweis: Für den fächerübergreifenden Unterricht mit dem Fach Sport können Sie die CLIL-Kopiervorlage nutzen. Ziel: Eine Sportart vorstellen können, Bewegungsanweisungen verstehen.
Kopieren Sie die KV; schneiden Sie das Buchstaben-Feld ab und vergrößern Sie es auf Plakatgröße. Machen Sie zur Vorbereitung von Aufgabe 1 die Wortschatzerweiterung im ÜB 8a. Die S wählen anschließend auf der CLIL-KV eine Sportart, ordnen die Wörter aus dem Kasten zu und vergleichen im PL. Im Anschluss daran sprechen die S zu zweit: Ein S beschreibt seine gewählte Sportart, der andere rät die Sportart. In Aufgabe 3 können die S dann eine Sportart ihrer Wahl vor dem PL vorstellen.
Im zweiten Teil notieren Sie verschiedene Anweisungen an der Tafel und erklären sie, indem Sie sie vormachen. Dann führen Sie mit den S die Bewegungsübungen durch, indem Sie eine Anweisung vorgeben und danach auf verschiedene Buchstaben auf dem Buchstaben-Plakat zeigen. Im Anschluss daran überlegen sich die S eine eigene Übung, die sie anleiten und mit der Klasse durchführen.

CLIL-Kopier-vorlage

Ich bin Fan von ...

8a Die S lesen die Tabelle unter den Fotos und notieren sie ins Heft. Dann hören sie die drei Personen und ergänzen die Tabelle. Nach dem ersten Hören vergleichen sie in KG und ergänzen ihre Notizen. Dann hören sie noch einmal, kontrollieren, ergänzen und korrigieren ggf. Anschließend Vergleich im PL.
Lösung: Kilian: Basketball – 3 Jahre – dreimal pro Woche – Dennis Schröder
Frida: Volleyball/Beach-Volleyball – 5 Jahre / ein Jahr – Montag und Donnerstag – Laura Ludwig
Annika: Ski fahren / Biathlon – 7 Jahre / 2 Jahre – 2x pro Woche – Laura Dahlmeier

Variante: Wenn die S Handys mit Kopfhörern benutzen dürfen, bilden Sie drei Gruppen. Jede Gruppe speichert einen anderen Hörtext im Handy und hört diesen Text und ergänzt die Tabelle im Heft. Danach vergleichen sie ihre Notizen in der eigenen Gruppe. Dann suchen sie sich aus den anderen Gruppen je einen S und ergänzen die Tabelle. Im Anschluss daran wird alles einmal insgesamt von allen angehört.

2. (19-21)

8b Vorgehen wie beschrieben. Die S tauschen anschließend den Text mit einem anderen Paar. Sie lesen den Text und markieren alle Sätze, die sehr gut formuliert sind und die ihnen gut gefallen, z. B. weil die Personen nicht immer mit dem Subjekt begonnen haben etc. In Anschluss daran können Sie die Texte einsammeln und korrigieren.
Erweiterung: Sie können die Texte mitnehmen, korrigieren und sich Fehler notieren, die mehrere S gemacht haben. Im Anschluss daran können Sie im Unterricht eine → **Fehlerauktion** veranstalten. Danach geben Sie die korrigierten Texte zurück.

8c Die S lesen die Aufgabe in der Klasse und haben zehn Minuten Zeit, sich zu den angegebenen Fragen Notizen zu machen, ohne komplette Sätze zu schreiben. Danach erzählen sie in der KG über ihren Sport. Pro Person wird eine interessante Information am Ende im PL erzählt.
Variante: Bei nicht allzu großen Gruppen gehen Sie wie folgt vor: Person A erzählt Person B von ihrem Lieblingssport und andersherum. Dann erzählt Person B die Informationen zu Person A einer weiteren Person C. Person C berichtet am Ende im PL alle Informationen, die sie über Person A erhalten hat. Person A stimmt zu und korrigiert ggf.

9a Die S hören und lesen die Wörter. Fragen Sie dann: *Wie spricht man -er am Wortende aus?*
Lösung: Am Wortende klingt -er wie ein schwaches *a*.

2.22

9b Die S sprechen die Wörter in EA laut vor sich hin. Dann hören sie und in den Pausen sprechen sie die Wörter noch einmal nach.

2.23

10 **Freie Wahl:** Hängen Sie drei Plakate mit der Aufgabenstellung im Raum auf. Lesen Sie die Aufgabenstellung gemeinsam. Dann stellen sich die S zu der Aufgabe, die sie bearbeiten möchten. Geben Sie ihnen fünf Minuten Zeit. Das bedeutet für Wahl C, dass die S nicht so viel recherchieren, sondern die Informationen, die sie über ihren Sportler/ihrer Sportlerin bereits wissen, auf einem Plakat zusammentragen. Diese werden im Anschluss im PL vorgetragen, ebenso wie die geschriebenen Ausreden von Gruppe B.
Variante: Sie können die Aufgabe C auch als Projekt ausbauen. Dann lassen Sie die S im Unterricht nur zwischen A und B entscheiden und bereiten die Aufgabe C gesondert als Projekt vor. Geben Sie den S zum Beispiel eine Woche Zeit, um Informationen zu ihrem Lieblingssportler / ihrer Lieblingssportlerin zu recherchieren und Fotos zu suchen. Geben Sie ihnen dann im Unterricht Zeit, diese Informationen auf einem Plakat oder auch digital ansprechend zu gestalten. Anschließend → **Präsentation der Ergebnisse**.

Was kann ich nach Kapitel 8?

Die S bearbeiten die „Was kann ich?"-Seite im KB und im ÜB wie in der Einleitung zum Lehrerhandbuch beschrieben.

Zu Hause in der Stadt

Lerninhalte: Orte und Aktivitäten in der Stadt beschreiben | Verkehrsmittel | Wohnformen | Beschreibungen verstehen, wie und wo Jugendliche wohnen | sagen, wie ich etwas finde | Möbel | (m)eine Wohnung und (m)ein Zimmer beschreiben | eine Reihenfolge beschreiben: *zuerst, dann, danach, zum Schluss* | Schlüsselwörter
Grammatik: Präposition *mit* + Dativ | Präposition *in* + Dativ | lokale Präpositionen mit Dativ auf die Fragen *Wohin …?, Wo …? Woher …?: zu, bei, aus, von* | *es gibt* + Akkusativ
Aussprache: *b, d, g* oder *p, t, k*

	Erläuterungen zum Unterricht	Material
1a	Bei geschlossenen Büchern: Schreiben Sie *die Stadt* an die Tafel und klären sie das Wort mit Beispielen (z. B. *Berlin ist eine Stadt*). Fragen Sie als Vorentlastung: *Was gibt es in einer Stadt?* Die S nennen alle Orte, die sie schon aus den vorangegangenen Kapiteln kennen (Beispiele: *Schule, Bäckerei, Supermarkt, Apotheke, Kino, Schwimmbad, Einkaufszentrum, Stadion, Krankenhaus, Bibliothek* usw.). Die S öffnen die Bücher und Sie lesen die Wörter vor. Die S sprechen sie nach. Dann hören die S einmal alle Szenen. Beim zweiten Hören stoppen sie nach jeder Szene und die S besprechen zu zweit, wo die Szene passiert. **Lösung:** Krankenhaus, Post, Bäckerei, Park, Supermarkt, Bahnhof, Bank, Schule, Schwimmbad, Restaurant	2.(24-33)
1b	Die S lesen die Aktivitäten und sprechen intuitiv, was man wo macht. Dann schreiben sie es ins Heft. Vergleichen Sie im PL und klären sie dann unbekannten Wortschatz. **Lösung:** das Krankenhaus: meine Tante besuchen — der Bahnhof: eine Fahrkarte kaufen die Post: ein Paket/einen Brief verschicken, — die Bank: Geld wechseln Briefmarken kaufen — die Schule: Mathe lernen die Bäckerei: Brötchen kaufen — das Schwimmbad: schwimmen der Park: Fußball spielen — das Restaurant: eine Pizza essen der Supermarkt: Getränke kaufen — der Friseur: Haare schneiden **Erweiterung:** Zur Wiederholung der Struktur mit *können* bilden die S in PA Sätze zu 1b: *Die Bank: Hier kann man Geld wechseln.* etc.	
1c	Die S arbeiten zu zweit. Die S lesen die Aufgabenstellung und einigen sich, wer auf Kim und wer auf Henri achtet. Dann hören sie das Gespräch und machen sich Notizen zu ihrer Person: Aktivitäten und Zeit. Anschließend vergleichen sie in PA, dann hören sie noch einmal und ergänzen. **Lösung:** Henri: Fußball spielen (heute Nachmittag), die Tante besuchen, am Abend lernen (am Abend) Kim: mit Marie schwimmen, Briefmarken kaufen, Pizza essen (am Abend)	(2.34)
1d	Als Abschluss stellen die S ihre Person vor.	
1e	Notieren Sie die Orte auf so viele Zettel, wie ihre Gruppe groß ist; einen Ort pro Zettel. Die S ziehen einen Zettel und bilden eine Gruppe mit den S, die denselben Ort gezogen haben. Dann gestalten sie ein Plakat zu ihrem Wort, indem sie in von Ihnen mitgebrachten Zeitschriften Bilder suchen und passende Wörter (auch aus dem Wörterbuch) aufschreiben. Im Anschluss daran werden die Plakate vorgestellt. → **Präsentation der Ergebnisse**, hier bietet sich das Markstandprinzip an. Kontrollieren Sie vor der Präsentation die Wörter auf den Plakaten.	Zettel, Plakate, Zeitschriften, Kleber, Scheren
	Ich fahre mit dem Bus	
2a	Die S ordnen die Wörter den Bildern zu und zeichnen und schreiben sie ins Heft. **Lösung:** 1 der Bus, 2 die U-Bahn, 3 die Straßenbahn, 4 das Fahrrad, 5 das Auto, 6 der Zug **Variante:** Kopieren Sie die Bilder mehrmals auf Karton und schreiben sie die Wörter auf Karten, sodass die S in KG arbeiten können und jede Gruppe einen Satz Bilder und Karten bekommt. Die S ordnen die Wörter den Bildern zu und können anschließend direkt → **Paare finden** mit den Bildern und Wörtern spielen.	Karten, Karton
2b	Die S hören den Text zweimal und ordnen zu. Vergleich im PL. Gehen Sie anschließend im PL auf den Grammatikkasten ein. Zum entdeckenden Lernen kopieren Sie die Grammatik-KV und die S ergänzen in PA die fehlenden Informationen. Vergleich im PL. **Lösung:** 1C, 2E, 3B, 4A, 5F, 6D	(2.35) GR-Kopiervorlage
2c	Zum Üben der Struktur von *mit* + Dativ arbeiten die S in 2c zu zweit. Sie sehen sich die Bilder an und lesen die angegebenen Wörter. Dann formulieren sie Sätze zu den Bildern. **Lösung:** Jana fährt mit dem Zug (zur Schule). – Sarah fährt mit dem Roller. – Armin geht zu Fuß. – Leon fährt mit dem Skateboard. – Herr Müller fährt mit dem Motorrad – Herr Winter fährt mit dem Taxi.	

2d	Sammeln Sie alle Verkehrsmittel, die die S kennen, an der Tafel. Dann sprechen die S in der Klasse und fragen sich gegenseitig, wie sie zur Schule kommen und wie lange der Schulweg dauert. Sie haben 15 Minuten Zeit, sich selbst zu organisieren und eine Klassenstatistik zu erstellen, die sie direkt an der Tafel notieren. Gehen Sie auf die Statistik ein, indem Sie die S zusammenfassen lassen: z. B. *10 Schülerinnen und Schüler fahren mit dem Bus. 4 Schüler brauchen 15 Minuten.* Hierbei wiederholen die S noch einmal die Zahlen.	
	Wo bist du?	
3a	Die S lesen die Nachrichten in EA und überlegen, welches Wort fehlt. Sie sprechen in PA, anschließend im PL. Bei unterschiedlichen Ergebnissen lassen Sie die Lösungen mit Argumenten aus den Nachrichten begründen. **Lösung:** A: Park, B: Restaurant, C: Schule, D: Supermarkt	
3b	Lesen Sie zuerst den Grammatikkasten und dann üben die S in 3b in PA die neue Struktur. Dazu ergänzen sie zuerst mündlich die richtigen Formen mit *in* und dann ordnen sie die Antworten den Nachrichten zu. Im Anschluss vergleichen sie mit einem anderen Paar und danach im PL. Weisen Sie auf die verkürzte Form hin: Schreiben Sie an die Tafel *in + dem = im*. Lesen Sie vor, die S sprechen nach. **Lösung:** 1. Wir sind gerade in der Bäckerei. 2. Ich bin im Kino. 3. Ich bin in der Schulbibliothek. 4. Ich war letztes Wochenende im Restaurant; Zuordnung: 1C, 2D, 3A, 4B	
	Zur Wiederholung der Struktur kopieren Sie die Grammatik-KV und die S ergänzen sie in PA. Die S vergleichen zuerst mit dem Buch, dann im PL.	GR-Kopiervorlage
ÜB 3b+c	Als Vorentlastung für die Pantomime in 3c bietet sich die Übung aus dem ÜB an. Die S haben 3b als Hausaufgabe bearbeitet oder in EA in der Klasse. Danach fragen sie sich gegenseitig in PA.	
3c	Die S arbeiten in KG. Eine Person macht pantomimisch vor, wo sie gerade ist, und die anderen raten und nennen die Orte wie im Buch angegeben.	
3d	Die S lesen die Redemittel und ggf. werden unbekannte Wörter/Ausdrücke geklärt. Dann schreiben sie in EA eine Nachricht.	
	Variante: Um es interessanter zu gestalten, lassen Sie diese auf Zettel schreiben, die weitergegeben werden können, oder wirklich als Handy-Nachricht (wenn die S Handys benutzen dürfen.) Bilden Sie Paare, damit die S wissen, an wen sie die Nachricht schicken, und damit kein S ohne Nachricht bleibt. Nach Erhalt der Nachricht geben die Empfänger den Zettel an den Sender zurück oder antworten per Handy-Nachricht.	Zettel, ggf. Handys
	Wo? Wohin? Woher?	
4a	In EA sehen sich die S die Bilder an, lesen die Sätze und ordnen sie zu. Dann vergleichen sie zuerst in PA, danach im PL. **Lösung:** 1C, 2A, 3F, 4D, 5E, 6B	
4b	Zeigen Sie die Bilder aus dem Grammatikkasten. Die S lesen die Sätze aus 4a noch einmal, zeichnen die Bilder in ihr Heft und ergänzen die Ausdrücke. Zeigen Sie dann den kompletten Grammatikkasten und systematisieren Sie die Präpositionen. Weisen Sie die S darauf hin, wie sich die Kurzformen zusammensetzen. Zur Verdeutlichung zeigen Sie den Grammatik-Clip. **Lösung:** Wohin: zur Schule – Wo? beim Zahnarzt – Woher? aus der Schule, vom Zahnarzt	 G9
	Variante: Verteilen Sie die Grammatik-KV an je zwei S. Diese ergänzen in PA die Informationen, ohne ins Buch zu sehen. Zeigen Sie dazu die Aufgabe 4a an der Tafel, sodass die S die Dialoge lesen können. Vergleich mit dem Buch und dann im PL.	GR-Kopiervorlage
ÜB 4	Zur Übung und vor dem freieren Sprechen in 4c bearbeiten die S die Ü4 in PA. Vergleichen Sie im PL.	
4c	In PA sehen sich die S das Bild an und beschreiben sich gegenseitig mündlich, was die Personen machen. Erinnern Sie die S auch noch mal an die Formen aus 3b (*im*). **Lösungsbeispiele:** Das Mädchen kommt aus der Schule. – Die Kinder sind in der Schule. – Die Frau ist beim Friseur. – Der Mann geht zum Friseur. – Die Frau kommt vom Friseur. – Die Frauen sind im Café. – Die Frau kommt aus dem Café.	
	Erweiterung: Zum weiteren Üben kopieren Sie die KV. Die S spielen in KG. Die Würfelzahl zeigt, wie viele Felder ein S vorangehen darf. Wenn der abgebildete Ort mit Präposition richtig genannt wird, darf der S auf dem Feld stehen bleiben, wenn nicht, muss er 2 Felder zurück.	Kopiervorlage, Würfel, Spielsteine
	Zum weiteren Üben können die S die Lernfalter-KV benutzen.	Lernfalter

Zu Hause in der Stadt

Mein Zuhause	
5a	Die S lesen in EA die drei Texte und ordnen sie den Fotos zu. Geben Sie als Lesestrategie das sogenannte „selektive Lesen" vor: Die S müssen nicht alles verstehen, im ersten Schritt geht es nur darum, dass sie erkennen, zu welchem der Fotos die Texte passen. Vergleichen Sie im PL und fragen Sie: *Welche Wörter im Text helfen?* **Lösung:** A2, B3, C1	
5b	Lesen Sie gemeinsam mit den S den **Tipp**, damit die Aufmerksamkeit der S weiterhin auf die Schlüsselwörter gelenkt bleibt. Erinnern Sie ggf. noch einmal an Kapitel 8, wo die S in Aufgabe 2a das Konzept „Schlüsselwörter" kennengelernt haben. Klären Sie ggf. noch einmal, was mit Schlüsselwörtern gemeint ist (= wichtige Informationen). Anschließend sollen die S die Schlüsselwörter aus den Texten notieren. Notieren Sie dann die Mindmap *das Hochhaus* an die Tafel. Die S lesen Text C noch einmal und ergänzen im PL die Mindmap. Die anderen beiden Mindmaps ergänzen die S in PA. Sammeln Sie die Ergebnisse für alle drei Mindmaps an der Tafel. **Lösungsbeispiele:** das Hochhaus: viele Wohnungen, acht Stockwerke, alle haben Balkons, ganz oben, die Stadt sehen, 15 Minuten ins Zentrum, mit Straßenbahn, sehr viele Menschen, kenne nicht alle, keine Tiere das Haus: nicht so groß, sechs Zimmer, Zimmer allein, der Garten, mit dem Bus, 25 Minuten die Wohnung: das Zentrum, 10 Minuten zur Schule, alt, schön, acht Familien, vier Zimmer, kein Balkon, Hof, Zimmer sehr groß **Binnendifferenzierung:** Die S haben alle drei Mindmaps ergänzt und die Namen der Jugendlichen dazugeschrieben, die in diesem Wohntyp leben. Dann schließen sie die Bücher und präsentieren in PA die Personen und ihre Wohnform. **Variante:** Teilen Sie die S in drei Gruppen. Jede Gruppe liest einen Text und ordnet das passende Foto zu. Dann befüllen sie zu ihrem Wohntyp die Mindmap. Anschließend setzen sich aus allen drei Gruppen je ein S zusammen und präsentieren ihre Wohnform mit den Redemitteln aus 5c.	
5c	Lesen Sie den Redemittelkasten im PL. Geben Sie ein paar Beispiele, wie man die Satzanfänge beenden kann – mit den angegebenen Beispielen oder auch mit anderen Informationen. Die S erzählen in KG. Zeigen Sie den Redemittel-Clip, damit die S sehen, wie man die Reaktionen mit unterschiedlicher Betonung verknüpfen kann.	▭ R9
ÜB 5a	**ODER-Aufgabe:** Zur Vorbereitung auf das freie Sprechen in 5c können die S ÜB 5a bearbeiten. Dabei entscheiden sie sich, ob sie die vorgegebenen Informationen nutzen möchten oder die Sätze mit eigenen Informationen beenden wollen. **Erweiterung:** Die S machen ein Foto von ihrem Haus und schreiben einen kleinen Text dazu, in dem sie ihren Wohnort beschreiben und auch ihre Meinung dazu ausdrücken. Die Texte werden aufgehängt und von allen gelesen. Jeder S muss am Ende eine interessante Information zu einem der Texte erzählen.	
Zu Hause bei Mia	
6a	Die S sehen sich den Wohnungsplan an und lesen schon einmal die Bezeichnungen für die Zimmer. Dann hören Sie zweimal Mias Führung durch die Wohnung und notieren sich die Reihenfolge der Zimmer. **Lösung:** 1. Flur, 2. Wohnzimmer, 3. Garten, 4. Küche (+ noch mal das Wohnzimmer), 5. Bad, 6. Schlafzimmer von Mias Eltern, 7. ihr Zimmer/das Kinderzimmer	2.36
6b	Lesen und klären Sie die Redemittel aus dem Kasten. Dann nennen die S in KG die Reihenfolge der Zimmer mit diesen Redemitteln. **Lösungsbeispiel:** Zuerst zeigt Mia den Flur, dann das Wohnzimmer und den Garten. Danach zeigt sie die Küche und noch mal das Wohnzimmer. Dann zeigt sie das Bad und das Schlafzimmer von den Eltern. Und zum Schluss zeigt sie ihr Zimmer.	
6c	Die S schreiben die Zimmer untereinander ins Heft. Dann hören sie den Hörtext noch einmal und schreiben alle Aktivitäten zu den Zimmern dazu. Im Anschluss vergleichen sie in PA. **Lösung:** Wohnzimmer: fernsehen, spielen, essen – Garten: in der Sonne sitzen, chillen, grillen, Fußball/Tennis spielen – Küche: kochen – Bad: baden	2.36
6d	Die S lesen sich die Aktivitäten durch und überlegen sich kurz in EA, in welchem Zimmer sie in ihrer Familie stattfinden. In PA sprechen S wie im Beispiel angegeben.	
ÜB 6e	Zuerst lesen Sie gemeinsam mit den S die Aktivitäten. Klären Sie Fragen, dann bearbeiten die S die Übung in PA mündlich.	

9

Mein Zimmer

7a	Die S sehen sich das Foto an, sie arbeiten in PA und ergänzen die Wörter. Die fehlenden Wörter sind den S schon aus den bisherigen Kapiteln bekannt. Sie notieren diese mit Artikel. Dann vergleichen Sie im PL, indem Sie das Foto an der Tafel zeigen und die Wörter dazuschreiben. **Lösung:** 1. die Uhr, 2. das Bild, 3. das Regal, 4. die Gitarre, 5. und 6. der Stuhl, 7. die Lampe	
7b	Lesen Sie die Sätze im PL und klären Sie ggf. das Vokabular. Lesen Sie dann den Grammatik-Kasten und geben Sie weitere Beispiele. Anschließend arbeiten die S zuerst in EA und sehen sich die Bilder aus 6a und 7a an und machen sich Notizen, wie viele Dinge es gibt. Dann sprechen sie zu zweit. **Lösung:** 1. Es gibt 10 Fenster. 2. … 6 Tische. 3. … 22 Stühle. 4. … eine Uhr. 5. … 5 Türen. 6. … 3 Betten. 7. … 2 Lampen. 8. … keinen Balkon	
ÜB 7c	Zum weiteren Üben beschreiben die S in PA das Bild im ÜB.	
7c	Lesen Sie den **Tipp** im PL. Projekt: Die S fotografieren ihr (oder ein anderes) Zimmer oder machen eine Collage zu ihrer Wohnung, indem sie Fotos aus Zeitschriften etc. ausschneiden, den Grundriss malen etc. Das bereiten sie zu Hause vor. Im Unterricht notieren die S Wörter zu den Bildern. Anschließend präsentieren sie ihre Wohnungen/ Zimmer in KG und beschreiben diese, indem ein S aufsteht und seine Präsentation vor der Gruppe hält. **Hinweis:** Raten Sie den S, dass sie zu Hause überall Wortzettel mit Artikel und Plural an die passenden Gegenstände kleben, um sich so die Wörter gut einzuprägen. **Erweiterung:** Kopieren Sie die Kopiervorlage und schneiden Sie sie in der Mitte durch. Die S arbeiten in PA und suchen die Unterschiede in den Zimmern, indem ein S z. B. sagt: *In dem Zimmer gibt es drei Stühle.* Partner B kontrolliert und sagt: *In dem Zimmer gibt es auch drei Stühle* oder *In dem Zimmer gibt es einen Stuhl.*	Zeitschriften, Schere, Kelber Kopiervorlage
8a	Die S hören die Wörter und sprechen sie nach. **Hinweis** zur Produktion der Laute: Die Laute *b*, *d* und *g* sind „weiche" oder „stimmhafte" Laute; *p*, *t* und *k* sind dagegen „harte" Laute, die aspiriert sind, d. h. die S müssen beim Sprechen die Luft mit größerem Druck ausstoßen. Dies können die S gut mit einem Stück Papier üben, das sie sich vor den Mund halten, während sie den Laut sprechen. Bei *b*, *d* oder *g* gibt es keinen Luftzug, während sich bei *p*, *t* und *k* das Blatt bewegen sollte und die S eine Luftzug spüren sollten.	2.37
8b	Die S hören die Wörter und notieren die Wörter, in denen sie *t*, *p* und *k* hören. Vergleichen Sie im PL und lesen sie dann zur Erklärung den **Tipp**. **Lösung:** 1. Bad 2. liebt 3. Tag	2.38
8c	Die S lesen in EA die Wörter erst leise, dann laut für sich. Danach arbeiten sie in PA und lesen sich die Wörter gegenseitig vor. Der andere S achtet auf die richtige Aussprache von *b*, *d* und *g*.	
9	**Freie Wahl:** Die S lesen die drei Möglichkeiten durch und entscheiden sich per Handzeichen für eine Möglichkeit, die sie anschließend bearbeiten. Die S haben für ihre jeweilige Aufgabe 10–15 Minuten Zeit. **Variante:** Sie geben A und B zur Auswahl und lassen C von der gesamten Klasse bearbeiten. Dazu recherchieren die S zu Hause, was das Besondere an ihren Lieblingsplätzen ist, was man dort machen kann etc., und bringen weitere Informationen mit, die sie dann in der Klasse zu einer Präsentation verarbeiten. → **Präsentation der Ergebnisse**	
ÜB 9	Wortschatzwiederholung: Lesen Sie die Aufgabenstellung und verteilen Sie Würfel. Die S arbeiten in PA.	Würfel

Was kann ich nach Kapitel 9?

	Die S bearbeiten die „Was kann ich?"-Seite im KB und im ÜB wie in der Einleitung zum Lehrerhandbuch beschrieben.	

	Karussell	Material
1a	Die S sollen zu zweit die Impulse (blau) und Entsprechungen (rot) abwechselnd nennen und darauf reagieren. Dazu müssen sie ihre Kursbücher immer wieder drehen. In dieser Aufgabe werden viele Strukturen aus den Kapiteln 7 bis 9 in einer Art Minidialog wieder aufgegriffen. Um sich mit den Fragen und Antworten vertraut zu machen, lesen die S in EA ca. 5 Minuten lang die Sätze im Karussell und ordnen sie zu.	
1b	In PA: Partner A liest eine blaue Aussage/Frage vor und Partner B sucht bzw. reagiert mit der passenden Antwort in Rot. Dann liest Partner B eine blaue Aussage/Frage vor und Partner A antwortet. Regen Sie die S an, die Antworten mit passender und abwechslungsreicher Intonation zu lesen. **Lösung:** Mein Papagei kann gut rechnen. – Das glaube ich nicht! … Oh!! Okay! Stimmt. Am Mittwoch war die Lehrerin krank. – Deshalb hatten wir keinen Deutschunterricht. Nein, bitte, bitte, ich will nicht zur Schule! – Doch, mein Liebling, du musst gehen, du bist der Direktor! Ich habe Fieber! – Du hast Glück. Du kannst zu Hause bleiben. Ich gehe jeden Tag zu Fuß zur Schule. – Toll, ich muss leider mit dem Bus fahren! Ich will jetzt fernsehen, sofort! – Hallo! So nicht! Das heißt: Ich möchte jetzt fernsehen, bitte! Herr Müller, darf ich nach Hause gehen? Ich habe Kopfschmerzen. – Natürlich Mario. Gute Besserung. Oh, dein Fahrrad ist kaputt! – Ja. Ich hatte einen Unfall. Aber es ist alles okay. Ruf mich bitte später an. – Ich kann nicht telefonieren! Mein Handy ist kaputt. Hast du etwas Zeit für mich? – Ja klar! Für dich habe ich immer Zeit! Mein Bauch tut weh! – Klar! Du darfst nicht so viel Schokolade essen! Kannst du meine Mathehausaufgaben machen? – Mathe? Gerne! Dann machst du Physik für mich. Entschuldigung. Ich suche eine Apotheke. – I'm sorry! Tut mir leid. Ich bin Tourist. Ich komme aus England. Kennst du den neuen Biolehrer? – Nein, ich kenne ihn nicht. Ist er nett? Wie kommst du zur Schule? – Mit dem Fahrrad! Ist die Pizza lecker? – Ja, aber sie ist sehr klein. Wie waren die Sommerferien? – Super! Wir waren in Italien! Wir hatten eine tolle Zeit. Wo kann ich dich heute Nachmittag treffen? – In der Schulbibliothek. Ich muss lernen.	
	Training	
2	Die S spielen in größeren Gruppen. Jede Person wählt einen Körperteil und zeigt darauf oder macht eine passende Handbewegung dazu. Weisen Sie die S darauf hin, dass die S der Gruppe verschiedene Körperteile wählen müssen. Die S sagen und zeigen einmal im Kreis ihren Körperteil. Dann beginnt ein S, sagt und zeigt seinen Körperteil und ruft dann einen anderen Körperteil in die Runde. Der S mit diesem Körperteil macht weiter. Beispiel: Ich zeige auf meinen Arm und sage *Arm*. Dann rufe ich *Hand* und die Person, die den Körperteil *Hand* gewählt hat, macht weiter und geht analog vor. Sagen Sie den S, dass sie das Tempo steigern sollen. **Binnendifferenzierung:** Sammeln Sie in schwächeren Gruppen vorher noch einmal die Körperteile an der Tafel. Sie können die Aktivität schwieriger gestalten, indem die S die Körperteile mit Artikel nennen müssen.	
3	Die S arbeiten in PA und sehen sich die Bilder an. Dann bilden sie gemeinsam mündlich mindestens drei Sätze, was die Personen nicht machen können. Schnellere S bilden mehr Sätze. Am Ende sagt jedes Paar einen Satz im PL, die anderen hören zu und dürfen dieselben Sätze nicht wiederholen. **Lösungsbeispiele:** Lisa kann nicht Tennis spielen / nicht kochen / nicht schreiben / nicht reiten / nicht Volleyball spielen / nicht duschen. – Mirco kann nicht Fußball spielen / nicht ins Schwimmbad gehen / nicht zum Friseur gehen. – Billy kann nicht Fußball spielen / nicht Fahrrad fahren / nicht Skateboard fahren / nicht laufen / nicht tanzen / nicht duschen.	
4	→ **Kettenübung** in 4er-KG: Die S lesen die Informationen. Klären Sie ggf. Wortschatz. Die S bilden immer einen Satz mit *Ich war …* und ergänzen eine passende Information aus dem linken und eine Information aus dem rechten Kasten. Dann hören sie das Beispiel und achten dabei auf die Betonung. Im Beispiel wird auch deutlich, wie die Kettenübung ablaufen soll. Anschließend sprechen die S reihum.	🎧 (2.39)
5a	Die S lesen in EA die Aussagen links (A) und rechts (B) und haben fünf Minuten Zeit, nach Wörtern zu fragen und zu überlegen, was zusammenpasst. (Lösung siehe 5b.)	
5b	Vorgehen wie in der Arbeitsanweisung beschrieben.	

Lösung: Tom spielt jeden Abend zu Hause Schlagzeug. – Deshalb hat seine Oma Kopfschmerzen.
Ich bin Vegetarier. – Deshalb esse ich viel Salat.
Ich bin kein Vegetarier. – Deshalb kann ich alles essen.
Lara kann gut boxen. – Deshalb haben alle Jungen Respekt.
Mia lernt sehr viel. – Deshalb hat sie gute Noten.
Heute ist Sonntag. – Deshalb muss ich nicht zur Schule gehen.
Die Schüler verstehen nicht alles. – Deshalb spricht die Lehrerin jetzt sehr langsam.
Vera hatte einen Unfall mit dem Fahrrad. – Deshalb war sie heute nicht in der Schule.
Mirco findet das T-Shirt nicht gut. – Deshalb will er es nicht haben.
Pascal hat Fieber. – Deshalb muss er im Bett liegen.

5c	Die S ergänzen die *deshalb*-Sätze frei. Sie sprechen zuerst in PA und überlegen sich *deshalb*-Sätze. Anschließend nennt jedes Paar ein Beispiel im PL. Die anderen hören gut zu, sodass sie nicht dieselben Sätze sagen.	
6a	Im PL lesen S die Sätze und klären ggf. Wortschatz. Es geht bei der Aufgabe darum, dass die S noch einmal Orte mit der Präposition *in* korrekt verknüpfen. Dazu sollen sie sich zunächst Orte einfallen lassen, an denen sie etwas tun. Die S lesen die Sätze und überlegen sich in KG Orte. Dann sprechen sie in KG. Jeder liest einen Satz vor und die anderen reagieren mit passenden Orten. Das können Orte aus den Beispielen sein oder auch passende eigene Orte. **Lösungsmöglichkeiten:** Brot und Brötchen kaufen: in der Bäckerei, in der Cafeteria, im Supermarkt – chillen: in meinem Zimmer, im Park – Aufgaben machen: in der Schule, im Englischunterricht – essen und trinken: in der Cafeteria, in meinem Zimmer – Filme sehen: im Kino, in meinem Zimmer – nicht essen: in der Bibliothek, in der Sporthalle – Sport machen: in der Sporthalle, im Park	
6b	Die S arbeiten bei geschlossenen Büchern in KG und reagieren mit Aktivitäten auf genannte Orte. Ein S nennt einen Ort und die anderen sagen, was man dort machen darf/muss oder kann. Dann ist der nächste S dran.	
7a	In PA lesen die S die Fragen abwechselnd vor und achten auf die Aussprache und die Intonation. Dann überlegen sie sich passende Antworten zu den Fragen. **Binnendifferenzierung:** Kopieren Sie die Fragen aus 7a größer auf eine Kopie und geben Sie sie den S. Schwächere S können sich dann Antworten notieren.	Kopie
7b	Die S lesen die Fragen in PA immer schneller und versuchen, dabei nicht so viel ins Buch zu sehen. Auch hier geben sie sich Antworten.	
7c	Die S hören in Track 2.40 ein Beispiel, wie die Aufgabe ablaufen soll. Dann stehen sie auf. Spielen Sie die Musik von Track 2.41 und stoppen Sie sie nach kurzer Zeit. Die S finden sich zu zweit zusammen und stellen sich gegenseitig schnell Fragen und antworten darauf, bis die Musik wieder einsetzt. Stoppen Sie die Musik nur kurz. Es geht hier nicht darum, die S in Stress zu versetzen, sondern dass die Aufgabe dynamisch bleibt. Und die S können nach ihrer Schnelligkeit mehr oder weniger Fragen stellen und antworten. Wenn das Konzept klar ist, übernehmen die S das Stoppen der Musik. **Variante:** Sprechen: Person A gibt Person B Antworten zu den Fragen im Buch. Person B erzählt einer Person C das, was sie über Person A in deren Antworten erfahren hat. Im Anschluss daran erzählt Person C die Informationen zu Person A im PL. Was wurde behalten? Was ist richtig/verändert?	2.(40-41)
8a	In EA lesen die S die Sätze und überlegen sich, zu welchem Thema (*Mein Morgen* / *Einkaufen* / *Lernen*) sie passen. Sie klären Wortschatz in der KG. **Lösung:** A Dann dusche ich. Danach trinke ich einen Kakao und esse ein Müsli. Zum Schluss fahre ich mich dem Bus zur Schule. B Dann kaufe ich ein Computerspiel. Danach spiele ich mit meinen Freunden am Computer. Zum Schluss macht mein Vater den Computer aus. Mist! C Dann lerne ich die Wörter zuerst allein. Danach fragt mich eine Freundin die Wörter ab. Zum Schluss schreibe ich den Wortschatztest und ich bekomme eine gute Note. **Binnendifferenzierung:** Kopieren Sie die Aufgabe und verteilen Sie sie an die S. Die S lesen die Sätze und notieren sich über die Sätze, wozu sie gehören: A, B oder C. So haben sie für 8b eine Hilfe. **Variante:** Schreiben: Die S schreiben einen Steckbrief über sich selbst (Ich-Form). Dann tauschen sie ihre Steckbriefe und eine andere Person stellt den S vor (Er/Sie-Form)	
8b	In PA wählen die S ein Thema und üben zu zweit, indem sie die Sätze zu diesem Thema in der richtigen Reihenfolge sagen. Dann schließen sie die Bücher und versuchen die Sätze ohne das Buch noch einmal in der richtigen Reihenfolge zu nennen. Die Idee ist, dass die S öfter üben, kleine Texte zu strukturieren, so dass sie die Abläufe im Kopf haben und es nicht schwierig sein sollte, einen Ablauf ohne Buch zusammenzufassen. Wenn Sie den Text schreiben lassen möchten, dann geben Sie dies ganz am Schluss als HA.	

	Variante: Schreiben Sie die Sätze auf Satzstreifen. Jeder S bekommt einen Streifen und lernt ihn auswendig. Zeigen Sie die Fotos mit den Themen an der Tafel. Je nach Gruppengröße zeigen Sie die Fotos zusammen mit dem *zuerst*-Satz oder aber Sie geben auch diesen als Satzstreifen aus. Die S gehen herum und sagen sich gegenseitig ihre Sätze. Sie versuchen sich, nach Themen getrennt, in die richtige Reihenfolge zu stellen. Zur Ergebniskontrolle sagen die S ihre Sätze hintereinander im PL und die anderen korrigieren ggf.	Satzstreifen
9	Die S suchen in den Kapiteln 7 bis 9 die Informationen. So beschäftigen sie sich noch einmal mit dem im KB Gelernten. Da diese Aufgabenform schon aus Plateau 1 bekannt ist, sollte sie keine Probleme bereiten. **Lösung:** a: Schulfest, b: im Schulgarten arbeiten, c: Volleyball, d: fünf Minuten, e: einen Fahrradunfall, f: beim Zahnarzt, g: im Bett, h: Danach, i: ab 16 Uhr	

Landeskunde

10a	Die S hören das Gedicht mit geschlossenen Büchern und achten nur auf das Thema und die Stimmung im Gedicht. Fragen Sie im PL: *Wie ist die Stadt?* Dann öffnen die S die Bücher und lesen und hören das Gedicht noch einmal und beschreiben, wie die Stadt ist. Sammeln Sie die Antworten an der Tafel und klären Sie dann den Wortschatz. Fragen Sie: *Mag er seine Stadt oder nicht?* (Antwort: Ja.) **Lösung:** schmutzig, laut, dunkel, hell	🎧 2.42
10b	Klassengespräch im PL zu den im Buch angegebenen Fragen. **Variante:** → **Kugellager.** Sie können die Fragen einzeln stellen oder mehrere zusammen.	
10c	Die S lesen die Texte über die Städte und suchen sie auf der Karte im Umschlag. Dann nennen sie im PL die Städte. (Wenn Sie bei Kapitel 2 mit den S die CLIL-Aufgaben bearbeitet haben, können die S noch detaillierter beschreiben, wo die Städte liegen.)	
10d	Die S übernehmen die Tabelle in ihr Heft, lesen die Texte noch einmal und ergänzen die Informationen. **Lösung:**	

Lara	Philipp	Hanna
Hafen, Schiffe, Fischbrötchen, international	2 Sprachen: Deutsch und Französisch, Museum von Jean Tinguely, Käsefondue	Café Demel: Kakao mit Schlagobers (= österreichisches Wort für *Schlagsahne*), Riesenrad im Prater, Amalienbad

	Variante: In 3er-KG liest jeder S einen Text noch einmal und ergänzt die Informationen zu seiner Person. Anschließend tauschen sich die S aus und ergänzen die Tabelle.	
10e	Die S machen zuerst ein Brainstorming zu ihrer eigenen Stadt (oder einer Stadt ihrer Wahl) und notieren, was sie dort gut finden. Anhand dieser Informationen und mithilfe der Texte aus 10c schreiben sie einen eigenen Text über ihre Stadt. Sie notieren ihren Namen unter den Text. Sammeln Sie die Texte ein und lesen Sie sie vor, ohne den Namen zu nennen. Bei größeren Gruppen lesen die S die Texte in KG. Die anderen S raten, wer den Text geschrieben hat.	

Film

11a	Die S lesen zuerst die Sätze und sehen dann den Clip an, dabei machen sie sich Notizen, welche Sätze richtig und welche falsch sind. Beim zweiten Sehen können die S die falschen Sätze korrigieren. **Lösung:** 1. f (spielt Basketball), 2. f (Fuß/Bein), 3. f (zu Hause) 6. f (ist nicht krank)	🎬 3
11b	Die S sprechen in der Klasse über Annas Verhalten. Beispiele: *Ich finde, Anna ist eine Prinzessin. Anna ist nicht krank. Annas Bein tut nicht weh.*	
12a	Die S arbeiten zu dritt. Jeder S wählt eine Rolle und liest sich die Rollenkarte durch. Dann zeigen Sie den Film noch einmal, sodass jeder auf seine Rolle achten kann: *Wie ist die Betonung?* Dann übt jeder S für sich seine Rolle und spricht sie mehrmals laut vor sich hin und probiert verschiedene Betonungen.	🎬 3
12b	In den KGs überlegen sich die S eine kurze Szene, wie die Geschichte weitergehen könnte, und notieren sich dafür einen kurzen Dialog.	
12c	Die S üben die ganzen Geschichte zu dritt und spielen sie im Anschluss frei vor der Klasse vor. Oder sie nehmen sie mit dem Handy auf und im Anschluss werden die Videos gezeigt. **Erweiterung:** Gestalten Sie das Theaterspielen als Impro-Theater-Übung: Eine KG beginnt zu spielen, Sie rufen mittendrin *Stopp!*, die Gruppe stoppt und eine andere Gruppe kommt nach vorne, stellt sich identisch hin und spielt bei *Los!* weiter. Klären Sie vorher die Reihenfolge der Gruppen, damit jeder weiß, wann er an der Reihe ist.	

Wie gefällt dir das?

10

Lerninhalte: über Feste sprechen | Glückwünsche | Feiertage | Monate und Jahreszeiten |
Forumsbeiträge zum Thema *Geburtstag* verstehen und schreiben | über Kleidung und Farben sprechen |
sagen, was mit (nicht) gefällt | Personen beschreiben: Aussehen und Charakter
Grammatik: *Welches? – dieses* | Personalpronomen im Dativ | Verben mit Dativ | Komparativ *(besser/lieber als)*
Aussprache: *au, eu/äu* und *ei/ai*

	Erläuterungen zum Unterricht	Material
1a	Die S sehen die Fotos (A bis D) an und beschreiben sie zuerst. Fragen Sie: *Was seht ihr? Was ist das Thema auf den Fotos A bis D?* Dann lesen sie die Wortschlange in 1a und versuchen, die Wortgrenzen zu finden und die Feste auf den Fotos A bis D zu benennen. **Lösung:** A: Ostern, B: Weihnachten, C: Geburtstag, D: Karneval	
1b	Die S sortieren die Fotos in die weißen Flächen auf den Einstiegsfotos A bis D und können so sagen, wie die Dinge heißen und zu welchem Fest sie passen. Gehen Sie anschließend auf die Sprechblasen ein und fragen Sie: *Was sagen wir an/zu Weihnachten?* Die S antworten mit den passenden Wünschen. **Lösung:** 1. der Geburtstagskuchen, 2. der Weihnachtsbaum, 3. das Osterei, 4. das Kostüm (Karneval), 5. die Plätzchen (Weihnachten), 6. der Luftballon (Geburtstag, Karneval), 7. der Osterhase, 8. das Geschenk (Weihnachten, Geburtstag) **Info:** Zu **Ostern** werden im Garten oder Haus hartgekochte und gefärbte Eier (*Ostereier*) und Schokoladeneier versteckt und von den Kindern gesucht. In den Tagen vorher ist es in vielen Familien üblich, gemeinsam Eier zu bemalen und das Haus und den Garten mit Osterdekoration zu schmücken. **Weihnachten** wird in D-A-CH am 25./26.12. und am 24.12. (*Heiligabend*) gefeiert. Viele Menschen gehen am 24.12. am Nachmittag oder abends in die Kirche, danach gibt es *die Bescherung*, d. h. die Geschenke werden verteilt und ausgepackt. An Heiligabend ist das Essen oft einfach, aber an den Weihnachtstagen gibt es Festessen, traditionell Gänsebraten. Zum **Geburtstag** gibt es Geschenke und eine Torte. Normalerweise feiern Kinder ihren Geburtstag zu Hause. Man sagt, es bringe Unglück, wenn man schon vor dem Geburtstag gratuliert. Die Zeit des **Karneval** (oder *Fasching*) liegt im Frühjahr, meist im Februar. Die wichtigen Tage heißen *Rosenmontag* und *Fastnachtsdienstag*, an ihnen finden in vielen Städten von speziellen Karnevalsvereinen organisierte *Umzüge* statt, zu denen sich die Menschen verkleiden. Im KB ist kein typischer Wunsch angegeben, es gibt jedoch regional varrierende Ausrufe, die verwendet werden (z. B. *Helau! Alaaf! Narri/Narro!*). **Erweiterung:** Fragen Sie, welche Wünsche zu den Festen die S in ihrer Muttersprache kennen.	
1c	Die S hören die vier Szenen und ordnen sie den Festen zu. Vergleich im PL. Kurzes Klassengespräch: Fragen Sie, ob man diese Feste auch in den Ländern der S feiert. **Lösung:** 1. Ostern, 2. Geburtstag, 3. Weihnachten, 4. Karneval **Erweiterung:** Sie können hier ein Projekt anschließen, indem Sie die S ein Fest aus ihrer Heimat vorstellen lassen: Die S entscheiden sich in KG für ein Fest. Sie recherchieren Fotos und Aktivitäten und bereiten eine → **Präsentation der Ergebnisse** vor (Plakat/digital). Dabei können die Texte aus dem ÜB 1c helfen. In 11 gibt es eine ähnliche Freie-Wahl-Aufgabe. Weisen Sie hier, um ggf. Doppelungen zu vermeiden, darauf hin, dass es ein wichtiges Fest aus dem Heimatland sein soll, nicht das Lieblingsfest der S.	🎧 2.43-46
	Jahreszeiten und Monate	
2a	Vorgehen wie in der Arbeitsanweisung beschrieben. Vergleich im PL. **Lösung:** Foto 1: Fineline, Foto 2: KiraZ, Foto 3: Oktopus 12 **Variante** zu 2a+b: → **Kooperatives Lesen**. Die S dürfen sich drei bis fünf Stichpunkte machen. Als Quiz eignet sich Aufgabe 2b in EA. Vergleich in der Klasse.	Zettel für Stichpunkte
2b	Die S lesen die Texte in EA noch einmal und bearbeiten in PA die sechs Sätze. Vergleich mit einem anderen Paar, Schwierigkeiten werden im PL besprochen. **Lösung:** 1. am Samstag, 2. r, 3. r, 4. Sie grillen, 5. nach der Schule, 6. r	
3a	Vorgehen wie in der Arbeitsanweisung beschrieben. Anschließend lesen die S in PA noch einmal die Monate laut. **Mehrsprachigkeit:** Fragen Sie: *Welche Monate sind in deiner/eurer Sprache ähnlich/gleich? Welche Monate sind bei dir/euch Frühling/Sommer/Herbst/Winter?*	🎧 2.47
3b	Die S entwerfen einen Geburtstagskalender mit den Monaten, in den sie ihre Geburtstage eintragen. Dazu fragen sie sich: *Wann hast du Geburtstag? Ich habe im … Geburtstag. Hast du auch im … Geburtstag?* **Hinweis:** Im Niveau A1 liegt der Schwerpunkt zunächst auf den Monaten und Jahreszeiten, noch nicht auf den Ordnungszahlen und Daten. Diese werden im Niveau A2 eingeführt und geübt.	

Wie gefällt dir das?

Erweiterung: Zur Wiederholung der Monate machen Sie in der nächsten Stunde eine Geburtstagsschlange: Sie S müssen sich gegenseitig fragen, wann sie Geburtstag haben, und sich so aufstellen, dass die S mit Geburtstagen im Januar als Gruppe gemeinsam vorne stehen und die im Dezember Geborenen hinten. Anschließend präsentieren die S ihre Monate mit dieser sprachlichen Aktivität: Fragen Sie: *Wann habt ihr / hast du Geburtstag?* Die S antworten: *Dezember. – Im Dezember. – Wir haben im Dezember Geburtstag.*

3c	Lesen Sie den **Tipp** in der Klasse. Wenn Sie bei der Aufgabe 2a mit den S die Variante bearbeitet haben, können die S in dem Text, den sie gelesen haben, Formulierungen unterstreichen, die sie benutzen wollen. Die S schreiben einen Text und geben ihn weiter. In PA lesen die S die Texte und markieren Punkte, die ihnen gut gefallen. → **Ausstellung**. Auch als HA geeignet.

Ein Geburtstagsgeschenk für Clara

4a	Notieren Sie die Frage *Was schenken wir Frau Müller?* an der Tafel und erklären sie das Wort *schenken* anhand eines Beispiels. Lesen Sie anschließend mit den S die Fragen und klären Sie ggf. Wortschatz. Dann hören die S den Dialog und beantworten die Fragen. **Lösung:** 1. Sinan und Mia, 2. in der Schule, 3. ein Geschenk für Clara (im Einkaufszentrum) kaufen, 4. Luis, er hat schon ein Geschenk	🎧 2.48
4b	Die S lesen die Dialoge und ordnen sie den Bildern zu. Da sie immer schon Teile der Wörter kennen (z. B. bei *Ohrringe* das Wort *Ohr*), dürften sie keine Schwierigkeiten damit haben. Vergleich im PL. Anschließend hören die S die Dialoge und lesen sie mit, dabei achten sie auf die Betonung. Sie lesen anschließend in PA die Dialoge laut und mit Betonung. **Lösung:** 1C, 2D, 3B, 4A	🎧 2. 49–52

4c   Kopieren Sie die Grammatik-KV. Die S arbeiten in PA und ergänzen mithilfe der Dialoge aus 4b die Tabelle. Korrigieren Sie sie im PL an der Tafel.   *GR-Kopiervorlage*

Lösung:

	Nominativ		Akkusativ	
der Kopfhörer	Welcher?	dieser	Welchen?	diesen
das T-Shirt	Welches?	dieses	Welches?	dieses
die Sonnenbrille	Welche?	diese	Welche?	diese
die Ohrringe (Pl.)	Welche?	diese	Welche?	diese

4d	Lesen Sie das Beispiel zusammen mit einem S vor, so dass die Aufgabe deutlich wird. Sammeln Sie dann an der Tafel Adjektive für die Bewertung, wie z. B. *langweilig, schön, cool, praktisch, schrecklich, super, lecker.* Die S arbeiten in PA und fragen sich gegenseitig und antworten. **Binnendifferenzierung:** Damit alle S Zeit haben, die fünf angegebenen Dialoge zu sprechen, können die S, die schneller sind, sich eigene Dialoge überlegen, z. B. mit zwei Mäppchen oder Handys etc.
ÜB 4e	Nach der Bearbeitung von ÜB 4a–d als HA wiederholen die S mit ÜB 4e. Sie fragen und antworten sich gegenseitig. Wenn es Unklarheiten gibt, werden diese im PL besprochen.

5a+b   Kopieren Sie die Sätze aus dem Buch, damit die S die gleichklingenden Laute auf der Kopie markieren können. Die S hören die Sätze, lesen sie mit und markieren alle Stellen mit *ei* im ersten Satz. Sie hören den 2. Satz und überlegen, ob das *au* gleich klingt wie *ei*; dann markieren sie *au* in einer anderen Farbe. So gehen sie weiter mit den anderen Sätzen vor und verwenden für Gleichklingendes jeweils dieselbe Farbe. Besprechung im PL mit der Lösung. Dann hören die S noch einmal. Die S lesen die Sätze abschließend selbst laut in PA. Gehen Sie herum und korrigieren Sie ggf.   *Kopie* 🎧💬 2.53

Lösung: *eu* und *äu* klingen gleich; *ei* und *ai* klingen auch gleich.
1. **Ei**n Oster**ei**, zw**ei** Oster**ei**er, dr**ei** Oster**ei**er, wie f**ei**n, so muss es s**ei**n.
2. **Au**ch L**au**ra **au**s **Au**stralien hat einen Weihnachtsb**au**m.
3. L**eu**te! Wo ist **eu**re Fr**eu**ndin h**eu**te?
4. Der Verk**äu**fer hat Weihnachtsb**äu**me für viele H**äu**ser.
5. Hallo, ich bin K**ai** und habe im M**ai** Geburtstag.

Wie gefällt dir das?

6a	Lesen Sie die Wörter laut vor und die S sprechen sie im Chor nach. Bevor die S in PA den Partner beschreiben, klären Sie die Verben *tragen* und *anhaben* aus dem Kasten im PL. Sagen Sie den S, dass sie für die Aufgabe 6a erst einmal nur diese beiden Verben brauchen. Konjugieren Sie sie an der Tafel und formulieren sie einige Beispiele im PL. Dann arbeiten die S zu zweit. Als Hilfe können Sie die Struktur der für diese Aufgabe benötigten Verben an der Tafel notieren: *tragen/anhaben* + Akkusativ.

Variante: Kopieren Sie die KV mehrmals. Schneiden Sie die Foto-Wort-Karten aus, sodass die S wie bei einem Dominospiel jeweils Karten mit einem Foto und einem Wort erhalten. Verteilen Sie je einen Kartensatz pro KG. Die KG legen sie in eine Reihe wie beim → **Domino**. Vergleichen Sie an der Tafel. Nach dem Legen des Dominospiels können die S die Karten in der Mitte durchschneiden, so dass man diese Karten weiter nutzen kann, um sowohl den Wortschatz zu wiederholen → **Wortschatzspiele**, als sie auch für 6d zu nutzen. **Erweiterung:** Nachdem die S sich mündlich beschrieben haben, verteilen Sie Zettel mit Namen der S. Jeder S zieht einen Namen und beschreibt die Person schriftlich. Bei kleinen Gruppen lesen die S die Texte vor, in größeren Gruppen geben sie sie an ein anderes Paar weiter, die den Text lesen und korrigieren.	Kopier-vorlage

6b	Bevor die S den Dialog hören, besprechen Sie die beiden im Kasten noch übrigen Verben *anziehen* und *ausziehen*, die S konjugieren sie an der Tafel. Dann hören sie den Dialog und notieren die genannten Kleidungsstücke ins Heft. Vergleich im PL. **Lösung:** Clara: Rock, T-Shirt – Mia: Kleid	🎧 2.54
6c	Die S lesen den Dialog erst leise, dann noch einmal in PA laut. Anschließend schreiben sie die Tabelle mit den beiden Personalpronomen ins Heft und ergänzen (*du – dir*). Alternativ können Sie auch die Grammatik-KV von 7b nutzen und die S notieren dort die Formen von *mir* und *dir*. Lesen Sie anschließend den **Tipp** im PL und verdeutlichen Sie ihn mit weiteren Beispielen.	GR-Kopier-vorlage
ÜB 6e	Machen Sie die ÜB 6e mit den S, um die Information aus dem Tipp im KB zu automatisieren.	
6d	Die S sehen den Clip und beschreiben die Kleidung, die im Film gezeigt wird. Dann fragen Sie im PL: *Was findet das rechte Mädchen gut? Was nicht?* Lesen Sie den Redemittel-Kasten und ergänzen Sie die Lücken mit Beispielen. In PA fragen und antworten die S sich dann gegenseitig mit den Fotos aus 6a. **Hinweis:** Die Struktur von *gefallen* fällt den S oft schwer, weil die Person im Dativ steht und das, was gefällt, das Subjekt ist. Weisen Sie die S darauf hin, dass das Verb nicht in der 1. Person Sg./Pl. sondern in der 3. Person Sg./Pl. steht und lenken Sie so die Aufmerksamkeit auf das Subjekt. Lassen Sie ein paar Beispiele im PL mit dem Verb geben. **Erweiterung:** Bringen Sie mehr Fotos von Personen mit verschiedenen Kleidungsstilen mit. Je ausgefallener, desto spannender. Verteilen Sie die Fotos und die S sagen, wie sie ihnen gefallen. Zur Ergebniskontrolle spielt jedes Paar einen Minidialog vor. Die Fotos können Sie für 9b noch einmal nutzen.	🎬 R10 Fotos

Die Party

7a	**Vorentlastung:** Die S sehen sich die Fotos an und beschreiben die Personen auf den Fotos im PL. Dann Vorgehen wie in der Arbeitsanweisung beschrieben. **Lösung:** 1B, 2C, 3A	
7b	Kopieren Sie die Grammatik-KV. Die S ergänzen in PA die Tabelle, Hilfe geben ihnen die Dialoge aus 7a. Zur Verdeutlichung sehen sie den Grammatik-Clip. **Lösung:** mir, dir, ihr, uns, euch	GR-KV 🎬 G10
7c	**Automatisierung:** In PA vorgehen wie in Arbeitsanweisung beschrieben. **Lösung:** 1. mir, 2. euch, 3. ihnen, 4. ihm, 5. dir	
7d	In PA spielen die S das Spiel. Sie würfeln zweimal: Die erste Zahl bestimmt das Nomen und Verb, die zweite Zahl das Pronomen, das die S noch in ein Dativpronomen umwandeln müssen, um den Satz zu bilden. Regen Sie die S an, abwechselnd mal mit dem Pronomen und mal mit dem Nomen zu beginnen, damit sie üben, dass die Person nicht immer auf Position 1 steht. **Erweiterung:** Die S schreiben in KG Nomen und die Verben mit Dativ aus 7b getrennt auf Karten: eine Karten-farbe für Nomen und eine für Verben. Sie legen sie verdeckt auf den Tisch und ziehen jeweils von einer Farbe eine Karte. Passt das Nomen zum Verb? Dann würfeln sie und bilden einen Satz mit dem vom Würfel entschiedenen Pronomen (wie in der Tabelle im Buch angegeben). Ist der Satz korrekt, dürfen sie die Karten nehmen. Passt das Nomen nicht zum Verb, legen sie die Karten verdeckt an dieselbe Stelle. Dann ist der nächste S an der Reihe. So können sie sich merken, wo welches Nomen/Verb liegt, und es beim nächsten Mal bewusst wählen. Zeitvorgabe: 10 Minuten. Gewonnen hat, wer zum Schluss die meisten Karten hat. Zum weiteren Üben in PA verteilen Sie den Lernfalter.	Würfel Karten, Würfel Lernfalter

Meine Lieblingsfarbe

8a 🗨	**Mehrsprachigkeit:** Die S ordnen die Farben den Wörtern zu und notieren/malen sie ins Heft. Sprechen Sie dann im PL darüber, welche Farben in welchen Sprachen ähnlich sind. **Lösung:** 1. schwarz, 2. braun, 3. grau, 4. blau, 5. grün, 6. rot, 7. orange, 8. gelb, 9. weiß, 10. rosa, 11. lila	

8b	Lesen Sie zuerst den **Tipp** im PL und erklären Sie das Wort *bunt*. Lassen Sie die S dann weitere Beispiele mit *hell-/dunkel-* bilden. Dann lesen Sie mit den S die Fragen im PL und klären ggf. Wortschatz. Anschließend sprechen die S in KG. Ergebniskontrolle: Ein S stellt immer einen anderen S aus der KG im PL vor.	
8c	In KG: Vorgehen wie in der Arbeitsanweisung beschrieben. Die S können nicht nur über Kleidung sprechen, sondern z. B. auch über ihre Schulsachen und falsche Farben nennen.	
9a	Vorgehen wie beschrieben. Lassen Sie die S ihre Entscheidung begründen. **Lösung:** 3	🎧 2.55
9b	In PA beschreiben die S je eine Person aus 9a und der Partner sagt, um welche Person es sich handelt. Schreiben Sie dazu die Struktur aus dem Beispiel an die Tafel, damit die S nicht versuchen, die Adjektive zu deklinieren: *Die Person trägt eine Bluse. Die Bluse ist blau und rot.* **Erweiterung:** Wenn Sie in 6d Fotos mitgebracht haben, können Sie diese hier wieder nutzen.	Fotos
9c	Lesen Sie im PL den Redemittelkasten und klären Sie die Kategorien und den Wortschatz. Zeigen Sie ein Foto und zeigen Sie als Beispiel einen Text dazu an der Tafel, sodass die S eine Hilfe haben. Dann schreiben die S einen Text über eine Person, die sie gut kennen. Sammeln Sie die Texte ein und korrigieren Sie sie. **Variante:** Vorgehen wie oben beschrieben. Die S suchen ein Foto von einer Person und beschreiben diese in einem Text als HA. In der nächsten Stunde werden die Fotos aufgehängt. Jeder S liest seine Beschreibung vor und die anderen sagen, zu welchem Foto der Text passt. Dann wird der Text dazugehängt.	

Das mache ich lieber

10a	Die S lesen die Fragen im PL laut vor. Evtl. Klärung von Wortschatz. Dann hören die S das Interview und machen sich Notizen. Vergleich erst in PA, dann hören sie noch einmal und am Ende Vergleich im PL. **Lösung:** 1. Blau, 2. fernsehen, 3. online, 4. Fußball, 5. Schokolade, 6. Pizza, 7. Hiphop	🎧 2.56
10b	**Binnendifferenzierung:** Bei schwächeren Gruppen lesen die S die Tabelle im Buch im PL. Geben Sie weitere Beispiele. Bei stärkeren Gruppen kopieren Sie die Grammatik-KV und die S ergänzen die Tabelle in PA. Vergleich im PL. Notieren Sie an der Tafel: *gefallen + gut ↔ mögen + gern*. Dann arbeiten die S in PA und bilden Sätze zu den Aussagen in 10a.	GR-Kopier-vorlage
10c	Vorgehen wie in der Arbeitsanweisung beschrieben. Sagen Sie den S, dass sie auch gerne eigene Vergleiche bilden können. Dann interviewen sie sich gegenseitig und stellen am Ende drei Antworten im PL vor. Korrigieren Sie bei der Ergebniskontrolle ggf. die Fehler beim Komparativ. **Variante:** Um Zeit zu sparen, schreiben die S die Interviewfragen schon als HA und bringen sie mit. **Variante:** Kopieren Sie die Kopiervorlage mit dem Spielplan und verteilen Sie Würfel und eine Spielfigur pro KG. Die S beginnen, wo sie möchten, und bilden einen Satz im Komparativ. Die Strukturen sind als Hilfe angegeben. Dann würfelt der nächste S und entscheidet, ob er rechts oder links gehen möchte, und wieder wird ein Satz formuliert. Sie können dieses Spiel auch als Wiederholung nutzen.	Kopier-vorlage, Würfel, Spielsteine
ÜB 11	Als Vorbereitung für Möglichkeit A in Aufgabe 11 im KB und als Wiederholung von Wortschatz. Lesen Sie die Arbeitsanweisung im PL und klären Sie Fragen. Dann stoppen Sie die Zeit, während die S die Wörter nennen.	
11	**Freie Wahl:** Die S bearbeiten Aufgabe A, B oder C. Vorgehen wie beschrieben. Geben Sie den S 15 bis 20 Minuten Arbeitszeit. **Zu A:** Sagen Sie den S, dass sie konkret für die anderen S nachvollziehbare Dinge aufschreiben sollen, wie im Beispiel vorgegeben: nicht nur *das T-Shirt*, sondern *Claras T-Shirt*. **Variante:** Notieren Sie die Farben auf Zettel. Die S spielen in KG. Bevor die S einen Zettel ziehen, notieren sie verdeckt einen Tipp, wie viele Wörter sie in 5 Minuten zu dieser Farbe notieren können. Im Anschluss geht es reihum, der S, der den Zettel gezogen hat, beginnt und liest die Wörter vor. Alle anderen, die das Wort auch notiert haben, müssen es streichen. So geht es reihum. Wer hat seinen Tipp geschafft? Dann zieht der nächste S einen Farbzettel usw. **Zu B:** Regen Sie die S an, auch neuen Wortschatz zu recherchieren und auf ihre Plakate zu schreiben (z. B. *die Mütze, die Handschuhe, der Schal, die Krawatte* u. Ä.) **Zu C:** Die S arbeiten in EA und beschreiben ihr Lieblingsfest oder sie einigen sich in PA/KG auf ein Fest, das sie gemeinsam beschreiben. Schwache S können hier auch noch einmal das Fest aus Aufgabe 1 nehmen, das sie dort ggf. schon vorgestellt haben. Anschließend → **Präsentation der Ergebnisse**	Zeitschrif-ten, Kleber, Scheren

Was kann ich nach Kapitel 10?

	Die S bearbeiten die „Was kann ich?"-Seiten im KB und im ÜB wie in der Einleitung zum Lehrerhandbuch beschrieben.	

Schule aus – und dann?

Lerninhalte: einen Rap verstehen | über Aktivitäten nach der Schule sprechen | einen Text für die Schülerzeitung verstehen und schreiben | nach dem Weg fragen | Wegbeschreibungen geben und verstehen | Richtungsangaben | nachfragen *(Wie bitte?)*
Grammatik: Indefinitpronomen *alles, etwas, nichts* | *ohne* + Akkusativ | *Mit wem? (mit dir, mit dem Lehrer, mit Lisa …)* | temporale Präpositionen mit Dativ: *in, vor, nach*
Aussprache: O-Laute

	Erläuterungen zum Unterricht	Material
1a	Die S hören den Text zuerst ohne Buch und sprechen dann in KG, welche Wörter sie gehört und verstanden haben. Dann öffnen sie das Buch und hören und lesen den Rap noch einmal unter der im Buch angegebenen Fragestellung. Verweisen Sie im Anschluss daran auf den **Tipp** und lassen Sie die S weitere Beispiele aus dem Lied sagen. **Lösung:** Was will der Junge machen?: Er will „chillen gehen", also z. B. einen Film ansehen, mit dem Hund rausgehen, skaten (zum Skatertreff fahren), „Fifa" spielen – Was muss er machen?: Er muss „mit anpacken", also Flaschen sammeln, den Einkauf tragen, aufräumen, Müll wegbringen, babysitten	(2.57)
	Variante: Kopieren Sie die Bilder neben dem Lied mehrmals und groß und schneiden Sie sie aus. Bilden Sie KG, jede KG bekommt einen Kartensatz mit diesen Bildern. Die S hören das Lied und immer wenn sie ein Wort hören, das einem Bild entspricht, versuchen sie so schnell wie möglich, sich das Bild zu nehmen. → Abwandlung zu **Liedtext pflücken**. Beim zweiten Hören können sie dann die Reihenfolge legen. Die S haben die Bilder, hören das Lied noch einmal und legen die Bilder in der richtigen Reihenfolge ab.	Karten
1b	Lesen Sie den Wortschatz im PL; bei Fragen lassen Sie andere S, die die Wörter wissen, diese als Pantomime vormachen. Sammeln Sie in einem Wortigel weitere Lieblingsaktivitäten und Orte an der Tafel. Dann Vorgehen in PA wie beschrieben.	
	Variante: Vorgehen wie oben beschrieben, aber um Bewegung in die Gruppe zu bekommen, bearbeiten S die Aufgabe als → **Sprechmühle** oder → **Kugellager**	
1c	Vorgehen wie in der Arbeitsanweisung beschrieben. Zeigen Sie den Rap groß an der Tafel und lassen Sie die S dazu aufstehen, damit sie mehr Platz haben.	(2.57)
	Variante: Teilen Sie die Klasse in KG auf und verteilen sie die zehn Strophen. Die KG üben ihre Strophen hinsichtlich der Aussprache und Intonation. Spielen Sie den Rap noch einmal vor und die S klatschen zuerst nur. Dann hören sie noch einmal und immer die KG mit den Strophen rappt laut mit, während die anderen weiterklatschen.	(2.57)
ÜB 1a	Die S spielen zu dritt wie beschrieben. Erklären Sie vorher das Wort *aussetzen*.	
	Meine Aufgaben	
2a	Die S lesen den Artikel und überlegen dann in PA, welches Bild zu welchem Text passt. **Lösung:** A: Rike, B+G: Felipe, C+J: Jannik, D+I: Julian, E+H: Madita, F: Leila	
	Variante: Schneiden Sie die Bilder und die Texte einzeln aus. Verteilen Sie sie an die S. Diese gehen herum und die S mit den Texten lesen den S mit den Bildern ihre Texte vor. Dann überlegen Sie gemeinsam: Passt das Bild zu dem Text? Wenn sie das passende Bild zu ihrem Text gefunden haben, gehen sie gemeinsam weiter. Am Ende lesen die Paare bzw. Gruppen, die sich gefunden haben, die Sätze im PL vor und zeigen das Bild dazu.	
	Erweiterung: → **Tipps zum Vorlesen, Lesen wie ein …** Diese Texte eignen sich für die S gut, um das Vorlesen zu üben. Lassen Sie es in KG machen, sodass auch das Feedback in KG stattfinden kann und die S ihre Hemmschwelle abbauen.	
2b	Vorgehen wie beschrieben. Die S notieren die genannten Aufgaben ins Heft. Kontrolle im PL. **Lösung:** mit dem Hund spazieren gehen, die Spülmaschine ausräumen und einräumen, im Haushalt helfen, den Tisch decken, den Müll rausbringen, den Rasen mähen, babysitten, das Bad putzen, das Auto innen sauber machen, die Wäsche aufhängen, (die) Fenster putzen	
ÜB 2d	**ODER-Aufgabe:** Teilen Sie die Klasse je nach Entscheidung auf. Diese Übung ist zur Vorbereitung für die Textproduktion im KB in Aufgabe 2c gut geeignet.	
2c	Bevor die S selbst einen Text über ihre Aufgaben im Haushalt schreiben, sammeln Sie weitere mögliche Aufgaben an der Tafel. Das anschließende Schreiben kann auch als HA geschehen. Kopieren Sie den einleitenden Satz aus 2a zweimal und kleben Sie ihn je auf ein großes Plakat. Die S erstellen in 2 KG eine → **Präsentation der Ergebnisse**. Sie kleben ihre Texte unter die Einleitung und gestalten sie visuell.	Plakate
	Variante: Nachdem die S ihre Texte als HA geschrieben haben, bringen alle ihre Texte mit. → **Stiller Dialog**	

	Erweiterung: Sie können diese KV als Vorentlastung für die Textproduktion ins 2c nutzen oder als Wiederholung in einer der nächsten Stunden. Kopieren Sie die KV für alle S. Die S formulieren in PA die Fragen aus den Angaben im Infinitiv. Kontrolle im PL. Dann gehen die S herum und stellen sich die Fragen. Geben Sie den S 10 Minuten Zeit, vergleichen Sie dann im PL. Wenn Sie eine kleine Gruppe haben, dann sagen Sie den S, dass sie jede Person zweimal notieren dürfen. → **Autogrammjäger**	Kopiervorlage
	Alles? Gar nichts!	
3a	Die S lesen den Comic. Sprechen Sie über die Situation, um die eigene Lebenswelt der S mit einzubeziehen: *Kennt ihr das? Mit wem streitet ihr oft? Wer räumt bei euch auf? Wer wäscht ab?* etc. Die S antworten im PL. Dann lesen sie den Comic noch einmal und beantworten die Fragen *Wer macht alles? Wer macht nichts?*. **Lösung:** Leo macht nichts. Kim macht nichts. Die Mutter und der Vater machen alles.	
3b	**ODER-Aufgabe:** Vorgehen wie beschrieben. Die beiden Gruppen üben erst in den KGs. Dann präsentieren sie ihre Ergebnisse im PL. Denken Sie am Ende an den Applaus. **Variante:** Damit die S bei der zweiten Möglichkeit wirklich frei sprechen, können sie hier auch das → **Rollenspiel** mit Souffleur anwenden.	🎧 (2.58)
3c	Kopieren Sie die Grammatik-KV oder zeigen Sie sie an der Tafel. Die S ergänzen die Sätze. Dann bearbeiten die S in PA die Zuordnungsaufgabe und spielen anschließend die Dialoge. **Lösung:** 1C, 2A, 3E, 4B, 5D **Variante:** Bevor die S die Dialoge spielen, können Sie ihnen Emotionskarten geben (*traurig/wütend/fröhlich/…*) und die S müssen den Dialog dann so sprechen. Die S üben es und spielen die Dialoge dann in den KG vor. Die anderen benennen, mit welchen Emotionen gesprochen wurde.	GR-Kopiervorlage
	Mein Nachmittag	
4a	Lesen Sie zu Beginn den **Tipp** im PL. Stellen Sie zur Übung verschiedene W-Fragen an die S und einzelne S antworten. Beispiele: *Wer geht mit dir ins Kino? Wann hast du Mathe? Wo wohnst du? Wie alt bist du?* Halten Sie anschließend noch einmal die W-Fragewörter an der Tafel fest. Fragen Sie zuletzt: *Mit wem gehst du nach Haus?* Die Frage *Mit wem?* ist hier neu und ihre Anwendung wird erst in 6a genauer thematisiert. Stellen Sie aber hier schon mehrere Fragen mit *Mit wem …?*, bis alle S verstanden haben, was die Frage bedeutet. Projizieren Sie nur die Fotos an der Tafel, die S beschreiben sie in PA und nennen zwei Aktivitäten, die ihnen gefallen. Sie sollen auch sagen, warum. Kurze Klassenabfrage im PL: *Wer mag …? Warum?* Halten Sie die Ergebnisse an der Tafel fest. So können alle sehen, welche von den vier Aktivitäten in der Klasse am beliebtesten ist.	
4b	Lesen Sie im PL die drei Fragen und klären Sie ggf. Wortschatz. Sie können zudem die Frage *Wie oft machen sie das?* noch ergänzen. In PA teilen sich die S die Texte auf: Jeder liest zwei der vier Texte und beantwortet dazu die Fragen stichpunktartig. Geben Sie ihnen dazu je zwei Kärtchen, auf denen sich die S maximal fünf Stichpunkte zum jeweiligen Text notieren dürfen. **Lösung:** 1. *Pit:* Theatergruppe: ein Theaterstück proben *Carmen:* Schwimmclub: trainieren *Kai:* Kletter-AG: trainieren *Aylin:* Journalismus-AG: eine Zeitung für die Schule (Themen suchen, recherchieren, Artikel schreiben) 2. *Pit:* in der Aula, *Carmen:* -- (im Schwimmbad) *Kai:* in der Kletterhalle *Aylin:* -- (im Klassenraum) 3. *Pit:* mit Herrn Wolf (Regisseur + Englischlehrer) *Carmen:* mit Lisa und Nora mit Marco *Kai:* (mit dem) Sportlehrer *Aylin:* mit Frau Paulsen (Journalistin) (4.) *Pit:* zweimal pro Woche *Carmen:* jede Woche montags und mittwochs *Kai und Aylin:* --	Karten
4c+d	Vorgehen wie beschrieben. Vergleich im PL. **Variante** zu 4b–d: → **Wirbelgruppen** (Hier bietet es sich an, dass die S am Ende wieder in ihre Ausgangsgruppen zurückgehen und die Fragen auch für die anderen Texte im Heft beantworten. Außerdem notieren sie weitere Informationen, die sie gehört haben. Vergleich im PL und die jeweilige Expertengruppe kontrolliert, ob alles richtig ist.) **Erweiterung:** In den KG schreiben die S richtig/falsch-Sätze zu den Texten; Beispiel: *Pit klettert gerne* (falsch). *Carmen geht montags und mittwochs zum Schwimmclub* (richtig). Die Sätze werden an eine andere Gruppe gegeben und diese bewertet sie, ohne die Texte noch einmal zu lesen. Die Antworten werden zurückgegeben: Wie viele sind richtig?	Textstreifen
	ohne – mit	
5a	Vorgehen wie beschrieben. Lösung: A2, B1. **Variante:** Für den Fall, dass Ihren S die Unterscheidung zwischen *mit/ohne* schwerfällt, bringen Sie weitere Fotos mit und lassen Sie die S Sätze mit *mit/ohne* bilden, auch wenn dabei der Dativ bzw. Akkusativ noch nicht richtig gemacht wird (Beispiel: *Das ist eine Person mit/ohne Hund. Das ist eine Person mit/ohne Hamburger* etc.). Hier geht es erst mal um die semantische Klärung. Nach 5b können Sie die Bilder noch einmal verwenden und dann auch auf die richtige Deklination achten.	Fotos

5b	Sehen Sie sich im PL den Grammatikkasten im Buch an und erklären Sie ihn: Weisen Sie die S darauf hin, dass es natürlich auch eine Femininform mit Artikel gibt (z. B. *Ohne die Fahrkarte kann ich nicht Bus fahren.*) und notieren Sie die drei Formen an der Tafel (*ohne den Club – ohne das Klettertraining – ohne die Fahrkarte*). Erklären Sie den S oder erfragen Sie, welcher Kasus hinter *ohne* steht (Akkusativ). Erwähnen Sie, dass man Sätze mit *ohne* oft auch ohne den bestimmten Artikel verwendet, sodass man den Akkusativ nicht immer „sieht". Bei einer vertrauten Person, einem Haustier u. Ä. wird meist den Possessivartikel verwendet (auch im Plural: *Ohne meine Freundinnen gehe ich nicht ins Kino.*) Anschließend bearbeiten die S Aufgabe 5b in PA. Die S können kreativ einsetzen, was sie möchten. Vergleichen Sie einige Ideen im PL. Hierzu gibt es auch eine Grammatik-KV. **Erweiterung:** Zur weiteren Übung empfiehlt sich die → **Kettenübung**. Schreiben Sie die Struktur an die Tafel, z. B. *Ohne (+Akk.) … gehe ich nicht zur Schule.*	GR-Kopier-vorlage
6a	Die S hören und lesen die Dialoge und beantworten die Fragen. Hier wird die Frage *Mit wem?* genauer thematisiert. Die S notieren die Antwort als Satz. Dann vergleichen Sie im PL. In Anschluss lesen die S in PA einen der Dialoge noch mal laut, mit verschiedenen Arbeitsaufträgen, z. B. leise, laut, dreimal hintereinander, …; die S sollen immer schneller werden. **Lösung:** 1. Vera geht mit Carlos zur Hiphop-AG, 2. Laura macht mit der Technik-AG und mit Frau Kuhn einen Ausflug, 3. Tills Eltern sprechen mit der Direktorin. **Binnendifferenzierung:** Bei starken Gruppen notieren Sie die Fragen an der Tafel, dann hören die S zuerst ohne Buch, notieren, was sie verstehen, und vergleichen in KG. Dann zweites Hören mit dem Buch. Beim Vergleich im PL nennen die S ganze Sätze.	2. 59-61
6b	Lesen Sie mit den S die Aktivitäten und klären Sie ggf. den Wortschatz. Lassen Sie weitere Aktivitäten sammeln und notieren Sie sie an der Tafel. Geben Sie ein bis zwei Beispiele für die Fragen im PL und lassen Sie einen S antworten, z. B. *Mit wem kaufst du Klamotten?* In PA stellen sich die S Fragen mit dem angegebenen Wortschatz und antworten. Geben Sie den S fünf Minuten Zeit. Schnellere S haben dann die Möglichkeit, auch die zusätzlich an der Tafel notierten Aktivitäten zu benutzen. Als Wiederholung zu *ohne* und *mit* eignet sich der Grammatik-Clip. Schreiben Sie die Wörter aus dem Grammatik-Clip auf ein Blatt (siehe unten), kopieren Sie es und lassen Sie zuerst die S in KG die Deklination notieren. Dann kontrollieren die S die Deklination mithilfe des Clips. Anschließend bilden sie eigene Sätze mit diesen Wörtern im PL. Zeigen Sie zum Abschluss den Clip noch einmal ab Minute 1:35, um darauf hinzuweisen, dass der Akkusativ und Dativ auf alle Artikelarten angewendet werden muss (also auch auf den Possessivartikel, den Demonstrativartikel etc.)	G11 Kopie

Nominativ	ohne	mit	
_____ Fußball	_____ Fußball	_____ Fußball	
_____ Freund	_____ Freund	_____Freund	(usw.)

7a	Projizieren Sie die Bilder an die Tafel und sprechen Sie die beiden O-Laute vor, machen Sie dabei die Handbewegungen zu den Bildern: Beim langen O breiten Sie die Arme aus und beim kurzen O bewegen Sie die Hand schnell von oben nach unten. Dann hören die S die beiden Varianten (lang: *Oh nein …* ↔ kurz: *Oh, oh …*; beide Beispiele stammen aus den Dialogen in 6a) in der Audiodatei, sprechen nach und machen die Bewegung mit.	2.62
7b	Die S notieren die Wörter in ihr Heft und überlegen, wie sie ausgesprochen werden. Dann hören sie die Wörter und markieren, ob das O lang oder kurz ist. Kontrolle im PL. Anschließend stehen sie auf, hören die Wörter noch einmal und sprechen mit der passenden Bewegung aus 7a mit. **Lösung:** kurz: morgen, Hiphop, Carlos – lang: Euro, ohne, Direktorin **Hinweis:** Weisen Sie die S darauf hin, dass man in Wörterbüchern normalerweise nachsehen kann, ob man in einem Wort die betonten Vokale lang oder kurz ausspricht: ein langer Vokal ist unterstrichen, unter kurzen Vokalen steht ein Punkt. Sie können dies z. B. an den Kapitelwortschatzlisten im AB oder an der Gesamtwortschatzliste für „Klasse!" online zeigen.	2.63
7c	Vorgehen wie in der Arbeitsanweisung beschrieben: Erst in EA, dann in KG. Vergleichen Sie am Ende einige der Wörter im PL, indem die S sie sagen und die Bewegung dazu machen.	
	Nach der Schule	
8a	Die S sehen sich das Bild an und beschreiben die Situation: *Wen seht ihr? Wo sind sie? Was denkt ihr: Über was sprechen sie?* Die S lesen die Aktivitäten und klären ggf. Fragen zum Wortschatz untereinander. Für *Bogenschießen* bietet es sich an, dass Sie ein Foto mitbringen. Dann hören die S die Dialoge und notieren, wer was macht. **Lösung:** Dialog 1: Luis B, Clara A+C, Dialog 2: Paula A+C, Jannik B	2. 64-65 Foto

8b Die S sprechen in PA und fassen die Dialoge noch einmal zusammen. Notieren Sie als Hilfe die Struktur für Aussagesätze mit Modalverben an der Tafel.
Lösung: Luis will zum Basketballplatz gehen. Clara muss zum Volleyballtraining. Sie muss Klarinette üben. – Jannik muss zum Chor. Jannik will zum Bogenschießen gehen. Paula will das Bogenschießen sehen. / Paula will zum Bogenschießen mitkommen. Sie muss ihre Mutter fragen.
Binnendifferenzierung: Lassen Sie die S zuerst die Dialoge noch einmal anhören und zu den jeweiligen Personen notieren, ob sie es *wollen* oder *müssen.* Anschließend sprechen die S in PA.

2.(64-65)

8c Noch einmal Rückgriff auf die Dialoge aus 8a: Die S hören noch einmal und ordnen mithilfe der Dialoge die richtige Zeitangabe zu. Vergleich im PL. Verweisen Sie dann auf den Redemittelkasten und erklären Sie die drei temporalen Präpositionen *vor, nach* und *in* mit den angegebenen Beispielen. Am besten geben Sie weitere Beispiele mit Aktivitäten aus der Lebenswelt ihrer S, z. B. *Was habt ihr vor dem Deutschunterricht? Was macht ihr nach der Schule? Wo seid ihr in 3 Stunden?*
Lösung: 1C, 2A, 3E, 4D, 5B

2.(64-65)

8d Zeigen Sie den Grammatikkasten an der Tafel. Geben Sie ein paar Beispiele im PL mit der Frage *Wann …?* und erfragen Sie weitere Antworten aus dem PL, einzelne S antworten mit einer passenden Präposition und dem Dativ. Dann lesen die S die angegebenen Aktivitäten und Zeitangaben; klären Sie ggf. unbekannten Wortschatz. In PA fragen sich die S gegenseitig und antworten.
Variante: → **Speeddating.** Geben Sie pro Partner drei Minuten Zeit für das abwechselnde Fragen und Antworten, lassen Sie die S mindestens zweimal wechseln.
Erweiterung: Kopieren Sie den Lernfalter, mit dem die S in PA die temporalen Präpositionen üben können.

Lernfalter

Wie komme ich zum Sportplatz?

9a Notieren Sie die drei Wörter aus dem Redemittelkasten an der Tafel, dazu die drei Pfeile. Die S ordnen die Pfeile zu. Lassen Sie die S die Wegbeschreibungen von der Haltestelle zum Sportplatz als Vorentlastung vor dem Hören für alle drei Pläne (A–C) in PA beschreiben. Schreiben Sie dazu die Redemittel an die Tafel, die die S brauchen: *Geh zuerst … Dann gehst du … Dann siehst du …* etc. Dann hören die S die Wegbeschreibung zweimal und bestimmen den richtigen Plan.
Lösung: A

(2.66)

ÜB 9 **Binnendifferenzierung:** Bevor die S die Wege selber beschreiben, hören sie die Wegbeschreibungen im AB, um schon sicherer zu sein, wenn sie es selbst machen sollen.

9b Lesen Sie das Dialoggerüst und den Beispieldialog im PL. Sehen Sie dann den Redemittel-Clip. Spielen Sie ein oder zwei Dialoge mit einem S durch, damit die S sehen, wie es gemacht wird. Anschließend vorgehen wie in der Arbeitsanweisung beschrieben.
Erweiterung: Kopieren Sie die KV. Die S arbeiten in PA und fragen sich gegenseitig mit dem Dialoggerüst aus 9b nach den angegebenen Orten. Sie notieren diese in das richtige leere Feld. Weisen Sie die S darauf hin, dass nicht alle Felder ausgefüllt werden.

R11

Kopier-vorlage

10 **Freie Wahl:** Vorgehen wie beschrieben. In diesem Kapitel bietet es sich an, dass alle S eine Aufgabe bearbeiten, die von den meisten S favorisiert wird.
Variante zu A: Wenn Ihre S keine Berührungsängste haben, spielen Sie „Auto fahren" mit ihnen. In PA stellen sich die S hintereinander, der hintere S fasst den vorderen S an den Schultern. Der hintere S gibt Anweisungen, wohin der vordere S „fahren" soll, der vordere führt es mit geschlossenen Augen aus (so muss er konzentrierter zuhören). Führen Sie *Stopp!* als weiteres Redemittel ein, um Zusammenstöße zu vermeiden. Nach fünf Minuten ist Wechsel.
B: Die S hören das Beispiel und spielen in PA. Auch möglich: → **Was machst du denn da?**
C: Wenn es an Ihrer Schule keine AGs gibt, können die S auch ein Thema wie *Clubs, Vereine, Wahlfächer* o. Ä. bearbeiten. Sie überlegen sich in KG Fragen und entscheiden, welche Person(en) sie fragen wollen. Dann interviewen sie in PA diese Person. Findet der Unterricht nicht in D-A-CH statt, führen sie das Interview in der Muttersprache. In einer der nächsten Unterrichtsstunden geben Sie den KG Zeit, ihre Ergebnisse (auf Deutsch) zu präsentieren. Anschließend stellen alle Gruppen ihre Ergebnisse vor → **Präsentation der Ergebnisse**

(2.67)

Was kann ich nach Kapitel 11?

Die S bearbeiten die „Was kann ich?"-Seiten im KB und im ÜB wie in der Einleitung zum Lehrerhandbuch beschrieben.

Lerninhalte: über Ferienziele sprechen | Himmelsrichtungen | berichten, was jemand gemacht hat | Postkarten schreiben | einfache Speisekarten verstehen | Essen und Getränke bestellen und bezahlen | über das Wetter sprechen
Grammatik: Perfekt bei regelmäßigen Verben und Verben mit *-ieren* | Wechselpräpositionen *in, an, auf* + Akk./Dat. | *man* | *Wohin? – von … nach*
Aussprache: emotionales Sprechen

	Erläuterungen zum Unterricht	Material
1a	Die S sehen sich die Fotos an und lesen die Ortsangaben zu 1a. Klären Sie die unbekannten Wörter. Dann beschreiben die S die Fotos. Fragen Sie die S: *Wo macht ihr gern Ferien? Am Meer? In den Bergen? In einer Stadt?* Kurzes Klassengespräch. Danach hören die S die Aufnahme und notieren, wo die Personen Urlaub machen. Die S hören anschließend noch einmal und ordnen die Fotos den Urlaubszielen der Personen zu. Die Fotos A (von Wien) und C (von Erfurt) sind am schwierigsten: Hier müssen die S eventuell raten. Sie vergleichen erst in PA, indem sie komplette Sätze bilden, dann im PL.	2.68

Lösung: Um diese bei 1b nutzen zu können, legen Sie eine Tabelle an der Tafel an:

Clara	Paula	Mia	Luis	Sinan
am Meer (an der Ostsee) auf Rügen	in Österreich in Wien	in den Bergen in der Schweiz in Zermatt	in Thüringen in Erfurt (bei seinem Onkel)	in Berlin (besucht Verwandte)
Foto D	Foto A	Foto E	Foto C	Foto B

Binnendifferenzierung: Stärkere S notieren nicht nur die angegebenen Wörter aus 1a, sondern hören auch darauf, ob es noch detaillierte Informationen gibt (Clara macht am Meer Urlaub, an der Ostsee, auf Rügen). | 2.68 |

| 1b | Nach dem Vergleich hören die S noch einmal und notieren in der Tabelle von 1a die Aktivitäten der Jugendlichen. Sie vergleichen im PL, indem sie die Aktivitäten nennen und Sie diese in der Tabelle notieren. Dann erzählen die S die Aktivitäten mit ganzen Sätzen mit der *kann*-Struktur im PL. | 2.68 |

Lösung (als weitere Zeile an die Tabelle aus 1a anhängen):

Clara	Paula	Mia	Luis	Sinan
surfen, schwimmen	Schloss Schönbrunn und Museen besuchen	klettern	Basketball, Volleyball, Tischtennis spielen, eine Radtour machen	shoppen gehen, das Brandenburger Tor ansehen, in den Tierpark gehen

1c	Die S sehen sich den Kompass mit den Himmelsrichtungen an und suchen dann die Ferienorte der Jugendlichen auf der Karte im Umschlag des KB. Dann sprechen sie zu zweit.

Lösung: Rügen liegt im Norden von Deutschland. Wien liegt im Osten von Österreich. Berlin liegt im Osten von Deutschland. Erfurt liegt in der Mitte von Deutschland. Zermatt liegt im Süden von der Schweiz.

1d	In PA sehen sich die S die Umschlagseite vom Buch an und stellen sich gegenseitig Fragen und Antworten.	
↻	**Erweiterung:** Wenn die S in Kapitel 2 im Rahmen eines fächerübergreifenden Unterrichts mit der dortigen CLIL-Kopiervorlage gearbeitet haben, sind die Himmelsrichtungen eine Wiederholung für die S und sie können die Städte nun genauer beschreiben (*Nordosten, Südwesten, …*). Andernfalls können Sie die CLIL-KV hier als Erweiterung nutzen.	CLIL-Kopiervorlage

Was hast du gestern gemacht?

2a	Schreiben Sie *Kims erster Ferientag* an die Tafel und klären Sie den Kontext. Die S sehen sich zuerst die Bilder A bis F an und beschreiben sie in KG. Dann erzählt jede KG im PL zu einem Bild, was sie sehen. Anschließend lesen die S die Texte und ordnen sie in EA den Bildern zu. Gehen Sie hier noch nicht auf das Perfekt ein; dieses wird in Aufgabe 3 systematisiert. Hier geht es um das Verstehen der Texte. Zwei S lesen den Chat in der richtigen Reihenfolge als Lösungskontrolle vor.

Lösung: A5, B4, C6, D3, E1, F2. Zu Text 2 passt auch das Bild mit Kim am Strand zwischen den Chatteilen.

Binnendifferenzierung: Die S erzählen den Tag noch einmal im Präsens in KG und wiederholen so das Vokabular.

Erweiterung: Sie können wie folgt zu 2b überleiten. Fragen Sie: *Stimmen alle Nachrichten von Kim?* Antwort: Zwei Nachrichten sind nicht ganz richtig: C6 und F2. Die S sehen die Bilder noch einmal genau an. Bei Bild C malt Kim nicht mit Leo; vgl. auch Satz 2 in der folgenden Aufgabe 2b. Sie spielt am Handy und Leo malt alleine. Bei Bild F macht Kim nicht zusammen mit der Mutter Pizza, wie in Nachricht 2 steht. Sie spielt lieber am Laptop; vgl. auch Satz 5 in der folgenden Aufgabe 2b.

2b Vorgehen wie in der Arbeitsanweisung beschrieben.
Lösung: 1E, 2A, 3D, 4B, 5C

3a Fragen Sie: *Kims Tag – ist das heute passiert oder gestern?* Machen Sie *heute* und *gestern* mit Gesten deutlich. Die S werden durch diese Frage auf die Zeitform gelenkt. So bereiten Sie den Übergang zum Perfekt vor. Dann notieren Sie das Wort *Perfekt* an der Tafel. Erinnern Sie die S daran, dass sie in Kapitel 8 (in Aufgabe 4) schon die Vergangenheitsformen von *haben* und *sein* gelernt haben. Erklären Sie, dass die S hier nun die Vergangenheitsformen für die meisten Verben lernen: das *Perfekt*.
Danach gehen Sie so vor wie in der Arbeitsanweisung beschrieben (die S können die schon bekannte Präteritumform von *sein* im Text 1 und Text 5 ignorieren; sie sollen sich auf die neuen Formen konzentrieren). Alternativ können Sie die Grammatik-KV kopieren und diese jeweils an ein Paar verteilen. Jedes Paar liest den Text und ergänzt die Tabelle. Fragen Sie: *Welche Verben seht ihr? Wo steht das Verb* haben*? Wo steht das Partizip II?* (Antwort: Die konjugierte Form von *haben* steht im Aussagesatz auf Position 2 und das Partizip am Ende.) Lassen Sie *haben* noch einmal im PL konjugieren. Danach erstellen die S eine Tabelle im Heft und notieren die Infinitive und die Perfektformen in der 3. Person Singular wie im Beispiel.

Lösung:	Infinitiv	Perfekt		Infinitiv	Perfekt
	spielen	sie hat gespielt		lernen	sie hat gelernt
	machen	sie hat gemacht		malen	sie hat gemalt
	kaufen	sie hat gekauft		tanzen	sie hat getanzt
	hören	sieh hat gehört		arbeiten	sie hat gearbeitet
	regnen	es hat geregnet			

Nachdem die S die Infinitive und die Partizipien ins Heft notiert haben, fragen Sie: *Wie bildet man das Partizip?* Antwort: *ge-* + Wortstamm + *-t*. Geben Sie weitere Beispiele von regelmäßigen Verben, die die S ins Partizip umwandeln sollen (*glauben, kochen, kosten, sammeln, …*) Kommen Sie dann zum Verb *arbeiten* und fragen Sie die S nach Ideen: *Warum ist dort die Endung -et und nicht nur -t ?* Antwort: Ausspracheproblem bei Verben, deren Verbstamm auf *-d/-t* endet, man fügt noch ein *-e* dazu, um das Partizip sprechen zu können.

GR-Kopiervorlage

3b Im PL nennen die S die Verben zu den jeweiligen Fotos. Dann Vorgehen wie in der Arbeitsanweisung beschrieben.
Lösung: 1. Elena hat Nudeln/Spaghetti gekocht, 2. Marco und seine Freunde haben Fußball/Volleyball gespielt, 3. Paul hat eine Gitarre gekauft, 4. Lia, Caro und Antonia haben getanzt, 5. Emma hat Klavier gespielt/geübt.

4a Lesen Sie im PL die Sätze und klären Sie die Bedeutung. Fragen Sie: *Was macht ihr an eurem ersten Ferientag normalerweise?* Kurzes Klassengespräch. Dann hören die S das Telefonat zweimal und korrigieren die Sätze. Sagen Sie ihnen, dass alle Sätze falsch sind. Vergleich im PL. Weisen Sie dann auf den Grammatik-kasten hin oder geben Sie die Grammatik-KV an die S aus: *Was passiert hier?* Erfragen Sie dann von den S weitere Verben auf *-ieren*, die die S kennen (*buchstabieren, formulieren, gratulieren, informieren, jonglieren, kontrollieren, korrigieren, markieren, notieren, organisieren, passieren, präsentieren, recherchieren, sortieren, trainieren*). Lassen Sie die S die Partizipien bilden, lassen Sie dabei *passieren* aber weg, da das Perfekt hier nicht mit *haben* gebildet wird.
Lösung: 1. Kim, 2. Basketball, 3. Seine Mutter und sein Vater haben / Seine Mama und sein Papa haben, 4. Flocke/seinen Hund, 5. für seine Mutter, 6. Henri

(2.69)

GR-Kopiervorlage

Zur Übung der Partizipien benutzen die S den Lernfalter. Stärkere S können am Ende eigene Sätze im Perfekt mit den Partizipien bilden.

Lernfalter

Der Grammatik-Clip eignet sich sehr gut dafür, den S zu zeigen, dass das Partizip ganz am Ende des Satzes steht. Zur Übung bieten sich → **Lebendige Sätze** an.

G12

Erweiterung: Kopieren Sie die KV. Hier werden Ja-Nein-Fragen im Perfekt geübt. Die S schreiben die Fragen im Perfekt. Vergleichen Sie diese im PL, dann → **Autogrammjäger**. Diese Aktivität eignet sich zur gesteuerten Vorübung für 4b.

Kopiervorlage

4b Lesen Sie den Wortschatz im PL. Verdeutlichen Sie die temporalen Angaben mit einer Zeitleiste an der Tafel, die Sie als Hilfe stehen lassen. Die S notieren in EA fünf Fragen auf einen Extra-Zettel wie im Beispiel angegeben. Dann laufen sie mit diesem durch die Klasse, fragen die anderen und notieren bei positiven Antworten die Namen. Wer zuerst fünf Namen hat, ruft *Stopp!* und hat gewonnen. Dieser S formuliert dann die Sätze aus dem KB im Perfekt (z. B. *Maria hat gestern Spaghetti gekocht.*).
Wenn Sie die KV zur Automatisierung der Perfektformen aus 4a in derselben Stunde schon bearbeitet haben, können Sie die 4b auch wie folgt organisieren: Notieren Sie immer fünf Aktivitäten im Infinitiv auf Zettel und verteilen Sie diese, sodass jeder S einen Zettel hat. Dann laufen die S wie oben angegeben durch die Klasse und führen die Aufgabe so weiter wie oben beschrieben. Der Unterschied zwischen der KV und dieser Aufgabe besteht darin, dass sich die S hier nun an das Partizip erinnern sollen.

Zettel

Binnendifferenzierung: Notieren Sie die Infinitive an der Tafel. Die S nennen die Partizipien. Schreiben Sie diese dazu.

Erweiterung: → **Vier gewinnt**

	Adam, 12 Jahre: Meine Ferien	
5a	Schreiben Sie *Traum* und *Wirklichkeit* an die Tafel und verdeutlichen Sie beide Begriffe mit einem Beispiel (z. B. *Ich will zu Hause sein und lesen. Das ist mein Traum. Ich bin in der Schule und arbeite. Das ist die Wirklichkeit*). Dann sehen die S sich die Bilder an und klären im PL, was jeweils Traum und was Wirklichkeit ist (graue Bilder sind die Wirklichkeit und bunte Bilder der Traum). Erklären Sie den S die Redewendung *Das ist nichts für mich.* mit einigen Beispielen (*Mathe ist nichts für mich! Rasen mähen ist nichts für mich!*). Lassen Sie anschließend die S das angegebene Beispiel in der 3. Person Sg. ausformulieren: *Er will in den Dschungel fahren. Das ist sein Traum. Er liebt Abenteuer. Aber er ist im Wald und sammelt Pilze. Das findet er langweilig.* Dann formulieren die S in PA die Situationen zu den anderen Bildern ebenfalls in der 3. Person Sg. Im Anschluss Vergleich im PL.	
5b	Arbeiten Sie hier mit der Grammatik-KV, damit die S die fehlenden Angaben unter den Zeichnungen direkt dort notieren können. Lesen Sie die Arbeitsanweisung mit den S, danach ergänzen die S in PA die Grammatik-KV. Vergleich an der Tafel im PL. Lösung: Wohin?: in den Dschungel, auf den Berg / Mount Everest – Wo? im Wald, auf dem Berg Erweiterung: Kopieren Sie die KV und zerschneiden Sie sie. Die S sortieren in KG die Bilder und die Sätze; jeweils die zwei passenden Sätze zu einem Bild (Beispiel: *Lena ist am Meer. / Lena fährt ans Meer.*). Zeigen Sie dann die Fotos an der Tafel und fragen Sie: *Wohin möchte … fahren? Wo ist …?* Die S antworten, indem sie die korrekten Sätze lesen. Schreiben Sie die Fragen an die Tafel. So verdeutlichen Sie noch einmal den Unterschied zwischen *Wo?* und *Wohin?* und können nochmals auf die unterschiedliche Verwendung der Ortsangabe im Akkusativ oder Dativ hinweisen. Anschließend drehen die S die Sätze um und stellen sich reihum in KG noch einmal die Fragen zu den verschiedenen Fotos und beantworten sie. Zur Selbstkontrolle können sie dann die Sätze zu jedem Foto umdrehen. Transfer: Die S fragen sich gegenseitig (*Wo?* oder *Wohin?*) und antworten in der 1. Person (*Ich …*).	GR-Kopiervorlage Kopiervorlage
5c	Die S bearbeiten in EA die Aufgabe und ergänzen die Verben in ihrem Heft. Sie können die Aufgabe auch kopieren und an die S verteilen, sodass sie direkt dort schreiben können, oder die S notieren nur die Verben ins Heft. Dann Vergleich im PL und im Anschluss daran lesen die S die Sätze in PA. Lösung: 1. liegt, 2. geht, 3. fahren, kaufen … ein, 4. warten, 5. geht, 6. springt, 7. schläft Binnendifferenzierung: Sagen Sie, dass die konjugierte Form der Verben eine Hilfe ist.	
5d	Vorgehen wie in der Arbeitsanweisung beschrieben. Die S notieren die Tabelle in ihr Heft und schreiben dort die Infinitive wie im Heftausriss gezeigt. Lösung Wohin?: ans Wasser gehen, in die Stadt fahren, in den Garten gehen, auf den Tisch springen – Wo?: am Strand liegen, im Supermarkt einkaufen, an der Kasse warten, auf Ellas Stuhl schlafen	
5e	Vorgehen wie in der Arbeitsanweisung beschrieben: In EA bearbeiten, auch als HA geeignet. Die S tauschen ihre Sätze mit einem anderen S und dieser liest und korrigiert ggf. die Sätze, dann werden sie zurückgegeben.	
	Liebe Grüße aus …	
6a	Steigen Sie mit der Frage ein: *Schreibt ihr noch Postkarten aus dem Urlaub? Freut ihr euch über eine Postkarte? Postet ihr alles im Internet?* Dann vorgehen wie in der Arbeitsanweisung beschrieben. Die S sprechen zuerst über die Fragen in KG, dann Vergleich der Antworten im PL. Weisen Sie dann auf den Grammatik-Kasten hin oder verteilen Sie die Grammatik-KV und die S ergänzen die fehlenden Informationen. Erklären Sie die Bedeutung von *man*: Dieses Personalpronomen ist unpersönlich. Man benutzt es für generelle Aussagen, für etwas, das „die Leute"/„alle" machen. Lesen Sie gemeinsam die Beispielsätze aus dem Grammatik-Kasten im KB. Geben Sie den S fünf Minuten Zeit, um in PA eigene Sätze mit *man* zu schreiben. Indem sie ihre Sätze im PL vorlesen, können die S zeigen, dass sie es verstanden haben. Lösung: Wo?: in Berlin – Wohin?: nach München, dann nach Österreich – Was?: a) München: Oma besuchen b) Österreich: klettern, wandern, mountainbiken, Rafting machen Variante: Einstieg in den Text oder Wiederholung als → **Laufdiktat** oder → **Standbild**.	GR-Kopiervorlage
6b	Als Überleitung sagen Sie den S: *Maria schreibt eine Postkarte an Ida. Wo ist Ida? Wohin fährt Ida? Was macht Ida?* Die S sehen sich die Route von Ida an. Weisen Sie auf den Grammatik-Kasten hin oder nutzen Sie die Grammatik-KV, in der die S die fehlenden Informationen ergänzen. Die S formulieren in PA mündlich die Antwort in Sätzen wie im Beispiel. Anschließend wird im PL kontrolliert. Üben Sie mit den S die Struktur	GR-Kopiervorlage

mit weiteren Beispielen, indem Sie Städtenamen oder Ländernamen an der Tafel notieren und die S Sätze bilden lassen. Achten Sie darauf, dass die S dabei auch Länder wie *die Türkei* oder *die USA* verwenden müssen, um die Ausnahmen zu üben.

Lösung: Jetzt ist Ida in Villingen-Schwenningen, dann fährt sie von Villingen-Schwenningen nach Freiburg. Da besucht sie Tante Sonja. Von Freiburg fährt sie nach Konstanz. Dort kann man gut schwimmen und Rad fahren.

Erweiterung: Zur Wiederholung bietet sich hier → **Koffer packen** als → **Kettenübung** an. (*Maria fährt von … nach … und von … nach …*)

6c	Lesen Sie den Redemittelkasten im PL und klären Sie ggf. Wortschatz. Die S lesen die Arbeitsanweisung und schreiben in EA eine Postkarte mithilfe des Kastens. Bringen Sie leere Postkarten oder zugeschnittene Karten im entsprechenden Format mit, so wirkt es authentischer. Gehen Sie herum und helfen Sie den S dabei. Sagen Sie ihnen, dass sie auf Verbpositionen und auf die Konjugation achten sollen. Sammeln Sie die fertigen Postkarten in einem Sack/Kasten, jeder S zieht eine Postkarte und beantwortet diese. Anschließend werden alle Postkarten zusammen aufgehängt. **Erweiterung:** Notieren Sie von den aufgehängten Postkarten Fehler, die öfter vorkommen, und machen Sie eine → **Fehlerauktion**.	Postkarten/ Karten, Sack/Kasten

Radfahren macht hungrig!

7a	Bei geschlossenen Büchern: Projizieren Sie das Foto groß an die Tafel oder an die Wand und stellen Sie die angegebenen Fragen. Erinnern Sie die S an den Hörtext aus Aufgabe 1a und fragen Sie, wer der Junge ist. Und wo ist er? Die S dürfen in ihren Heften nachsehen, wer im Urlaub eine Radtour machen wollte. **Lösung:** Das ist Luis. Er macht eine Radtour. Jetzt macht er eine Pause. Er ist in Thüringen / in (oder bei) Erfurt. Er ist jetzt vor einem Restaurant.
7b	Die S öffnen die Bücher und sehen sich die Speisekarte sowie die Fotos A bis H an. Sie sprechen in PA darüber, was sie sehen. Fragen Sie nach dem Vergleich im PL: *Was kennt ihr? Was habt ihr schon mal gegessen? Wo? Was mögt ihr (nicht)?* **Lösung:** Foto A ist eine Currywurst, Foto B ist Salat, Foto C ist ein Eis, Foto D ist ein Hamburger, Foto E ist ein Kuchen, Foto F ist eine Suppe, auf Foto G sind Pommes / Foto G: Das sind Pommes, Foto H ist eine Bratwurst

7c	Bevor die S das Gespräch hören, gehen Sie auf den **Tipp** ein. Erklären Sie ggf. noch einmal das Konzept von Schlüsselwörtern (wichtige Wörter im Text, durch sie versteht man den Text). Sagen Sie den S, dass sie beim Hören nur auf diese achten sollen und nicht alles verstehen müssen. Dann lesen die S die Aussagen und hören anschließend das Gespräch. Beim ersten Hören notieren sie, welche Sätze richtig oder falsch sind. Dann vergleichen sie ihre Ergebnisse in PA. Beim zweiten Hören korrigieren sie die falschen Aussagen. Vergleich in PA, dann im PL. **Lösung:** 1. r, 2. r, 3. f (Es gibt nur noch ein Stück Pizza.), 4. r, 5. f (Er nimmt eine Tasse Tee.), 6. f (Onkel Hanno hat Hunger.), 7. r , 8. f (Er muss 17 Euro bezahlen.) Hinweis zu Satz 8: Das Essen und die Getränke kosten nur 17 Euro. Hanno gibt der Kellnerin 1 Euro Trinkgeld.	2.70

ÜB 7	Als Vorbereitung für das freie Sprechen in 7d bietet sich die Ü7 im ÜB an, dort lernen und üben die S den nötigen Wortschatz für den Dialog und spielen schon einen Dialog, der stark gesteuert ist, um dann beim freieren Dialog im KB mehr Erfolg zu haben.

7d	Lesen Sie mit den S den Redemittelkasten. Gehen Sie ggf. auf Neues ein, z. B. auf *getrennt bezahlen* oder aufs Trinkgeldgeben (*Stimmt so.*) Dann schreiben die S in Dreier-KG einen Dialog anhand der Speisekarte im KB. Sie üben den Dialog in der KG und am Ende spielen die S, die möchten, den Dialog vor dem PL vor. Realien (z. B. Teller, Plastikessen, Tischdecke etc.) sorgen für größere Anschaulichkeit. **Info:** Es ist üblich, in Cafés oder Restaurants zusätzlich 5 bis 10 Prozent Trinkgeld zu geben (außer man war nicht zufrieden). Von Jugendlichen, z. B. im Eiscafé, wird dies aber nicht erwartet. In D-A-CH bezahlt man häufig getrennt, z. B. Arbeitskollegen beim gemeinsamen Mittagessen oder Freunde im Restaurant. Der/ Die Kellner/-in rechnet dann am Ende für jeden einzelnen Gast den individuellen Betrag aus. Wenn man als Familie unterwegs ist oder wenn jemand die anderen einladen möchte, zahlt eine Person für alle zusammen. Oft sagt sie vorher: *Ich lade dich/euch/Sie ein.* **Variante:** Die S nehmen ihren Dialog auf und er wird dann allen vorgespielt.	Realien

Ferien, Sommer, Sonne?

8a	In PA vorgehen wie in der Arbeitsanweisung beschrieben. Einbezug der Lebenswirklichkeit der S: *Wie ist das Wetter hier gerade?* **Lösung:** 1B, 2C, 3D, 4A

8b Lesen Sie den Redemittelkasten im PL und klären Sie den Wortschatz, am besten mit Fotos (v. a. vom Schnee). Ergänzen Sie den Redemittelkasten um *der Schnee* und *es schneit*. Dann arbeiten die S in PA zusammen und fragen sich gegenseitig, wie das Wetter auf ihrer Wetterkarte ist. Am Ende erzählen verschiedene S dies im PL.

Fotos

Variante: Suchen Sie Fotos im Internet zu den einzelnen Wetterbezeichnungen und Temperaturangaben und kopieren Sie sie groß zweimal auf Karten. Schreiben Sie die Sätze auch auf Karten. → **Staffellauf**

Karten

Für den fächerübergreifenden Unterricht mit dem Fach Geografie können Sie die CLIL-Kopiervorlage nutzen. Ziel: das Wettervokabular erweitern, eine Wettervorhersage zu einer Stadt machen können.
Vorgehen wie in der Kopiervorlage beschrieben. Vergleichen Sie Aufgabe 1 im PL. Zur Übung können Sie die Sätze aus Aufgabe 1 auf Karten für mehrere KG notieren. Die S spielen in KG. Eine Person zieht eine Karte und macht das Wetter vor. Die anderen raten. Auch geeignet → **Staffellauf**.
Anschließend sprechen die S in Aufgabe 2 kurz über das Wetter der kommenden Tage.
In Aufgabe 3 suchen die S in PA die vorgegebenen Städte auf einer Weltkarte. Dies ist eine Vorbereitung auf Aufgabe 4, wo die S zusätzlich zur Lage auch das Wetter an diesen Orten recherchieren und so noch einmal die Länder und die Himmelsrichtungen wiederholen (Rückgriff auf CLIL Kapitel 2 oder Aufgabe 1a aus Kapitel 12). Dann sprechen sie in PA über die Ergebnisse. → **Präsentation von Ergebnissen**. Wenn Sie eine Weltkarte im Klassenraum haben, notieren die S diese Informationen auf Klebezettel und hängen sie dort zu den entsprechenden Städten.

CLIL-Kopier-vorlage

Weltkarte, (Klebezettel)

8c **Mehrsprachigkeit:** Vorgehen wie beschrieben. Die S sehen durch den Vergleich, dass sie die Wetterbezeichnungen am besten als *chunks* lernen und es nicht sinnvoll ist, Wort für Wort aus der eigenen Sprache zu übersetzen.

9 Die S hören die Beispiele. Fragen Sie: *Welche Emotionen habt ihr gehört? Positiv/froh/begeistert oder negativ/unzufrieden/genervt?* Die S hören noch einmal. Stoppen Sie nach jeder Nummer und lassen Sie die S nachsprechen. Bevor die S sich eigene Sätze ausdenken, zeigen Sie den Redemittel-Clip einmal mit Ton. Zeigen sie ihn anschließend ein zweites Mal ohne Ton und lassen Sie die S mitsprechen. Dann arbeiten die S in PA, überlegen sich eigene Sätze und sprechen sie mit viel Emotion. Ein paar Sätze werden im Anschluss im PL vorgestellt.
Lösung: Positiv klingen die Sätze 1 und 3, negativ die Sätze 2 und 4.

2.71

Binnendifferenzierung: Schwächere S notieren sich die Sätze vor dem Sprechen.

R12

ÜB 10 Vorgehen wie beschrieben. Schwieriger wird es, wenn sich die S beim Diktieren Rücken an Rücken setzen, weil der Lärmpegel in der Klasse steigt.

10 **Freie Wahl:** Die S bearbeiten Aufgabe A, B oder C. Vorgehen wie in der Arbeitsanweisung beschrieben, B sollte in KG, A und C in PA bearbeitet werden. Geben Sie den S 15 bis 20 Minuten Zeit. Für Aufgabe C werden Computer für die Recherche benötigt. Anschließend → **Präsentation der Ergebnisse**.

Plakate, Scheren, Stifte, Realien

Was kann ich nach Kapitel 12?

Die S bearbeiten die „Was kann ich?"-Seiten im KB und im ÜB wie in der Einleitung zum Lehrerhandbuch beschrieben.

Plateau 4

Karussell	Material
1a+b Um sich mit den Fragen und Antworten vertraut zu machen, lesen die S in EA ca. 5 Minuten lang die Sätze im Karussell. Dann nennen die S in PA abwechselnd die Impulse (blau) und reagieren mit der passenden Antwort (rot) darauf. In dieser Aufgabe werden viele Strukturen aus den Kapiteln 10 bis 12 in einer Art Mini-dialog wieder aufgegriffen. Regen Sie die S an, die Antworten mit passender und abwechslungsreicher Intonation zu lesen. **Lösung:** Ich finde die Sonnenbrille cool. – Ich nicht, ich finde diese hier besser! Ohne Freunde ist unser Leben sehr langweilig. – Stimmt. Aber ohne Schokolade auch! Schmeckt dir die Pizza? – Ja, Pizza schmeckt mir immer. Ich finde Schule besser als Ferien. – Besser als Ferien? Waren deine Ferien so doof? Ich esse nur Gemüse und Obst. – Wirklich? Also, ich esse alles. Wie gefallen dir die Schuhe? – Nicht so gut. Rot mag ich nicht. Mit wem möchtest du einen Tag von morgens bis abends zusammen sein? – Mit dir. Nach dem Deutschunterricht bin ich immer total motiviert. – Ja, die neue Deutschlehrerin ist wirklich super! Vor den Ferien habe ich manchmal keine Lust auf Schule. – Ja, aber nach den Ferien ist Schule wieder cool. In einem Monat habe ich Geburtstag. – Cool. Machst du dann wieder eine Party? Entschuldigung, ich suche die Zirkus-AG. – Geh geradeaus und dann links. Gestern hab ich mein Kaninchen fotografiert. – Aha. Aber dein Handy hat nicht funktioniert, oder? Meine Augen tun total weh. – Hast du wieder das ganze Wochenende Computer gespielt? Was hast du gerade gesagt? – Nichts! Ich habe nichts gesagt! Mein Vater fährt jeden Tag von Göttingen nach Hannover zur Arbeit. – Und meine Mutter fliegt jede Woche von Berlin nach München! Möchtest du etwas essen oder trinken? – Nein danke, Ich möchte nichts. Ich habe Bauchschmerzen! Und, wie ist das Wetter in Griechenland? – Ein Mistwetter! Es ist kalt, es sind 13 Grad und es regnet. Schöne Ferien! Marita hat am Samstag Geburtstag. – Ich weiß, deshalb macht sie eine Party für ihre Freunde.	

Training	
2 In KG vorgehen wie beschrieben. Geben Sie für die beiden möglichen Rätselfragen je ein zusätzliches Beispiel, auf das die S im PL die Antwort finden. **Variante:** Nehmen Sie den Geburtstagskalender Ihrer Klasse (Kapitel 10, 3b) und die S spielen das Spiel mit den eigenen Geburtstagen. Möglicherweise ist hier dann jeweils mehr als nur eine Antwort möglich.	
3a Im PL lesen die S die beiden Optionen und klären ggf. Wortschatz. Lassen sie die S ein Beispiel nennen, was sie lieber machen. Sagen Sie ihnen, dass sie den Satz mit *aber* formulieren sollen und halten Sie die Struktur an der Tafel fest: *Ich muss den Tisch abräumen, aber ich möchte lieber Computer spielen.* Dann formulieren die S in PA zu beiden Perspektiven mündlich die Sätze.	
3b Klären Sie den Titel „Verrückte Welt" im PL (*In einer verrückten Welt ist nichts wie normalerweise.*). Dazu können Sie auch das obere Bild des verwirrt aussehenden Jungen einbeziehen. Die S hören das Beispiel (die ersten zwei Sätze des abgedruckten Dialogs). Fragen Sie: *Was ist hier die „verrückte Welt"?* Antwort: Das Mädchen möchte den Tisch abräumen. Der Vater möchte es nicht. Dann lesen die S erst in EA den kompletten Dialog halblaut für sich. Anschließend arbeiten sie in PA und lesen den Dialog mit verteilten Rollen laut gemeinsam, wobei sie auf Aussprache und Emotionen achten. Wiederholen Sie den Dialog, indem Sie die S nun die Rollen tauschen und nochmals lesen lassen. Gehen Sie herum und helfen Sie bei der Aussprache und der Intonation.	2.72
3c Lesen Sie den Titel. Schreiben Sie an die Tafel: *verrückt ↔ normal*. Wieder hören die S zuerst das Beispiel (die ersten zwei Sätze des abgedruckten Dialogs) und sollen erkennen, dass der Dialog die Sätze aus dem vorherigen Dialog in 3b umkehrt. Dann spielen die S in PA den Dialog wie im Beispiel angedeutet durch. Sagen Sie ihnen, dass sie den Dialog weiterführen sollen, indem sie die Aussagen aus 3a und 3b benutzen und immer mit einem Punkt aus 3a – Spalte B beginnen und auf diesen mit einem Punkt aus Spalte A reagieren. Auch hier wiederholen die S anschließend den Dialog, indem sie die Rollen tauschen. Gehen Sie auch hier herum und helfen Sie bei der Intonation und Aussprache.	2.73
3d Nun sollen die S kreativ sein. Sie notieren in PA weitere Aktivitäten zu dem, was sie machen möchten und was sie machen sollen. Dazu können sie im Buch Wörter suchen. Dann spielen und üben sie den Dialog entweder als „Verrückte Welt" oder als „Normale Welt". Ein paar Paare spielen ihren Dialog im PL vor und die anderen sagen, ob es sich um eine verrückte oder eine normale Welt handelt.	

4a Hier geht es zum einen um das rasche Finden von Kollokationen und zum anderen um die Automatisierung des Gebrauchs der Partizip-II-Formen. Die S lesen die Wörter. Klären Sie ggf. Vokabelfragen. Schreiben Sie an die Tafel: *Was habt ihr gemacht?* und lassen Sie zwei S mit verteilten Rollen die Beispiel-Sprechblasen vorlesen, damit der Ablauf der Übung klar wird. Es werden immer verkürzte Antworten genannt. Die S spielen in PA: Person A sagt ein Nomen und Person B muss ein korrektes Partizip dazu nennen und ein neues Nomen sagen. Das Spiel geht auf Zeit: Geben sie 1 Minute vor. *Wer hat die meisten geschafft?*

Erweiterung: Eine Runde in erhöhtem Tempo, um mehr Kombinationen in 1 Minute zu schaffen.

4b Lesen Sie die angegebenen Zeitangaben und Adjektive und klären Sie ggf. Fragen dazu. Lesen Sie die Arbeits-anweisung und spielen Sie den S das Beispiel auf Track 2.74 vor. Geben Sie ein Beispiel mit einem S im PL, danach arbeiten die S in PA wie beschrieben. Mögliche Partizipien haben die S in 4a schon vorgegeben.

2.74

5 In KG spielen die S wie in der Arbeitsanweisung angegeben. Weisen Sie die S darauf hin, dass sie sowohl auf die Wörter *er* und *sie* als auch auf *sein-* und *ihr-* in den Satzergänzungen achten sollen. *Welche Gruppe hat zuerst alle Satzergänzungen aus der rechten Spalte benutzt?* Vergleich im PL.

Lösung: *Paul* ist … gerne bei seinen Freunden. / … nach dem Fußballtraining immer sehr müde. / … am Morgen immer topfit. / … cool. Er spielt Gitarre, Klarinette und Klavier.
Marie hat … in einem Monat Geburtstag. / … einen Papagei. Er heißt Lollo und sie mag ihn sehr. / … keinen Bruder, aber sie hat zwei Schwestern. / … immer gute Laune. Sie ist cool!
Tim kauft … zehn Flaschen Orangensaft für die Geburtstagsparty. / … jeden Tag ein Käsebrötchen am Kiosk. / … viele Comics. Er liest und liest und liest.
Swea mag … den Mathelehrer. Er gibt keine Hausaufgaben. / … ihren Opa sehr. Er erzählt immer Geschichten.
Ben macht … die Musik leise. Sein Vater möchte telefonieren. / … nicht gerne Hausaufgaben. Er spielt lieber Computer.
Eva muss … zum Zahnarzt gehen. Sie hat Zahnschmerzen. / … heute Abend nicht babysitten. Das findet sie toll! / … am Montag nicht zur Schule gehen. Sie hat …

Variante: Kopieren Sie die Satzanfänge auf ein Blatt Papier und die Satzenden auf Satzstreifen. Die S würfeln, es dürfen aber alle KG-Mitglieder gleichzeitig ein passendes Satzende aus den Satzstreifen heraussuchen. Wer zuerst einen passenden Satz findet, nimmt ihn sich, klopft auf den Tisch und liest ihn vor. Ist die Zuord-nung korrekt, müssen die anderen ihre eventuell schon in die Hand genommenen anderen Satzenden wieder zurück zu den anderen Satzstreifen auf dem Tisch legen. Dann wird neu gewürfelt. Wer hat am Ende die meisten Satzstreifen? Schnellere Schüler können in Runde 2 eigene Satzenden zu den passenden Satzan-fängen suchen und sagen.

6 In PA spielen die S diese Rallye in KG: Lesen Sie zuerst im PL die Spielregeln unter der Rallye. Die S dürfen als Hilfe im KB zurückblättern. Sagen Sie ihnen, dass das länger dauert. Geben Sie ein klares Zeichen, ab wann die Zeit läuft. Nach den 15 Minuten vergleichen Sie im PL und notieren die Zahl der richtigen Antworten der verschiedenen KG. Halten Sie für die Siegergruppe einen kleinen Preis bereit.

Lösung: 1. dir 2. halb, Viertel 3. einen, eine, macht/kostet 4. Tierärztin 5. Schwester, Tochter, Tante, Cousine 6. aus, in, nach 7. euer, unser, dein, mein 8. Doch 9. Liest, Sprichst/Lernst/Magst, Isst, Bist 10. warst, hatte, war 11. ins, wann, Um 12. dir, mir 13. Stifte, Stühle, Schränke, Bücher 14. am, im, um, im 15. das, den, die 16. besser als, lieber als 17. im, in der, im 18. bis, auf, frühstückt 19. kein, keine, keine, keinen 20. war, wem, (m)einer, sie 21. mich, dich 22. muss, kann/darf, hat, weh 23. dem, der, dem, der 24. war, gehört, gespielt, gemacht 25. Dezember, Januar, Februar, 26. möchte, bitte 27. Deutsch, Italienisch, Englisch, Französisch 28. (im Uhrzeigersinn:) das Auge, das Ohr, der Mund, die Nase

Variante: Die S brauchen das KB und Spielsteine. Spieler A beginnt und legt einen Spielstein auf ein Feld seiner Wahl. Er muss die Aufgabe lösen, ist sie richtig gelöst, darf dieser liegen bleiben, sonst muss er wieder weggenommen werden. Dann ist Spieler B an der Reihe. Beide versuchen, eine 4-er-Reihe zu bekommen und gleichzeitig den anderen daran zu hindern, dies ebenfalls zu schaffen. Ziel des Spiels ist es, vier Felder in einer Reihe richtig zu beantworten und mit Spielsteinen besetzen zu können (waagerecht, senkrecht, diagonal). Gewonnen hat, wer zuerst eine Vierer-Reihe hat. Kopieren Sie die Lösungen auf ein Blatt, sodass die S direkt kontrollieren können.

Kopie und Satzstreifen, Spielsteine

Landeskunde

7a Notieren Sie *Meer* und *Berge* an der Tafel. Fragen Sie die S: *Wo gibt es in Deutschland/Österreich/der Schweiz Meer? Wo gibt es Berge?* Zeigen Sie den S auf der Karte im Umschlag die Gebiete, wiederholen Sie dabei kurz die Himmelsrichtungen. Dann lesen S die Texte und bearbeiten die Aufgabe.

Lösung: Beele: duschen, kaputt, so süß, allein – Basti: lecker, Winter, gefährlich, Berg

	Binnendifferenzierung: Stärkere Gruppen: Sie teilen die Klasse in zwei KG auf, eine KG liest die Texte zum Meer, die andere zu den Bergen und sie ergänzen die Wörter, die Sie an die Tafel geschrieben haben. Kopieren Sie die jeweiligen Fotos so oft, dass jeder aus den Gruppen einen Satz bekommt. Dann finden sich immer zwei S aus einer Gruppe zusammen und anhand der Fotos erzählen die S den anderen alles über ihre Texte.	Fotos
7b	In PA sprechen die S wie in der Aufgabe angegeben. **Erweiterung:** Erstellen eine Klassenstatistik, indem Sie fragen, wer lieber ans Meer bzw. in die Berge fährt. Notieren Sie das Ergebnis an der Tafel. Die S nennen im PL Gründe für die Ziele.	
7c	Projekt: Die S arbeiten in KG und überlegen sich, wie sie ihren Ort anpreisen können. Dazu erstellen sie ein Plakat oder benutzen, wenn möglich, prezi oder andere Webseiten. Sie notieren spezielle Aktivitäten für ihren Ort, Essen, andere Besonderheiten und suchen Fotos dazu. → **Präsentation von Ergebnissen**.	
	Film	
8a	Die S lesen die Nachrichten und in PA sortieren sie den Chat. Dann sehen sie zur Kontrolle den Filmclip. Vergleichen Sie im PL und fragen Sie: *Was ist das Problem?* **Lösung:** 3 – 5 – 2 – 4 – 1	4.1
8b	Vorgehen wie beschrieben. Vor dem Sehen lassen Sie die S die Straßennamen auf den Plänen laut lesen. Zeigen Sie den Clip zweimal. **Lösung:** Plan C (Lena fährt von der Taxisstraße in die Hohenlohestraße)	4.2
8c	Vorgehen wie beschrieben, nach dem ersten Sehen vergleichen die S in PA. Dann sehen sie den Filmclip noch einmal. Vergleich im PL. **Lösung:** 1D, 2B, 3C, 4A	4.3
8d	Die S ergänzen in PA die Minidialoge, evtl. sehen die S den Film zur Kontrolle noch einmal. Dann sprechen sie die Dialoge zu zweit. Lassen Sie die S die Dialoge mindestens zweimal sprechen und dabei einmal die Rollen tauschen. Ein paar S spielen die Dialoge im PL vor. **Lösung:** Das Kleid ist viel zu schick. Der Rock ist zu kurz. Die sieht doof aus.	
8e	Lesen Sie zuerst mit den S die Arbeitsanweisung und erklären Sie das Wort *peinlich*. Die S nennen im PL Ideen zu den Bildern. Dann sehen sie den Clip und überprüfen ihre Vermutungen. Bei homogenen Sprachgruppen bietet sich hier das Gespräch in der Muttersprache an. **Lösung:** Das andere Mädchen trägt dasselbe T-Shirt wie Ricki. Lena hat noch ein anderes T-Shirt dabei. Ricki zieht das T-Shirt von Lena an.	4.4
8f	Vorgehen wie beschrieben. Auch hier können sprachhomogene Gruppen erst in der Muttersprache sprechen und dann überlegen, wie sie die ausgewählte Geschichte auf Deutsch im PL erzählen möchten.	

A	B
1	1
2	2
3	3
4	4
5	5
6	6
7	7
8	8
9	9
10	10
11	11
12	12
13	13
14	14

1 heiße	1 ich	1 Sarah	1 .
2 du	2 wie	2 heißt	2 ?
3 ist	3 wer	3 das	3 ?
4 ist	4 Max	4 das	4 ?
5 bin	5 Line	5 ich	5 .
6 das	6 was	6 ist	6 ?
6 das	6 Currywurst	6 ist	6 .

Wörter buchstabieren

Person A: Buchstabiere deinem Partner / deiner Partnerin das Wort.
Person B: Notiere die Buchstaben. Wie heißt das Wort?
Kontrolliert gemeinsam. Nach Nr. 6 wechselt ihr.

	A		**B**
1	Apfelstrudel a – pe –ef – e – el – es – te – er – u – de – e – el	1	_ _ _ _ _ _ _ _ _ _ _ _
2	Fußballspieler ef – u – eszet – be – a – el – el – es – pe – i – e – el – e –er	2	_ _ _ _ _ _ _ _ _ _ _ _ _
3	Basketball be – a – es – ka – e – te – be – a – el – el	3	_ _ _ _ _ _ _ _ _ _
4	Currywurst	4	_ _ _ _ _ _ _ _ _ _
5	Schokolade	5	_ _ _ _ _ _ _ _ _ _
6	Deutschland	6	_ _ _ _ _ _ _ _ _ _ _
7	Nordsee en – o – er – de – es – e – e	7	_ _ _ _ _ _ _
8	Schnitzel es – ce – ha – en – i – te – zet – e – el	8	_ _ _ _ _ _ _ _ _
9	Auf Wiedersehen a – u – ef – we – i – e – de – e –er – es – e – he – e – en	9	_ _ _ _ _ _ _ _ _ _ _ _ _
10	Schweiz	10	_ _ _ _ _ _
11	Schauspieler	11	_ _ _ _ _ _ _ _ _ _ _
12	Sänger	12	_ _ _ _ _ _

Ordnet zu.	Sprecht.
Spielt.	Arbeitet zu zweit.
Hört.	Sortiert.
Fragt.	Zeigt.
Lest.	Schreibt.

**Frag deine Mitschüler und Mitschülerinnen. Sie antworten mit „ja": Schreib den Namen.
Sie antworten mit „nein": Frag eine andere Person.**

	Frage	Name
1.	Spielst du gern Computer?	
2.	Fotografierst du gern?	
3.	Hörst du gern Musik?	
4.	Spielst du gern Tennis?	
5.	Singst du gern?	
6.	Spielst du Gitarre?	
7.	Schwimmst du gern?	
8.	Joggst du gern?	
9.	Spielst du gern Volleyball?	
10.	Machst du gern Sport?	

Zahlen

Person B nennt die Zahlen. Person A kontrolliert und kann helfen.
Nach Nummer 7 wechselt ihr.

	A		B
1	17 (siebzehn)	1	17
2	22 (zweiundzwanzig)	2	22
3	36 (sechsunddreißig)	3	36
4	48 (achtundvierzig)	4	48
5	51 (einundfünfzig)	5	51
6	63 (dreiundsechzig)	6	63
7	79 (neunundsiebzig)	7	79
8	84 (vierundachtzig)	8	84
9	95 (fünfundneunzig)	9	95
10	100 (einhundert)	10	100
11	12 (zwölf)	11	12
12	26 (sechsundzwanzig)	12	26
13	67 (siebenundsechzig)	13	67
14	75 (fünfundsiebzig)	14	75

Person A

Beispiel:

A: Welche Sprachen spricht Thomas?
A: Woher kommt er?
A: Wie alt ist er?

B: Er spricht Deutsch und Englisch
B: Er kommt aus Deutschland
B: Er ist 12 Jahre alt.

Name	Sprache	Land	Alter
Thomas			
Pierre	Französisch, Englisch	Frankreich	15
Francesca			
Nurey	Türkisch, Englisch	(der) Türkei	13
Martin			
Stina			
Anastasia	Rumänisch, Portugiesisch	Rumänien	25
Pablo			
Tomoko	Japanisch	Japan	18

✂--

Person B

Beispiel:

A: Welche Sprachen spricht Thomas?
A: Woher kommt er?
A: Wie alt ist er?

B: Er spricht Deutsch und Englisch
B: Er kommt aus Deutschland
B: Er ist 12 Jahre alt.

Name	Sprache	Land	Alter
Thomas	Deutsch, Englisch	Deutschland	12
Pierre			
Francesca	Italienisch, Deutsch	Italien	16
Nurey			
Martin	Deutsch, Spanisch, Englisch	Österreich	32
Stina	Schwedisch, Dänisch, Deutsch, Englisch	Schweden	17
Anastasia			
Pablo	Spanisch	Mexiko	26
Tomoko			

der Kuli	die Kulis	der Schlüssel	die Schlüssel
die Kartoffel	die Kartoffeln	der Stift	die Stifte
das Buch	die Bücher	das Wörterbuch	die Wörterbücher
die Schultasche	die Schultaschen	die Schere	die Scheren
das Glas	die Gläser	das Handy	die Handys
der Stundenplan	die Stundenpläne	das Lineal	die Lineale
der Bleistift	die Bleistifte	das Heft	die Hefte
der Bikini	die Bikinis	der Füller	die Füller

Pluralkategorien:

-e	-s	-	-n
¨-er	¨-e		

Wie heißt der Plural?

Übt zu zweit. Macht den Lernfalter zweimal. Wechselt dann.

A		B	
1	der Schlüssel – (die Schlüssel)	1	der Schlüssel – die …
2	die Kartoffel – (die Kartoffeln)	2	die Kartoffel – …
3	der Stundenplan – (die Stundenpläne)	3	der Stundenplan – …
4	der Lehrer – (die Lehrer)	4	der Lehrer – …
5	der Radiergummi – (die Radiergummis)	5	der Radiergummi – …
6	das Glas – (die Gläser)	6	das Glas – …
7	das Lineal – (die Lineale)	7	das _____ – _____
8	der Stuhl – (die Stühle)	8	_____ – _____
9	der Tisch – (die Tische)	9	_____ – _____
10	die Schere – (die Scheren)	10	_____ – _____
11	der Kuli – (die Kulis)	11	_____ – _____
12	das Buch – (die Bücher)	12	_____ – _____

Person A

Das ist der Stundenplan von Lisa. Fragt euch gegenseitig.

Beispiel:

A: „Was hat Lisa am Montag um 8.00?" B: „Sport"

B: „Was hat sie am Dienstag um acht Uhr vierzig?" A: „Bio"

Zeit	Montag	Dienstag	Mittwoch	Donnerstag	Freitag
8.00			Deutsch		Englisch
8.40		Bio		Physik	
9.50		Mathe	Französisch	Englisch	
10.40	Kunst	Musik			
11.40			Sport	Französisch	Geografie
12.30	Ethik	Geschichte			

Person B

Das ist der Stundenplan von Lisa. Fragt euch gegenseitig.

Beispiel:

A: „Was hat Lisa am Montag um 8.00?" B: „Sport"

B: „Was hat sie am Dienstag um acht Uhr vierzig?" A: „Bio"

Zeit	Montag	Dienstag	Mittwoch	Donnerstag	Freitag
8.00	Sport	Deutsch		Geschichte	
8.40	Mathe		Mathe		Deutsch
9.50	Deutsch				Deutsch
10.40			Geografie	Englisch	Physik
11.40	Kunst	Physik			
12.30			Sport	Chor	Ethik

Konjugationsspiel

sie (*Pl.*)		sein		nehmen	**ZIEL**
ihr	Freunde treffen		kaufen	sein	
wir	fahren	machen	lesen		spielen
sie (*Sg.*)		haben	sein	nehmen	
er		hören		kaufen	wecken
du	Freunde treffen		lernen		haben
ich	**START**			sein	schreiben

Uhrzeiten-Bingo

Vorbereitung: Kopieren Sie die unten stehenden Uhrzeiten zweimal auf Karton und schneiden Sie aus der einen Kopie die kleinen Uhrzeit-Kärtchen aus. Stecken Sie diese in einen Beutel/Briefumschlag. Die unzerschnittene Kopie mit allen Uhrzeiten behalten Sie als Kontrollbogen bei sich. Kopieren Sie außerdem die Bingo-Karten 1 bis 9 in ausreichender Anzahl für ihre S auf Karton: Je nachdem, ob Sie die S alleine oder in PA spielen lassen wollen, benötigen Sie eine Bingo-Karte pro S oder eine pro Paar. Schneiden Sie die Bingo-Karten aus. Sie brauchen zudem Spielsteine (z. B. Münzen, kleine Papierschnipsel o. Ä.), die die S auf ihre Bingo-Karten legen können.

Spielanleitung: Jeder S bekommt eine Bingo-Karte und liest die Uhrzeiten halblaut erst einmal für sich alleine (oder in PA). Dann ziehen Sie eine Uhrzeitenkarte aus dem Beutel und nennen die Uhrzeit. (Sagen Sie den S zu Beginn, ob sie bei diesem Spiel die formelle oder die informelle Variante vorlesen – oder eine Mischung aus beidem.) Wenn ein S diese Uhrzeit auf seiner Bingo-Karte hat, legt er einen Spielstein darauf. Legen Sie die vorgelesene Uhrzeitenkarte auf Ihrem Kontrollbogen ab. Sobald ein S alle Uhren auf seiner Bingo-Karte bedeckt hat, ruft er „BINGO!". Er liest alle Zeiten vor und Sie kontrollieren mit Ihren Karten, die Sie auf den Uhrzeitenkarton abgelegt haben. Ist alles richtig, hat der S gewonnen.
Bei der zweiten oder dritten Spielrunde lassen Sie die Uhrzeit-Kärtchen von einem S ziehen und lesen.

6:15	6:45	7:00	7:30	8:45
9:05	10:20	11:55	12:50	13:00
14:05	14:25	15:10	16:15	17:30
17:35	18:45	19:55	20:25	21:35

Karte 1

Karte 2

Karte 3

Karte 4

Karte 5

Karte 6

Karte 7

Karte 8

Karte 9

Verben im Satz

Arbeitet zu zweit. B bildet Sätze und A kontrolliert.
Macht bei Nummer 11 bis 14 eigene Sätze.

	A		B
1	kaufen / ich / ein Brötchen / . (Ich kaufe ein Brötchen)	1	kaufen / ich / ein Brötchen / .
2	frühstücken / du / um 8.30 Uhr / ? (Frühstückst du um 8.30 Uhr?)	2	frühstücken / du / um 8.30 Uhr / ?
3	lernen / ihr / heute / ? (Lernt ihr heute?)	3	lernen / ihr / heute / ?
4	essen / mein Bruder / eine Pizza / . (Mein Bruder isst eine Pizza.)	4	essen / mein Bruder / eine Pizza / .
5	treffen / wir / Paula / um 17.45 Uhr / . (Wir treffen Paula um 17.45 Uhr.)	5	treffen / wir / Paula / um 17.45 Uhr / .
6	schlafen / ich / lange / . (Ich schlafe lange.)	6	schlafen / ich / lange / .
7	nehmen / Mia und Paula / die Linie 15 / . (Mia und Paula nehmen die Linie 15.)	7	nehmen / Mia und Paula / die Linie 15 / .
8	sehen / die Lehrerin / gern / Filme / . (Die Lehrerin sieht gern Filme.)	8	sehen / die Lehrerin / gern / Filme / .
9	ins Schwimmbad / gehen / du / heute Nachmittag / mit Mia / wann / ? (Wann gehst du heute Nachmittag mit Mia ins Schwimmbad?)	9	ins Schwimmbad / gehen / du / heute Nachmittag / mit Mia / wann / ?
10	fernsehen / Mehmet / am Abend / . (Mehmet sieht am Abend fern.)	10	fernsehen / Mehmet / am Abend / .
11	einkaufen / wir / … *(eigene Idee von B)*	11	einkaufen / wir / …
12	anrufen / du / … *(eigene Idee von B)*	12	anrufen / du / …
13	spazieren gehen / ich … *(eigene Idee von B)*	13	spazieren gehen / ich …
14	aufstehen / er … *(eigene Idee von B)*	14	aufstehen / er …

Wortschatztraining

Arbeitet zu zweit. Person B nennt die Wörter. Wechselt bei Nummer 7 die Rollen.

	A			B	
1		das Mineralwasser	1	das …	
2		die Birne	2	die …	
3		das Brot	3	das …	
4		der Fisch	4	der …	
5		der Zucker	5		
6		die Schokolade	6		
7		der Reis	7		
8		das Eis	8	das …	
9		der Käse	9	der …	
10		die Milch	10	die …	
11		der Orangensaft	11	der …	
12		der Zucker	12		
13		die Salami	13		
14		das Ei	14		

© Ernst Klett Sprachen GmbH 2019. Vervielfältigung zu Unterrichtszwecken gestattet. Aus: **Klasse! A1** Lehrerhandbuch

kaufen	anrufen	putzen	machen
backen	essen	haben	hören
spiele	lesen	mitbringen	nehmen
trinken	schreiben	treffen	malen

einen Apfel	einen Freund	die Küche	die Hausaufgaben
einen Kuchen	einen Salat	einen Fußball	Musik
Karten	ein Buch	eine Freundin	den Bus
einen Orangensaft	einen Text	Freunde	ein Bild

Partnerdiktat

Person A

Ich frühstücke nicht, _____ .

In der Schule kaufe ich ein Brötchen. _____

_____ . Zum Abendessen essen wir meistens

Brot mit Käse oder Salat. _____ . _____

_____ und ich esse auch keine Salami oder Schinken. _____

_____ . Das ist sehr gesund. _____

_____ auch eine Cola.

✂ _____

Partnerdiktat

Person B

_____ , ich trinke nur einen warmen Kakao. _____

_____ . Mittags gehe ich nach Hause und

esse eine Suppe oder Nudeln. _____

_____ . Ich bin Vegetarierin. Ich mag kein Fleisch _____

_____ . Ich esse gern Obst

und Gemüse. _____ . Und ich trinke viel Wasser und

manchmal _____ .

© Ernst Klett Sprachen GmbH 2019. Vervielfältigung zu Unterrichtszwecken gestattet. Aus: **Klasse! A1** Lehrerhandbuch

Meine Fantasie-Familie

1. Ergänze die Tabelle mit Informationen von deiner Fantasie-Familie (wie im Beispiel).

Name	Wohnort	Alter	Hobby	Geschwister	Beruf

2. Tausche die Tabelle mit deinem Partner / deiner Partnerin. Lerne die Informationen auswendig.

3. Gib deinem Partner / deiner Partnerin die Tabelle zurück. Was hast du behalten? Erzähle.

Beispiel:

Name	Wohnort	Alter	Hobby	Geschwister	Beruf
ich: John	Los Angeles	15	Sport	1 Schwester	Schüler
Vater: Robert Pattinson	Los Angeles	33	Motorrad fahren	1 Bruder	Schauspieler
Mutter: Laureen Pattinson	Los Angeles	32	Klettern	1 Schwester 1 Bruder	Architektin
Schwester: Maja	Madrid	19	ins Kino gehen	1 Bruder	Studentin

Also, dein Vater heißt Robert ... Robert Patton.

Pattinson.

Ja. Robert Pattinson. Er wohnt in Los Angeles und ...

Würfelt und geht so viele Felder, wie der Würfel zeigt. Bildet dort einen Satz mit *ihr(e)* oder *sein(e)*

wie im Beispiel. Bei einer Leiter klettert ihr weiter. Bei einem Blitz fallt ihr zurück.

Beispiel: der Bleistift → *Das ist ihr Bleistift.*   die Uhr → *Das ist seine Uhr.*

ZIEL	**21** die Bananen (Pl.)	**20**	**7** das Handy	**6** die Kulis (Pl.)
33 die Radiergummis	**22** der Bruder	**19** der Fußball	**8** der Bus	**5** der Computer
32	**23** die Cola	**18** der Apfel	**9** die Gitarre	**4**
31 die Schere	**24** die Katze	**17** die Schwester	**10** das Fahrrad	**3** die Uhr
30 die Lehrerin	**25** das Lieblingsfach	**16** das Foto	**11**	**2**
29	**26**	**15**	**12** das Heft	**1** der Bleistift
28 der Hund	**27** der Lehrer	**14** der Schlüssel	**13** die Brille	**START**

Arbeitet zu zweit. A fragt B und B antwortet mit *Ja, … /Doch, … / Nein, …*
Ab Frage 9 antwortet ihr frei.

A		B	
1	Sprichst du Englisch?	1	👎 Nein, ich spreche …
2	Heißt deine Cousine Maria?	2	👍 Ja, meine Cousine …
3	Möchtest du nicht mitkommen?	3	👍 Doch, ich möchte …
4	Hast du Geschwister?	4	👍
5	Lebst du in Deutschland?	5	👎
6	Isst du nicht gerne Eis?	6	👍
7	Gehst du heute nicht zur Schule?	7	👍
8	Hast du keinen Stift?	8	👎
9	Kommst du aus Spanien?	9	
10	Liest du gerne?	10	
11	Machst du nicht gern Hausaufgaben?	11	
12	Machst du nicht gerne Sport?	12	

Sätze mit Modalverben bilden

können / Mädchen / trainieren / in dem Club / Boxen / .	In dem Club können Mädchen Boxen trainieren. / Mädchen können in dem Club Boxen trainieren.
singen / du / gut / kannst / ?	Kannst du gut singen?
im Schulgarten / kann / wer / helfen / ?	Wer kann im Schulgarten helfen?
kann / Martin / heute / zum Schulchor / kommen / nicht / .	Martin kann heute nicht zum Schulchor kommen. / Heute kann Martin nicht zum Schulchor kommen.
gerne / könnt / mitmachen / ihr / !	Ihr könnt gerne mitmachen. / Gerne könnt ihr mitmachen.
Schlagzeug / Eva / super / spielen / kann / .	Eva kann super Schlagzeug spielen. / Schlagzeug kann Eva super spielen.
Mia / reiten / nachmittags / kann / nicht / .	Nachmittags kann Mia nicht reiten. / Mia kann nachmittags nicht reiten.
wo / über die Natur / kann / lernen / ich / viel / ?	Wo kann ich viel über die Natur lernen? / Wo kann ich über die Natur viel lernen?
draußen / arbeiten / im Schulgarten / können / wir / .	Wir können draußen im Schulgarten arbeiten. / Draußen können wir im Schulgarten arbeiten. / Im Schulgarten können wir draußen arbeiten.

Bingo: Was kannst du? Was willst du?

Such Personen in der Klasse, die mit *Ja!* antworten. Wer findet zuerst fünf Personen?

Diese Möglichkeiten habt ihr für ein Bingo:

4 Personen senkrecht   4 Personen waagerecht   4 Personen diagonal

Beispiel: ● *Kannst du schwimmen?*
○ *Ja, ich kann schimmen.* (Schreib den Namen in den Kasten.) /
○ *Nein, ich kann nicht schwimmen.* (Frag weiter.)

können	*wollen*	*können*	*wollen*
Basketball spielen	einen Hund haben	malen	nach Berlin fahren
gut tanzen	heute Abend fernsehen	Englisch sprechen	einkaufen gehen
kochen	Hausaufgaben machen	reiten	deine Verwandten am Wochenende besuchen
Schlagzeug spielen	Trompete lernen	einen Kuchen backen	am Freitag eine Currywurst essen

Gespräche am Telefon: Eine Einladung

Arbeitet zu zweit. A beginnt das Gespräch (*Hallo Laura …*). B sucht eine passende Reaktion in den Sätzen 1 bis 6. Person A reagiert dann wieder mit einer passenden Reaktion. Und so weiter!

Bei Dialog 2 beginnt B (*Hi Alex, …*) und A reagiert.

Dialog 1

	A		B
1	**Hallo Laura, hier ist Emma.**	1	Hmm, ich habe eine Einladung, aber ich kann nicht kommen. Wir besuchen meine Oma.
2	Na klar. Hoffentlich sagen sie „Ja"!	2	Okay, ich frage meine Eltern. Vielleicht kann ich mitkommen.
3	Am Samstag macht Julian eine Party. Kommst du auch?	3	Ja, gut, wir gehen dann zusammen.
4	Deine Oma? Du besuchst sie immer am Samstag. Komm doch zu Julians Party. Ich will nicht allein gehen.	4	15 Uhr 45 passt. Aber ich frage zuerst meine Eltern.
5	Ich hole dich um 15 Uhr 45 ab.	5	Hi Emma.
6	Ja, bitte frag sie! Die Party beginnt um 16 Uhr. Gehen wir dann zusammen zu Julian?	6	Ich schreibe dir eine Nachricht mit der Antwort von meinen Eltern. Bis dann!

Dialog 2

	A		B
1	Party? Wann ist die Party?	1	**Hi Alex, hier ist Noah.**
2	Pizza, klasse! Hast du ein Geschenk?	2	Ja, mache ich. Dann sehen wir uns am Freitag?
3	Superidee. Kannst du es kaufen?	3	Ähm, das steht in der Einladung. Also, die Party ist am Freitag.
4	Hey Noah, wie geht's? Alles klar?	4	Er will erst Pizza essen und dann Musik hören. Und tanzen!
5	Ja, bis Freitag.	5	Ja, alles super. Gehst du zur Party von Simon?
6	Oh super! Freitag passt. Da bin ich dabei. Was plant Simon?	6	Nein, noch nicht. Wir können Simon ein Computerspiel kaufen.

Lösungen: Dialog 1: A1–B5–A3–B1–A4–B2–A6–B3–A5–B4–A2–B6 Dialog 2: B1–A4–B5–A1–B3–A6–A2–B6–A3–B2–A5

105

Unser Körper

Arbeitet zu zweit. B sagt das Wort mit Artikel und A kontrolliert. Nach Nummer 8 wechseln die Rollen: A sagt das Wort und B kontrolliert.

Macht den Lernfalter dann noch einmal, aber Person A ist jetzt Person B und umgekehrt. Sagt dieses Mal auch den Plural dazu.

	A		B
1	das Auge, -n	1	das …
2	der Mund, ¨-er	2	der …
3	der Zahn, ¨-e	3	der …
4	der Bauch, ¨-e	4	der …
5	das Ohr, -en	5	
6	der Kopf, ¨-e	6	
7	der Rücken, –	7	
8	der Hals, ¨-e	8	
9	das …	9	das Bein, -e
10	der …	10	der Arm, -e
11	die …	11	die Haare (Pl.)
12	die …	12	die Nase, -n
13		13	die Hand, ¨-e
14		14	der Fuß, ¨-e
15		15	der Finger, –
16		16	das Knie, –

Modalverben

A (*müssen* und *dürfen*)

„Mama, _____ ich ins Kino gehen? Es gibt einen tollen Film."	„Alex, du _____ noch Hausaufgaben machen."
Jannik hatte einen Unfall. Er _____ ins Krankenhaus.	Heute ist Elisa krank. Sie _____ zum Arzt gehen.
Luisa hat morgen Geburtstag. Sie _____ heute bis 24 Uhr mit den Eltern spielen.	„Ich habe Halsschmerzen, ich _____ kein Eis essen."
„Heute haben wir einen Deutschtest. Wir _____ das Wörterbuch nicht benutzen."	„Willst du mit Kopfschmerzen zum Training gehen? Du _____ nicht trainieren. Du kannst auch zu Hause bleiben. "
Bennos Fahrrad ist kaputt. Er _____ mit dem Bus fahren.	Zoes Zimmer ist ein Chaos. Sie _____ aufräumen.
„Hurra, meine Eltern sagen JA!! Ich _____ mit nach Spanien fahren."	„Psst, nicht so laut. Ihr _____ in der Bibliothek nicht so laut sein."
Es ist 8 Uhr. Sebastian _____ aufstehen.	„Mama? Lena und Elisa gehen am Sonntag in ein Konzert. _____ ich mitgehen?"
„Mein Computer ist kaputt. Ich _____ einen neuen Computer kaufen."	Lisa kauft einen Hamburger. Sie _____ noch bezahlen.
Kilian und Jannik sind 18. Sie _____ alle Filme sehen.	Svenja ist 13. Sie _____ nicht in die Disco.

B (*können* und *wollen*)

Er _____ super Französisch sprechen und fährt oft nach Frankreich.	„_____ du ins Kino gehen?"
Wir _____ einen Kuchen für das Schulfest backen.	Ich _____ ein Eis essen. Hast du Lust?
„Ihr _____ gerne bei Lena schlafen."	„Mama, wir _____ jetzt in die Stadt fahren."
„Ich _____ kein Auto fahren. Ich bin 15."	„_____ ihr ein Stück Pizza?"
„_____ du Klavier spielen? Ich leider nicht."	Julian mag kein Klavier. Er _____ nicht Klavier lernen.

Präteritum von *haben* und *sein*

Fragt und antwortet. Ergänzt die Fragen und Antworten. Person A beginnt.

Person A

Warum _____ Lisa gestern nicht beim Training?	Warum _____ Finn zu spät?	Wann _____ ihr Ferien?	_____ Sara als Kind eine Katze?
!	**!**	**!**	**!**
?	**?**	**?**	**?**
Er _____ keine Lust.	Sie _____ bei ihrer Oma.	Wir _____ in Spanien.	Ich _____ einen Anruf von Anna.
Wann _____ Alina Geburtstag?	Warum _____ Leo gestern nicht in der Schule?	_____ Eric gestern keinen Hunger?	Wo _____ du nach der Schule?
!	**!**	**!**	**!**
?	**?**	**?**	**?**
Doch, aber er _____ keine Zeit.	Er _____ Zahnschmerzen.	Nein, da _____ ich noch nie.	Das Schulfest _____ im Mai.

Person B

?	**?**	**?**	**?**
Sie _____ Kopfschmerzen.	Er _____ kein Busticket.	Wir _____ im August Ferien.	Nein, sie _____ einen Papagei.
Warum _____ Henri keine Hausaufgaben?	Wo _____ Caro gestern?	Wo _____ ihr in den Ferien?	Wieso _____ du am Montag so glücklich?
!	**!**	**!**	**!**
?	**?**	**?**	**?**
Sie _____ im Mai Geburtstag, an einem Montag.	Er _____ einen Arzttermin.	Doch, aber er _____ kein Geld.	Ich _____ zu Hause.
_____ Simon keine Lust auf Fußball?	Warum _____ Lukas schlechte Laune?	_____ du schon einmal in Italien?	Wann _____ das Schulfest?
!	**!**	**!**	**!**

Sätze mit *deshalb*

Wieso?	Deshalb!	
		1. *Ich schwimme gern, deshalb fahre ich an den See.*
		2. Anna _____ _____ _____
		3. Wir _____ _____ _____
		4. Ich _____ _____ _____
		5. Oma _____ _____ Mama und ich
		6. Sie _____ _____ _____
		7. Sie _____ _____ _____
		8. Du _____ _____ _____
		9. Jannik _____ _____ _____

Wo? Wohin? Woher? – Orte mit Präpositionen

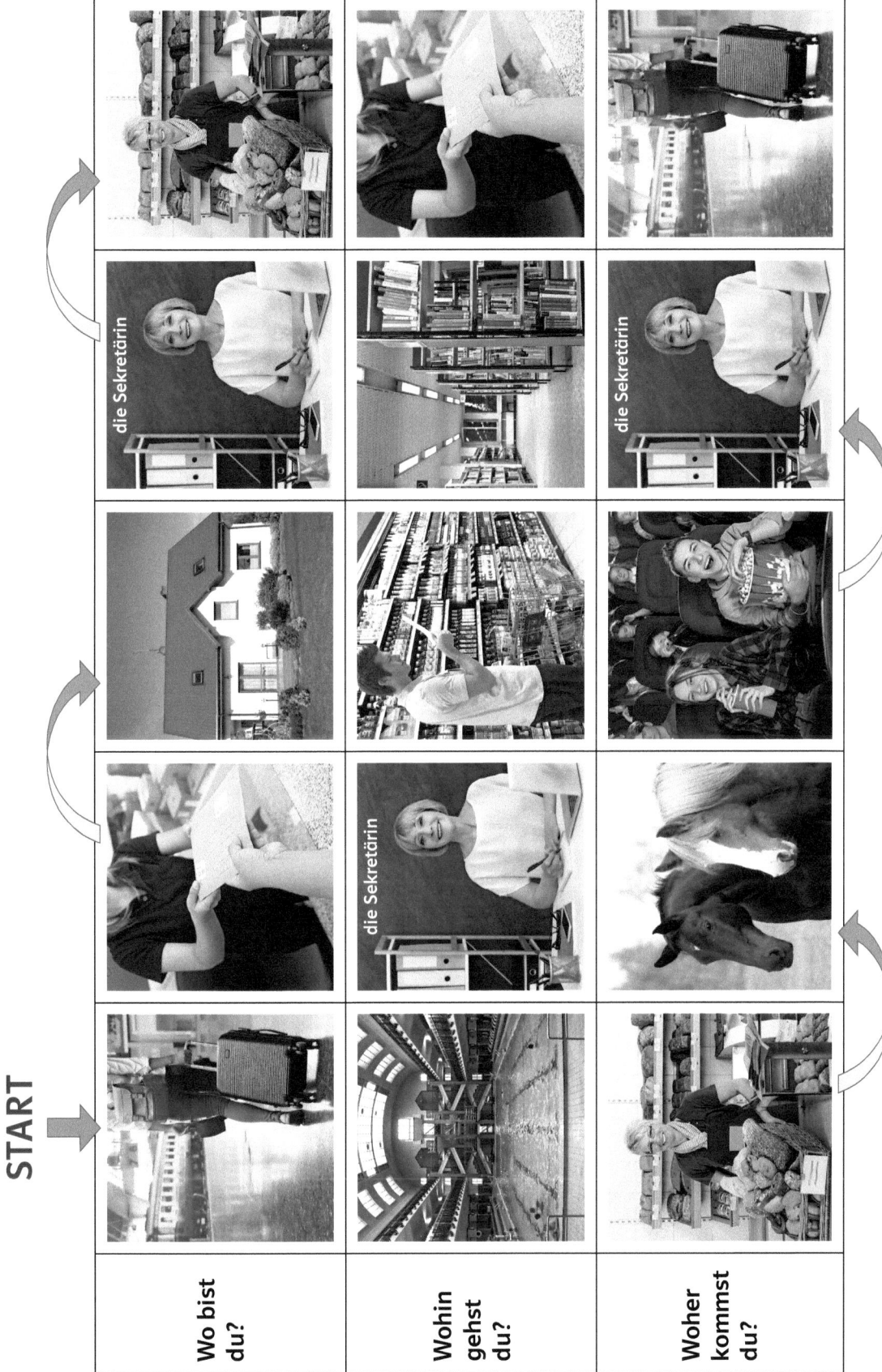

Wo bist du? Woher kommst du? Wohin gehst du?

Arbeitet zu zweit. B sagt den Satz und A kontrolliert. Macht den Lernfalter noch einmal, aber wechselt die Rollen.

	A		B
1	Wo? Ich bin beim Direktor.	1	Wo? Ich bin bei … + der Direktor
2	Wohin? Er geht ins Restaurant.	2	Wohin? Er geht in … + das Restaurant
3	Woher? Sie kommt von den Lehrern.	3	Woher? Sie kommt von … + die Lehrer (Pl.)
4	Wo? Du bist in der Post.	4	Wo? Du bist in … + die Post
5	Wo? Wir sind im Supermarkt.	5	Wo? Wir sind in … + der Supermarkt
6	Woher? Ihr kommt aus dem Haus.	6	Woher? Ihr kommt aus … + das Haus
7	Wohin? Er geht zum Lehrer.	7	Wohin? Er geht zu … + der Lehrer
8	Wo? Ich bin bei Marie.	8	Wo? Ich bin bei … + Marie
9	Woher? aus der Schule	9	Woher? die Schule
10	Wohin? in den Park	10	Wohin? der Park
11	Wo? im Café	11	Wo? das Café
12	Wo? in der Bäckerei	12	Wo? die Bäckerei
13	Wohin? zum Krankenhaus	13	Wohin? das Krankenhaus
14	Wo? beim Friseur	14	Wo? der Friseur
15	Woher? von der Zahnärztin	15	Woher? die Zahnärztin
16	Wohin? zum Tierarzt	16	Wohin? der Tierarzt

Mein Zimmer

A Vergleicht eure Zimmer. Findet sechs Unterschiede.

In dem Zimmer gibt es …/
In dem Zimmer sind …

B Vergleicht eure Zimmer. Findet sechs Unterschiede.

In dem Zimmer gibt es …/
In dem Zimmer sind …

Kleider-Domino

das Hemd, -en

das Kleid, -er

die Bluse, -n

die Schuhe (Pl.)

der Rock, ¨-e

das T-Shirt, -s

die Jeans, –

der Pullover, – /
der Pulli, -s

die Hose, -n

die Jacke, -n

Sätze mit Personalpronomen im Dativ

Arbeitet zu zweit. B bildet Sätze mit *mir, dir, ihm* … A kontrolliert. Wechselt anschließend die Rollen.

	A		B
1	Die Party gefällt **mir** supergut.	1	Die Party gefällt … (ich) supergut.
2	Das T-Shirt passt **dir** sehr gut.	2	Das T-Shirt passt … (du) sehr gut.
3	Kannst du **uns** helfen?	3	Kannst du … (wir) helfen?
4	Sieh mal, Mia gratuliert **ihr**.	4	Sieh mal, Mia gratuliert … (sie, *Sg.*).
5	Schmeckt **euch** die Pizza?	5	Schmeckt … (ihr) die Pizza?
6	Ich helfe **ihm** bei den Mathe-hausaufgaben.	6	Ich helfe … (er) bei den Mathe-Hausaufgaben.
7	Leos Freunde essen alles. Toll, die Hamburger schmecken **ihnen**!	7	Leos Freunde essen alles. Toll, die Hamburger schmecken … (sie; *Pl.*)!
8	**Dir** gefallen Jeansjacken, oder?	8	… (du) gefallen Jeansjacken, oder?
9	Passt **mir** das Hemd? Oder ist es zu klein?	9	Passt … (ich) das Hemd? Oder ist es zu klein?
10	Die Lehrerin hilft ihnen.	10	helfen – … (sie; *Pl.*) – die Lehrerin – .
11	Gefallen euch die Schuhe?	11	gefallen – … (ihr) – die Schuhe – ?
12	Meine Mutter hilft uns bei den Hausaufgaben.	12	helfen – … (wir) – meine Mutter – bei den Hausaufgaben – .
13	Nina gratuliert ihr zum Geburtstag.	13	gratulieren – … (sie; *Sg.*) – Nina – zum Geburtstag – .
14	Ihm passt die Hose nicht. / Die Hose passt ihm nicht.	14	passen – … (er) – die Hose – nicht – .
15	Gefällt dir das Kleid?	15	gefallen – … (du) – das Kleid – ?
16	Das Eis schmeckt mir. / Mir schmeckt das Eis.	16	schmecken – … (ich) – das Eis – .

Würfelt, wählt einen Satzanfang aus dem Kasten, formuliert den Satz und fragt dann eure Partnerin / euren Partner (*Und du?*). Variiert die Verben.

Hose	Rock	→	Bleistift	Kuli	Bett	Sofa
Sommer	Winter				lila	rosa
den Morgen	den Nach-mittag				Samstag	Sonntag
Geburts-tag	Weih-nachten				fernsehen	Computer spielen
Cola	Wasser				Bus	Fahrrad
Deutsch	Englisch				T-Shirts	Pullis
Hunde	Katzen				Bücher	Filme
grün	gelb				Fußball	Basketball
Obst	Süßig-keiten	←	Mathe	Physik	Real Madrid	FC Bayern München

Ich mag ... lieber als ...
Ich esse/trinke/spreche/trage/fahre ... lieber als ...

Ich finde ... besser als ...
Mir gefällt ... besser als ...
Mir schmeckt ... besser als ...

Wer macht das?

1. Formuliert zu zweit Fragen wie im Beispiel.
2. Sucht zu jeder Aktivität eine Person: Diese Person muss auf die Frage mit „ja" antworten. Schreibt jeden Namen nur **einmal**.

Bringst du jeden Tag
den Müll raus?

	Name
1. jeden Tag den Müll rausbringen	
2. abends den Tisch decken	
3. nach dem Essen die Spülmaschine einräumen	
4. Geschirr abtrocknen	
5. oft mit dem Hund spazieren gehen	
6. jede Woche Wäsche aufhängen	
7. manchmal das Bad putzen	
8. deinen Eltern im Haushalt helfen	
9. manchmal den Rasen mähen	
10. manchmal babysitten	
11. dein Zimmer aufräumen	
12. das Auto sauber machen	

Die Zeit angeben

Arbeitet zu zweit. A fragt und B sagt den Satz mit *in, vor* oder *nach*. A kontrolliert.
Ab Nr. 9 fragt B und A sagt einen Satz mit *in, vor* oder *nach*.

A		B	
1	Wann hat Ulrike Geburtstag? *In 2 Wochen.*	1	Bald! _____ 2 Wochen.
2	Wann geht Luis zum Training? *Nach der Schule.*	2	Später. _____ der Schule.
3	Wann ist Paulas Mutter zu Hause? *Nach der Arbeit.*	3	Jetzt arbeitet sie. _____ der Arbeit.
4	Wann lernt Mia Englisch? *Vor dem Test.*	4	_____ dem Test.
5	Jetzt ist es 10 Uhr. Wann geht Luisa mit dem Hund spazieren? *In fünf Stunden.*	5	Um 15 Uhr. _____ fünf Stunden.
6	Wann ist das Konzert? *In einer Woche.*	6	_____ _____ Woche (eine).
7	Wann geht Jannik ins Bett? *Nach dem Film.*	7	_____ _____ Film (der).
8	Wann hat Finn Karatetraining? *Vor dem Abendessen.*	8	_____ _____ Abendessen (das).
9	_____ zwei Monaten.	9	Wann haben wir Ferien? *In zwei Monaten.*
10	Später. _____ dem Unterricht.	10	Wann triffst du deine Freunde? *Nach dem Unterricht.*
11	_____ einer Stunde.	11	Wann ist die Schule heute aus? *In einer Stunde.*
12	Am Abend. _____ der Hausarbeit.	12	Wann geht Clara am Samstag ins Kino? *Nach der Hausarbeit.*
13	_____ dem Schlafen.	13	Wann putzt Jannik seine Zähne? *Vor dem Schlafen.*
14	_____ _____ Unterricht (der).	14	Wann machst du Hausaufgaben? *Nach dem Unterricht.*
15	_____ _____ Monat (ein).	15	Wann ist die Theatervorführung? *In einem Monat.*
16	_____ _____ Schule (die).	16	Wann frühstückst du? *Vor der Schule.*

Wechselspiel: Wegbeschreibung

Plan A:
Du bist in der Hauptstraße. Frage deinen Partner / deine Partnerin nach diesen Orten:

- das Café
- die Schule
- der Zahnarzt
- der Bahnhof
- der Park

Schreib den Ort in das richtige leere Kästchen.

Plan B:
Du bist in der Hauptstraße. Frage deinen Partner / deine Partnerin nach diesen Orten:

- das Schloss
- die Bäckerei
- der Buchladen
- die Apotheke
- die Metzgerei

Schreib den Ort in das richtige leere Kästchen.

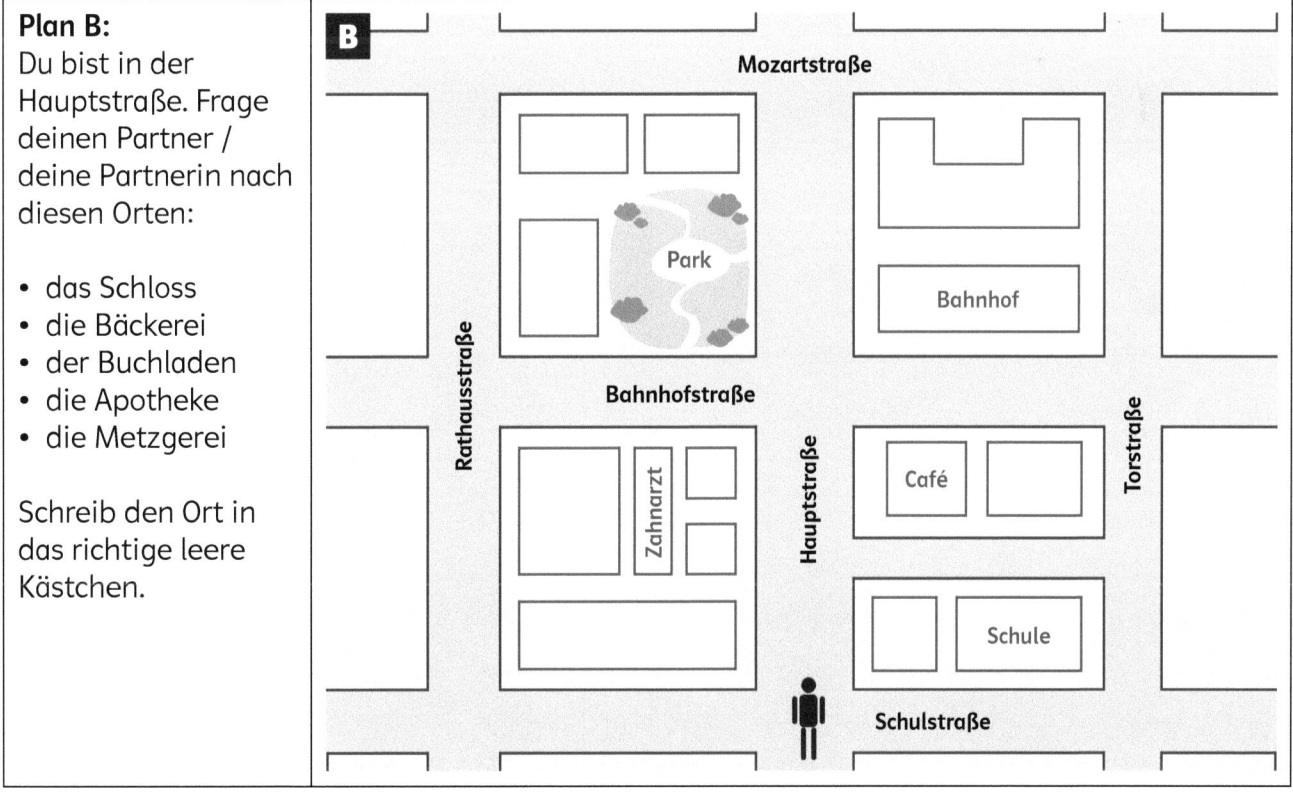

Regelmäßige Verben und Verben auf *-ieren* im Perfekt

Arbeitet zu zweit. Fragt und antwortet immer abwechselnd: A beginnt und sagt einen Infinitiv. B sagt das Partizip, A kontrolliert. Dann sagt B einen Infinitiv und A sagt das Partizip usw.

	A			B	
1	telefonieren	*hat telefoniert*	1	telefonieren	
2	spielen		2	spielen	*hat gespielt*
3	kochen	*hat gekocht*	3	kochen	
4	hören		4	hören	*hat gehört*
5	kaufen	*hat gekauft*	5	kaufen	
6	reden		6	reden	*hat geredet*
7	malen	*hat gemalt*	7	malen	
8	fotografieren		8	fotografieren	*hat fotografiert*
9	arbeiten	*hat gearbeitet*	9	arbeiten	
10	lernen		10	lernen	*hat gelernt*
11	organisieren	*hat organisiert*	11	organisieren	
12			12	tanzen	*hat getanzt*
13	machen	*hat gemacht*	13	machen	
14	regnen		14	regnen	*hat geregnet*

Autogrammjäger

Notiert die Fragen. Dann geht in der Klasse herum und fragt die anderen. Antwortet dein Partner / deine Partnerin „ja", notiere seinen/ihren Namen.

	Frage	Name
1. mit deiner Freundin / du / telefoniert / in den Ferien / hast / ?		
2. du / in den Ferien / fotografiert / viel / hast / ?		
3. du / am Wochenende / hast / gekauft / ein Buch / ?		
4. du / gestern / hast / Deutsch / gelernt / ?		
5. am Montag / du / hast / gemalt / ein Bild / ?		
6. am Wochenende / du / hast / getanzt / ?		
7. du / gehört / gestern Abend / Musik / hast / ?		
8. am Freitag / du / gespielt / hast / Computer / ?		
9. du / gekocht / gestern / hast / Spaghetti / ?		
10. mit deinen Eltern / du / geredet / hast / gestern / ?		

Lösung: 1. Hast du in den Ferien mit deiner Freundin telefoniert? 2. Hast du in den Ferien viel fotografiert? 3. Hast du am Wochenende ein Buch gekauft? 4. Hast du gestern Deutsch gelernt? 5. Hast du am Montag ein Bild gemalt? 6. Hast du am Wochenende getanzt? 7. Hast du gestern Abend Musik gehört? 8. Hast du am Freitag Computer gespielt? 9. Hast du gestern Spaghetti gekocht? 10. Hast du gestern mit deinen Eltern geredet?

Wo bin ich? Wohin fahre ich?

das Meer

Lena ist am Meer.
Lena fährt ans Meer.

die Berge

Finn ist in den Bergen.
Finn fährt in die Berge.

der Strand

Eva liegt am Strand.
Eva fährt an den Strand.

Nico ist in der Stadt.
Nico fährt in die Stadt.

Emil ist im Wald.
Emil geht in den Wald.

Anna ist im Dschungel.
Anna fährt in den Dschungel.

Samuel ist in dem Geschäft.
Samuel geht in das Geschäft.

der Fernsehturm

Paula ist auf dem Fernsehturm.
Paula geht auf den Fernsehturm.

Geografie: Länder in Europa

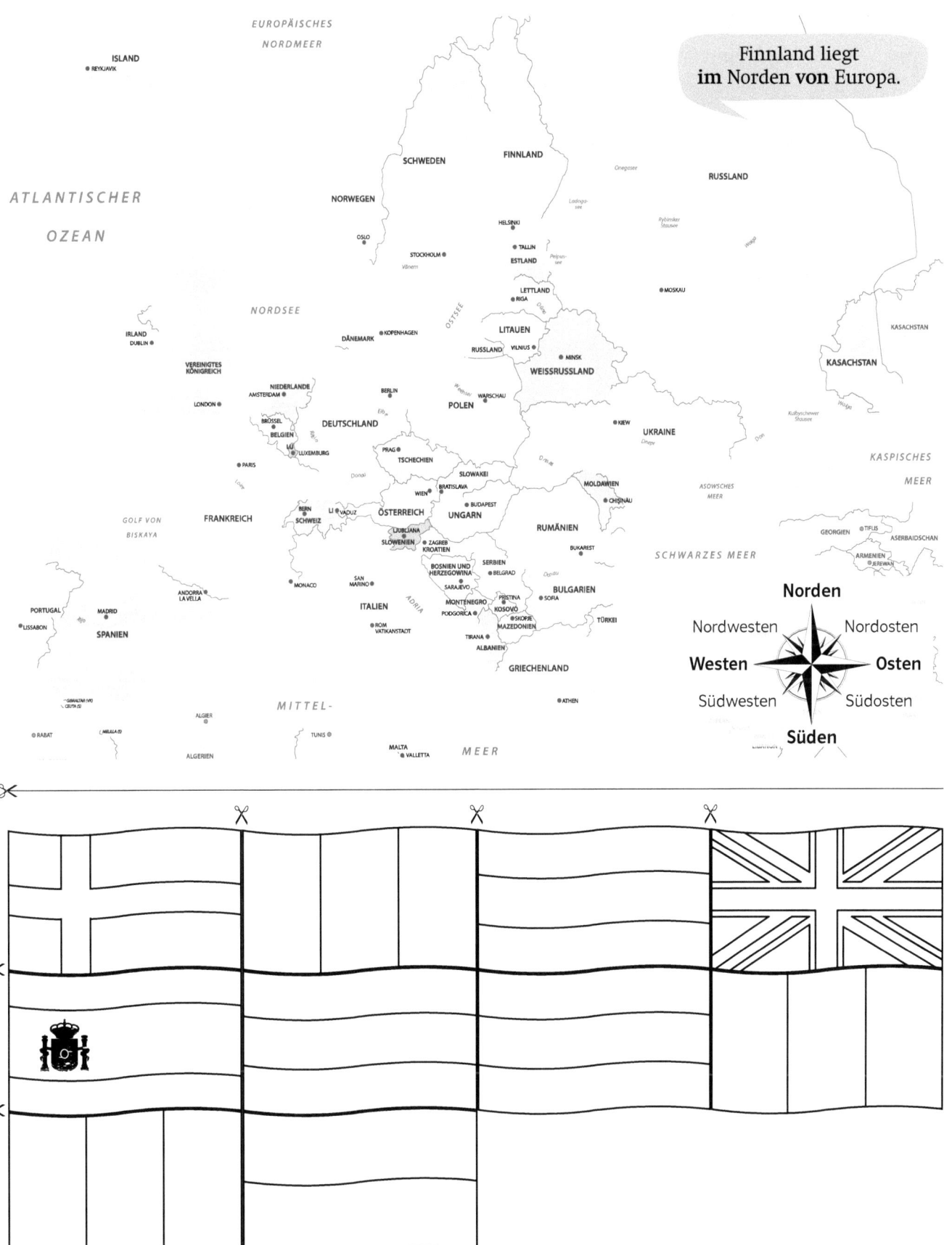

Finnland liegt **im Norden von** Europa.

A

1. Such die Länder auf der Karte. Notiere: Wo liegt das Land in Europa? Wie heißt die Hauptstadt?

Land	Finnland	Italien	Bulgarien	Großbritannien	Russland
Himmelsrichtung	im Norden				
Hauptstadt					

2. Frag jetzt deinen Partner / deine Partnerin nach den Ländern in der Tabelle und notiere die Informationen.

Wo liegt Deutschland?

Deutschland liegt **in der Mitte von** Europa.

Was ist die Hauptstadt von Deutschland?

Berlin ist die Hauptstadt von Deutschland.

Land	Deutschland	Frankreich	Spanien	Rumänien	Polen
Himmelsrichtung	in der Mitte				
Hauptstadt					

✂ ——

B

1. Such die Länder auf der Karte. Notiere: Wo liegt das Land in Europa? Wie heißt die Hauptstadt?

Land	Deutschland	Frankreich	Spanien	Rumänien	Polen
Himmelsrichtung	in der Mitte				
Hauptstadt					

2. Frag jetzt deinen Partner / deine Partnerin nach diesen Ländern und notiere die Informationen.

Wo liegt Finnland?

Deutschland liegt **im Norden von** Europa.

Was ist die Hauptstadt von Deutschland?

Berlin ist die Hauptstadt von Deutschland.

Land	Finnland	Bulgarien	Italien	Großbritannien	Russland
Himmelsrichtung	im Norden				
Hauptstadt					

Biologie: Tiere

1. Wie heißen die Haustiere? Findet Singular und Plural. Verbindet. Sprecht dann wie im Beispiel.

das Meerschweinchen   das Pony   das Kaninchen   die Meerschweinchen

die Kaninchen   die Vogelspinne

die Vögel

die Ponys   die Vogelspinnen   die Schildkröte   die Schildkröten

die Ratte   die Schlange   der Vogel   die Schlangen   die Katze

die Katzen   die Ratten

Nummer 1 ist ein Kaninchen.

Kaninchen finde ich toll! /
Kaninchen mag ich nicht.

2. Lest den Text und ergänzt den Steckbrief.

Mein Hund Bernie ist schwarz und nicht so groß. Ich glaube, ungefähr 25 cm. Er ist 6 Jahre alt und bellt oft: Wau, wau! Er lebt bei uns zu Hause und frisst gerne Hundefutter, aber auch Fleisch. Sein Lieblingsspielzeug ist ein Ball, aber er spielt auch gerne mit Stöcken. Er geht gerne spazieren, dann brauche ich eine Hundeleine. Zu Hause haben wir einen Futternapf und einen Korb für Bernie. Dort hat er seinen Lieblingsknochen und dort schläft er. Manchmal bade ich ihn. Und ich muss die Haare von Bernie jede Woche bürsten.

Mein Hund Bernie

die Farbe:		die Nahrung:	
die Größe:		das Zubehör:	
das Alter:			
das Geräusch:			
der Lebensraum:		die Pflege:	

3. Wo passen die Wörter? Kennt ihr noch mehr Wörter?

das Aquarium ✦ bürsten ✦ das Fischfutter ✦ fliegen ✦ das Heu ✦ der Käfig ✦
knabbern ✦ die Koppel ✦ die Körner ✦ die Muscheln ✦ der Sattel ✦ schwimmen ✦
die Sitzstange ✦ der Stall ✦ der Vogelsand ✦ die Wasserpflanze ✦ wiehern ✦ zwitschern

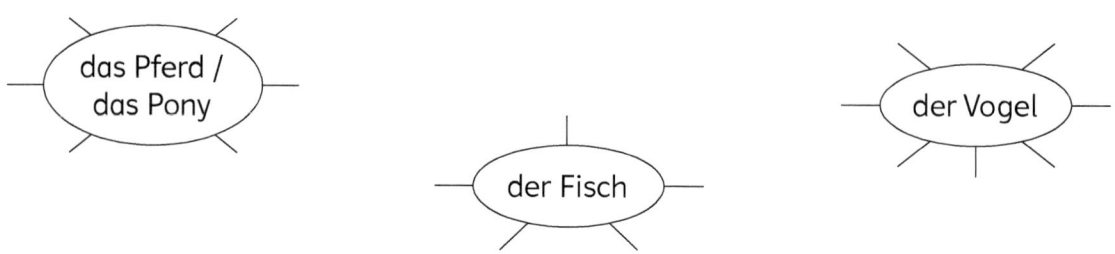

das Pferd /
das Pony

der Fisch

der Vogel

4. Wählt zu zweit ein Tier aus Aufgabe 1. Sucht wichtige Wörter zu eurem Tier und schreibt dann einen Steckbrief wie in Aufgabe 2. Ihr könnt auch ein Plakat machen und präsentieren.

5. Ordnet die Tiere den Fotos zu wie im Beispiel.

die Gans, ¨-e ✦ das Eichhörnchen, – ✦ der Fuchs, ¨-e ✦ das Huhn, ¨-er ✦ der Igel, – ✦
die Kuh, ¨-e ✦ das Reh, -e ✦ das Schaf, -e ✦ das Schwein, -e ✦ der Schmetterling, -e

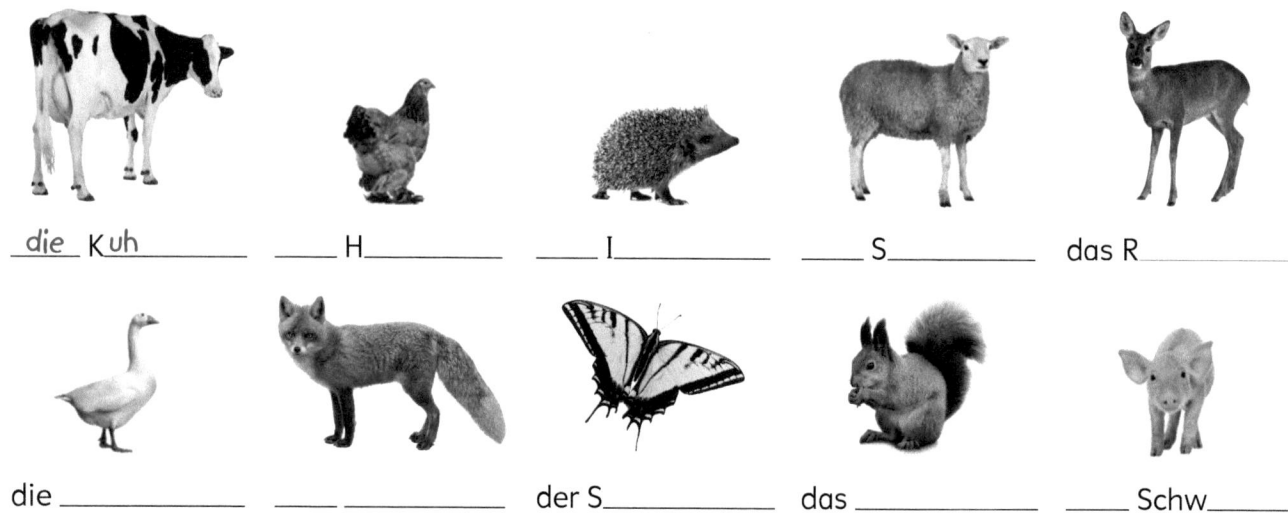

die K uh _____ ____ H_____ ____ I_____ ____ S_____ das R_____

die _____ ____ _____ der S_____ das _____ ____ Schw_____

6. Wo leben die Tiere aus Aufgabe 5? Ergänzt die Sätze. Schreibt die Tiere im Plural.

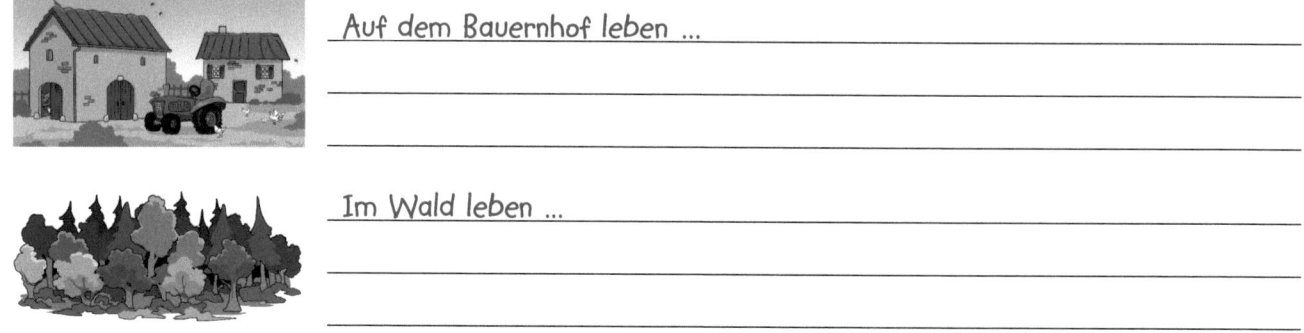

Auf dem Bauernhof leben ... _____

_____

_____

Im Wald leben ... _____

_____

_____

Sport: Sportarten und Bewegungsübungen

1. Notiert zu zweit: Wie heißen die Sportarten? Welche Aktivitäten sind in dieser Sportart wichtig?
   Manche Ausdrücke passen mehrmals.

abseilen ✦ angreifen ✦ barfuß trainieren ✦ klettern ✦ rennen ✦ ruhig und tief atmen ✦ schießen ✦ schnell fahren ✦ springen ✦ treten	den Ball schlagen ✦ den Ball werfen ✦ den Gegner treffen ✦ den Korb treffen ✦ Schläge und Tritte abwehren ✦ das Tor treffen	das Gewicht verlagern ✦ die Balance halten ✦ die Muskeln langsam dehnen ✦ eine Haltung einnehmen ✦ die Knie beugen ✦ Slalom fahren ✦ den Partner sichern

_Fußball_____ :
schießen
laufen
rennen
treten
das Tor treffen

_____ :

_____ :

_____ :

_____ :

_____ :

2. Sprecht zu zweit: Partner A beschreibt eine Sportart aus Aufgabe 1. Partner B rät.

3. Wählt eine Sportart. Erzählt dann in der Klasse: Was macht ihr bei der Sportart? Wo macht ihr das?

> Ich finde … am besten. / … macht mir Spaß. / … sehe ich gern im Fernsehen.
> Man rennt/springt/klettert / …
> Man braucht einen Ball / Ski / Schuhe …
> … spielt/trainiert man allein / zu zweit / im Team.
> … kostet ca. … Euro im Monat.
> Beim … ist man in der Sporthalle / im Schwimmbad / im Stadion /
> draußen auf dem Sportplatz / draußen in der Natur.
> Ich trainiere/übe einmal/zweimal/dreimal in der Woche / jeden Tag.

4. Seht das Buchstaben-Plakat mit den Punkten an:
   – Ein Punkt links heißt: *Ihr hebt den Arm links und lest den Buchstaben!*
   – Ein Punkt rechts heißt: *Ihr hebt den Arm rechts und lest den Buchstaben!*
   – Ein Punkt unten heißt: *Ihr hebt beide Arme und lest den Buchstaben!*
   Euer Lehrer / Eure Lehrerin zeigt nun auf einen Buchstaben und ihr macht die passende Bewegung.

5. Jeder überlegt sich eine Anweisung für eine Bewegung. Spielt dann eine Runde mit dem Buchstaben-Plakat: Einer sagt eine Anweisung und zeigt auf einen Buchstaben, die anderen machen die Bewegung und lesen dabei laut den Buchstaben. Nach fünf Buchstaben wechselt ihr.

   Beispiele:

   > Hebt den Arm /
   > das Bein / das Knie
   > links/rechts
   > und lest …

   > Legt den Kopf nach
   > links/rechts/hinten
   > und lest …

   > Steht auf und
   > lauft (links/rechts)
   > um den Stuhl
   > und lest …

•A	B•	C̣	K•	Ỵ
•O	•M	H•	Ṭ	J•
•S	L•	Ṛ	•N	Q•
Ṛ̣	W•	•D	X̣	U•
Ị	V•	•G	Ḟ	E•

Geografie: Wetter und Wetterbericht

1. Ordnet die Sätze den Wetter-Symbolen zu. Manchmal passen zwei oder drei Sätze.

Es regnet. ✦ ~~Die Sonne scheint~~ ✦ Es ist kalt. ✦ Es sind 35 Grad[1]. So eine Hitze! ✦
Es ist bewölkt. ✦ Es blitzt und donnert. ✦ Es ist warm. ✦ Es gibt Regen. ✦ Es ist heiß. ✦
Am Morgen gibt es Nebel. ✦ Es sind minus 3 Grad. ✦ Es gibt viele Wolken. ✦ Es ist windig. ✦
Es gibt ein Gewitter. ✦ Es schneit. ✦ Wir warten auf Schnee! ✦ Es gibt einen Sturm. ✦
Es ist sonnig. ✦ Es ist neblig. ✦ Es gibt starken Wind.

Die Sonne scheint.

Es ist ...

---

1 Die Temperaturen nennt man in Europa immer in *Grad Celsius*.

2. Sprecht zu zweit. Wie ist das Wetter bei euch heute, morgen und übermorgen?

3. Arbeitet zu zweit. Sucht die folgenden Städte auf einer Weltkarte. Liegen sie in Asien, Afrika, Amerika, Australien oder Europa?

Berlin	Dubai	Madrid	Oslo	Santiago de Chile	Tokio	Wien
Bern	Havanna	Moskau	Reykjavik	Sydney	Toronto	Windhuk

4. Das Wetter auf der ganzen Welt: Arbeitet zu zweit und wählt eine Tabelle. Jeder sucht die Städte aus seiner Tabelle auf einer Weltkarte. Wo liegen die Städte? Recherchiert dann das Wetter für diese Stadt. Erzählt eurem Partner / eurer Partnerin:
   – Wo liegt die Stadt?
   – Wie ist das Wetter dort?
   – WelcheTemperatur ist dort?

Wo liegt …? Wie ist das Wetter heute in …? Ist es heiß/kalt…? Wie ist die Temperatur in …?

… liegt im Süden/Osten … von … Das Wetter in … ist gut/schlecht. Die Temperatur ist … Es ist windig und regnet / Es schneit … / …

Partner A

Stadt	Lage	Wetter	Temperatur
Santiago de Chile			
Windhuk			
Dubai			
Madrid			
Reykjavik			
Berlin			
Oslo			

Partner B

Stadt	Lage	Wetter	Temperatur
Sydney			
Havanna			
Tokio			
Toronto			
Moskau			
Wien			
Bern			

5. Wählt eine Stadt aus Aufgabe 3 und sprecht vor der Klasse über die Lage und das Wetter dort.

In Windhuk ist es heute sehr windig!

Hier finden Sie alle didaktischen Verfahren, auf die in den Erläuterungen zum Unterricht mit einem Pfeil (→) verwiesen wird, alphabetisch aufgeführt und erläutert.

1, 2, 3: Sie nennen ein grammatisches Thema, z. B. die Singular-Konjugation von *kommen*. Die Zahl 1 steht für *ich*, die Zahl 2 für *du* und die Zahl 3 für *er/sie/es*. Die S stehen sich in PA gegenüber und üben zunächst den Ablauf, indem sie im Wechsel *1, 2, 3* sagen, d. h. Partner A sagt *1*, Partner B *2*, Partner A *3*, Partner B wieder *1* etc. Nach dem Üben der Reihenfolge werden die Zahlen durch die Konjugation ersetzt: Partner A sagt *Ich komme*, Partner B: *Du kommst*, Partner A: *Er kommt*, Partner B *Ich komme* etc. Die S sollen dabei schneller werden. Nach einer Weile ersetzt ein Partner eine Form durch eine Bewegung (z. B. in die Hände klatschen). Immer wenn diese Form an der Reihe ist, wird nun nicht mehr die Konjugation gesagt, sondern in die Hände geklatscht. So lange fortführen, bis alle drei Formen durch eine Bewegung ersetzt sind.

Ausstellung: Die S hängen ihre Ergebnisse im Klassenraum auf und gehen dann wie bei einem Galeriebesuch herum, um kleine Kommentare, Nachrichten, Smileys etc. zu hinterlassen. Sagen Sie den S, dass sie nur positive Wertungen abgeben dürfen und zu einer bestimmten Anzahl Zettel etwas notieren müssen. Verteilen Sie für die Auswertung z. B. 3 farbige Klebepunkte an jeden S. Die S vergeben ihre 3 Punkte an die Produkte, die ihnen am besten gefallen. Der S oder die Gruppe mit den meisten Punkten wird mit einem Preis prämiert. Für größere Präsentationen bieten sich Ausstellungstische an. Jede Gruppe arrangiert ihre Ergebnisse auf einem Tisch, evtl. mit Erklärungen. → **Marktstand**, → **Präsentation von Ergebnissen**

Autogrammjäger: Jeder S bekommt eine Kopie mit Fragen oder mit Fragevorgaben, die noch ausformuliert werden müssen (dann ist das Schritt 1). Die S gehen in der Klasse herum und stellen sich die Fragen. Wenn eine Person mit *Ja!* antwortet, notieren die S den Namen. Je nach Gruppengröße geben Sie vor, wie oft man den Namen derselben Person notieren darf. Wer zuerst alle Aktivitäten mit Namen versehen hat, ruft *Stopp!*. Die S bilden einen Kreis. Fragen Sie z. B. *Was macht Maria?* und alle S, die Informationen zu Maria haben, berichten.

Ballrunde: Aktivität zur Automatisierung: Sie stellen eine Frage und werfen einen weichen Ball einem S zu. Dieser beantwortet die Frage, stellt dieselbe Frage und wirft den Ball zu einem anderen S weiter. Das geht so lange, bis alle S gefragt und geantwortet haben.

Bingo → **Zahlenspiele** (auch für Uhrzeiten und Wortschatz nutzbar)

Collagen: Das Erstellen von Collagen ist eine motivierende, kreative Möglichkeit, Informationen zu einem Thema zu sammeln und darzustellen. Sie eignet sich aber auch zur Visualisierung grammatischer Strukturen oder für das Wortschatztraining. Sie brauchen dafür deutschsprachige Zeitschriften und Zeitungen, Scheren, DIN-A3-Papier, Kleber, dicke, bunte Stifte. Die S arbeiten in Kleingruppen zusammen. Je nach Arbeitsauftrag schneiden sie bestimmte Wörter, Sätze und/oder Fotos aus den Zeitschriften und Zeitungen aus, arrangieren alles auf dem Papier und kleben es auf. Ggf. schreiben sie Erklärungen bzw. Kommentare dazu. Danach bietet sich eine → **Ausstellung** bzw. → **Präsentation** im Kurs an.

Domino: Je 2–4 S erhalten ca. 20 Domino-Kärtchen. Jeder S bekommt 3 Kärtchen, die restlichen werden auf einen Stapel in die Mitte gelegt, ein Kärtchen wird aufgedeckt. Ein S beginnt und versucht eines seiner Kärtchen anzulegen. Kann er nicht anlegen, zieht er eines vom Stapel und der nächste S ist dran usw. Wer zuerst keine Kärtchen mehr auf der Hand hat, hat gewonnen. Domino eignet sich für das Einüben von Wortschatz (z. B. Wort-Bild, Wort-Definition), Verbformen (z. B. Personalpronomen-Verbform, Infinitiv-Partizip), Sätzen (z. B. Fragen-Antworten) usw. Sprachlich stärkere S können selbst ein Dominoset erstellen und mit einer anderen Gruppe tauschen. Sie schreiben z. B. auf die eine rechte Seite ein Wort und malen auf die linke Seite ein anderes Wort. Für jedes Wort muss in diesem Fall ein passendes Bild auf einem anderen Kärtchen sein, damit sich der Kreis schließen kann.

Dreieck der Gemeinsamkeiten: Die S arbeiten in Dreier-KGs. Zeichnen Sie ein großes Dreieck auf ein Blatt. Die S sprechen darüber, was sie mögen. Wenn alle drei S es mögen, wird es in die Mitte notiert. Wenn es nur 2 S mögen, wird es auf die Linie zwischen ihren Namen notiert. Wenn es nur ein S mag, notiert er es in seiner Ecke. Am Ende werden die Gemeinsamkeiten präsentiert. Die Gruppe mit den meisten Gemeinsamkeiten gewinnt. Diese Aktivität eignet sich für viele Themenbereiche z. B. Essen, Hobbys, Tagesablauf, Wohnen usw.

Fehlerauktion: Sie erstellen ein Arbeitsblatt, auf dem Sie sprachlich korrekte und falsche Sätze aus den Texten der S mischen. Es darf dabei äußerlich nicht erkennbar sein, welche Sätze richtig bzw. falsch sind. Erstellen Sie Spielgeld, indem sie auf so viele Zettel immer je *100 Euro* schreiben, dass alle S/KG 1000 Euro bekommen können. Die S versuchen nun in EA oder in KG, die richtigen Sätze zu „ersteigern", indem sie das Spielgeld bieten. Geboten wird immer in 100er-Schritten. Erst wenn alle Sätze versteigert wurden, klären Sie im PL, welche Sätze falsch waren. Diese Sätze werden im PL korrigiert. Es gewinnt die Gruppe, die die meisten richtigen Sätze ersteigert hat. Für eine Fehlerauktion können auch die S selbst die Sätze schreiben.

Kettenübung: Die S stellen sich nacheinander eine Frage mit der gleichen Struktur oder bilden einen Satz mit der gleichen Struktur. Meist geht es dabei um die Einübung und Systematisierungen von grammatischen Strukturen oder Redemitteln. Jeder S sollte mindestens einmal an der Reihe sein. Die Reihenfolge der S können Sie dadurch auflockern, dass sich die S einen Ball zuwerfen. Sie können auch eine Kettenübung in KG machen, dann geht es reihum. Sagen Sie hier dann vorher, wie viele Runden lang die S mindestens fragen sollen.

Didaktisches Glossar

Koffer packen: Ablauf wie bei der → **Kettenübung**, nur dass die S immer all die genannten Wörter oder Sätze noch einmal wiederholen müssen. Beispiel: *Ich heiße Maria. – Das ist Maria und ich heiße Anton. – Das ist Maria, das ist Anton und ich heiße Fatima.*

Kooperatives Lesen: Die S bearbeiten in Kleingruppen einen Text. Je 2–3 S lesen ihren Text oder Textteil, erarbeiten gemeinsam den Inhalt und fassen ihn in der Gruppe zusammen. Dann werden neue Gruppen gebildet, in denen mindestens ein S aus jeder vorigen Gruppe ist. Jeder S erzählt nun der neuen Gruppe den Inhalt seines Textes oder Textteils, damit alle über alles informiert sind. Ermitteln Sie am Ende (z. B. mit einem Quiz zu allen Texten oder dem gesamten Text), inwieweit alle wichtigen Informationen vermittelt und verstanden wurden. Oder die S lösen jetzt die KB-Aufgaben zum Text. **Alternative:** Bei längeren Texten können Sie auch verschiedene Aufgaben in die Gruppen geben. Unterteilen Sie den Text in ähnlich lange Abschnitte. Der erste S fasst z. B. den Inhalt des Abschnitts zusammen, der zweite erarbeitet die grammatischen Strukturen, der dritte klärt neuen Wortschatz o. Ä. Nach jedem Abschnitt geben die S ihre Aufgabe innerhalb ihrer Gruppe weiter. Nachdem sie so den gesamten Text bearbeitet haben, lösen alle die KB-Aufgaben zum Text.

Kugellager: Die S bilden einen Innen- und einen Außenkreis, wobei die S sich gegenüberstehen. Die S lösen die Aufgabe, dann klatschen Sie in die Hände und der Außenkreis wandert eine Person weiter nach rechts – und die S machen wieder dieselbe oder eine andere Aufgabe.

Kursspaziergang: Hierbei geht es darum, mit wechselnden Partnern kurze Gespräche zu führen oder gemeinsam eine Aufgabe zu lösen. Jeder S bekommt anfangs ein Kärtchen, z. B. mit einer Frage. Dann gehen alle S durch den Raum und treffen sich mit einer Person. Mit dieser Person sprechen sie über ihre eigene Frage und die ihres Partners. Wenn sie fertig sind, tauschen sie die Karten und gehen zur nächsten Person. Das kann man beliebig oft wiederholen. Statt mit Fragen können Sie auch Kärtchen mit einzelnen Aufgaben oder Lückensätzen erstellen. Die Lösung sollte jeweils auf der Rückseite der Kärtchen stehen, damit die S sich selbst korrigieren können.

Laufdiktat: Kopieren Sie einen Text, zerschneiden Sie ihn in Teil A und B und hängen Sie die Teile in der Klasse an verschiedenen Stellen auf. Die S arbeiten in PA. Ein S läuft zum Diktattext, merkt sich einen Teil, läuft wieder zurück und diktiert seinem Partner, was er behalten hat. Dann läuft er wieder los usw. Die S können so oft laufen wie nötig. Für Teil B Wechsel. (Schwieriger: Kopieren Sie den Text nicht komplett, sondern lassen Sie Lücken, die die S dann selbst ergänzen müssen.) **Alternative:** Die S dürfen nur flüstern. Das erhöht die Konzentration und die Deutlichkeit der Aussprache.

Lebendige Sätze: Diese Aktivität eignet sich gut zur Bewusstmachung von Satzstrukturen wie z. B. Verbposition und Satzklammer. Sie brauchen so viele Karten, wie es Satzteile und Satzzeichen gibt. Schreiben Sie die Satzteile und Satzzeichen auf einzelne Karten. Bei den Sätzen *Woher kommst du? Ich komme aus Helsinki.* benötigen Sie 9 Karten. Bitten Sie 9 S, nach vorne zu kommen. Jeder erhält eine Karte. Die anderen S positionieren die 9 S so, dass ihre Karten einen grammatikalisch richtigen Satz ergeben. Alternativ können sich auch die S mit Kärtchen selbst positionieren. Die anderen S sagen, ob es so richtig ist. Dann thematisieren Sie, was von besonderem Interesse ist (z. B. die Position des Verbs auf Position 2). Sie können die Sätze, wenn es passt, auch auf verschiedene Weise umstellen lassen, um den S bestimmte Gesetzmäßigkeiten zu verdeutlichen (z. B. dass im Aussagesatz auf Position 1 vieles stehen kann, das Verb aber immer auf Position 2 bleibt).

Lernplakat: Nach der Erarbeitung von grammatischen Regeln ist die Erstellung eines Lernplakats, das im Kursraum aufgehängt und immer wieder als „Spickzettel" verwendet werden kann, sinnvoll. Je 2 bis 3 S arbeiten zusammen und erstellen ein Lernplakat, z. B. zur Konjugation von *sein* und *haben*. In der Mitte des Plakats sollte die Konjugation der Verben stehen, außen herum kann die Konjugation mit Beispielen, eindeutigen Symbolen und Zeichnungen visualisiert werden. Achtung: Ein Lernplakat sollte klar und übersichtlich gestaltet werden und nicht zu viele Informationen auf einmal enthalten (nur das Wesentliche!). Erklärtext und Farben sollten nur sparsam eingesetzt werden.

Liedtext pflücken: Kopieren Sie den Liedtext groß und mit genügend Abstand zwischen den Zeilen. Schneiden Sie ihn in Streifen. Jede KG bekommt den kompletten Liedtext in Streifen geschnitten und gemischt. Die S legen die Sätze sichtbar auf den Tisch und beginnen, um den Tisch herumzugehen. Starten Sie das Lied, die S laufen weiter, niemand darf stehen bleiben. Immer wenn die S eine Liedzeile verstehen, „pflücken" sie den passenden Streifen vom Tisch, bis am Ende keine Streifen mehr übrig sind und das Lied zu Ende ist. Es kann passieren, dass Streifen nicht gepflückt wurden, das ist kein Problem. Gewonnen hat, wer die meisten Streifen gepflückt hat. Beim anschließenden 2. Hören stehen alle S am Tisch und legen die Streifen in der richtigen Reihenfolge ab.

Montagsmaler → **Wortschatzspiele**

Paare finden: Je 2–4 S spielen mit ca. 20 Kärtchen. Immer 2 Kärtchen bilden ein Paar. Die S mischen und legen alle Kärtchen verdeckt auf den Tisch. Ein S beginnt und deckt nacheinander zwei Kärtchen auf. Passen sie zusammen, behält er sie und darf noch einmal spielen. Passen sie nicht, dreht er sie wieder um und der nächste S ist dran. Der S, der am Ende die meisten Paare hat, gewinnt. Paare finden eignet sich für das Einüben von Wortschatz (z. B. Wort–Bild, Land–Sprache, Gegensatzpaare), Verbformen (z. B. Infinitiv), Sätzen (z. B. Fragen–Antworten) usw.

Paare finden mit Schülern: Hier bilden sozusagen die S die Spielkarten. Zwei S gehen raus, die anderen stellen sich verteilt in den Raum und bekommen eine Karte mit der Info, was sie sind. Die 2 S kommen wieder rein und „decken" nun abwechselnd die „Karten" auf, in dem die je 2 S aus der Klasse fragen und dann entscheiden, ob es sich um ein Paar handelt oder nicht. (Beispiel: Ein S sagt das Wort *groß*. Der zweite S des Paares ist der S mit dem Wort *klein*).

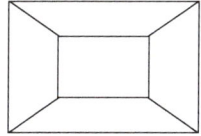

Platzdeckchen: Alle S notieren in Vierer-KG auf einem in der Mitte liegenden, segmentierten Papier ca. 5 bis 7 Minuten lang gleichzeitig in ihr jeweiliges Segment die Sätze oder einen kleinen Text zum genannten Thema. Danach wird das „Platzdeckchen" dreimal gedreht und alle Sätze/Texte werden von den anderen gelesen. (und hier noch einmal laut formuliert). Alle Gemeinsamkeiten werden in der Mitte notiert. Im Anschluss daran tauschen sich zwei Gruppen miteinander über die gemeinsamen Informationen ihrer Gruppe in der Mitte aus.

Präsentation der Ergebnisse:
- → **Ausstellung**
- **Marktstand:** Während alle S die → **Ausstellung** besuchen, bleibt an jedem Tisch ein „Experte", der kurz die wichtigsten Punkte erklärt und auf Fragen der Besucher antwortet. Der „Experte" wird ab und zu ausgewechselt, damit alle S alle Tische ansehen können.
- **Poster/Plakat:** Ein Poster/Plakat ist ein kreatives Medium, das die Lerner besonders gut zur Präsentation von Gruppenarbeiten, aber auch zur Unterstützung von Vorträgen einsetzen können. Poster/Plakate sollten möglichst groß (DIN A3 oder größer) sein. Sie stellen im Allgemeinen ein klar umrissenes Thema dar (Überschrift des Posters/Plakats), der Schwerpunkt liegt auf visuellen Elementen (Bilder, Fotos).
- **Power-Point-Präsentation:** Wenn Ihre S diese Präsentationsform wünschen, legen Sie vorab die Anzahl der Folien und die Dauer der Präsentation fest. Überlegen Sie gemeinsam, wie eine „gute" Folie aussieht (Textmenge, Schriftgröße).
- → **Standbild**
- → **Wirbelgruppen**

Rechts-Links-Gehen: Das Rechts-Links-Gehen kann man für verschiedene phonetische Differenzierungen benutzen (differenziertes Hören). Die S bilden zwei Reihen und haken sich ein. Wenn es in Ihrer Klasse Probleme mit Mädchen und Jungen gibt, bilden Sie eine Jungen-Reihe und eine Mädchen-Reihe. Sie notieren die Phänomene an der Tafel und ergänzen, wann die S einen Schritt nach links oder nach rechts machen müssen. Dann lesen Sie die Wörter vor. Beispiel: Beim Thema *lange und kurze Vokale* muss die ganze Reihe der S beim Hören eines langen Vokals (z. B. beim Wort *Bruder*) ein Schritt nach links, beim Hören eines kurzen Vokals (z. B. *Mutter*) ein Schritt nach rechts machen.

Reißverschluss: Die S stehen oder sitzen sich in Reihen gegenüber und bearbeiten die Aufgabe. Auf ein Signal hin verlässt ein S von einem der Reihenendplätze seinen Platz und geht an den Anfang seiner Reihe. Alle in der Reihe wandern einen Platz weiter. Auf diese Weise bekommen alle S einen neuen Partner, mit dem wiederum die nächste Aufgabe bearbeiten.

Rollenspiel mit Souffleur: Zu viert erarbeiten S einen Dialog. Beim Vorspielen stehen immer 2 S hintereinander. Der hintere S liest dem vorderen den Satz leise ins Ohr vor. Dieser sagt ihn laut mit der entsprechenden Betonung.

Satzstreifen: Schreiben Sie die zu bearbeitenden Sätze auf Papierstreifen. Notieren Sie auf der Rückseite die Lösung. Legen Sie die Papierstreifen im Raum aus. Die S gehen in PA herum und lösen die jeweilige Aufgabe auf dem Streifen mündlich. Dann kontrollieren sie mithilfe der Lösung. Wenn es Fragen zur Lösung gibt, wenden die S sich an Sie. Die S lernen so, autonom zu arbeiten, sich selbst zu kontrollieren und bei Bedarf Fragen zu stellen.

Speeddating → **Reißverschluss**

Sprechmühle: Die S laufen zu Musik frei in der Klasse herum, Sie stoppen die Musik und sagen eine Zahl zwischen 2 und 5. In dieser Anzahl stellen sich S zusammen und bearbeiten die Aufgabe so lange, bis Sie wieder die Musik anmachen.

Staffellauf: Kopieren Sie Wortschatz (z. B. Bilder von Berufen) zweimal auf Karten. Die S teilen sich in zwei Gruppen auf und stellen sich darin in einer Reihe hintereinander auf.
Option A: Der je erste S sieht eine Karte an und macht das Wort (z. B. den Beruf) pantomimisch vor. Die anderen S aus seiner Gruppe müssen raten. Wenn die S das Wort geraten haben, läuft dieser S nach hinten in die Reihe und der nächste S ist dran. Die Gruppe, die zuerst alle dargestellten Wörter geraten hat, hat gewonnen.
Option B: Sie legen je einen Satz Wortschatzfotos auf zwei verschiedenen Tischen im Raum aus. Legen Sie jeweils einen Satz dazu passender Wortkarten verteilt auf zwei andere Tische. Die S ziehen eine Wortkarte, laufen zum Tisch mit den Fotos und legen ihre Karte zu dem passenden Foto. Dann laufen sie zurück und stellen sich hinten an. Erst dann darf der nächste S eine Karte ziehen. Gewonnen hat die Gruppe, die zuerst alle Wortkarten richtig zugeordnet hat.

Standbild: Standbilder eignen sich für die Darstellung von Situationen aus Texten oder Comics. Die S arbeiten in KG und entscheiden sich, wie sie die vorgegebene Situation darstellen wollen: Wie stehen sie zueinander? In welcher Körperhaltung? Welche Mimik zeigen sie? Welche Gestik? Wie bei einer Skulptur stehen sie still, es ist keine Pantomime, in der sich die S bewegen dürfen. Die KG kommen nacheinander nach vorne und stellen sich für ihr Standbild auf. Je nach Aufgabe interpretieren die anderen S das Standbild, sie sagen, zu welchem Wort, zu welcher Situation, zu welchem Bild es nach ihrer Ansicht passt. Dann löst die Standbildgruppe auf und erklärt, was sie dargestellt hat, bevor die nächste KG dran ist.

Stiller Dialog: Die S haben in EA/als HA Texte über ein Thema geschrieben, die nun auf den Tischen verteilt werden. Daneben werden leere Blätter gelegt. Die S gehen schweigend herum und antworten auf die Texte der anderen, wie bei einem Blog, nur eben auf Papier. Die S können sowohl auf den Ausgangstext als auch auf ggf. bereits abgegebene Kommentare reagieren. Geben Sie je nach Anzahl der Texte 20–30 min. Zeit, um wirklich einen Dialog zu ermöglichen.

Didaktisches Glossar

Tipps zum Vorlesen:

- **5 Regeln zum guten Vorlesen:** Machen Sie Ihre Lerner mit den 5 Regeln vertraut: 1.) Beginne nicht sofort mit dem Lesen. Warte ab, bis das Publikum aufmerksam ist. 2.) Lies laut, deutlich und mit klarer, fester Stimme. Sprich eher zu langsam als zu schnell. 3.) Variiere deine Stimme, plane Redepausen ein. 4.) Suche immer wieder Blickkontakt mit Personen im Publikum. 5.) Sieh die Zuhörer an und finde heraus, wie das Vorlesen auf sie gewirkt hat.
- **Korkensprechen mit Aufnehmen:** Sie brauchen für jeden S einen Korken und für je 2–3 S ein Aufnahmegerät oder ein Handy mit Aufnahmefunktion. Die S wählen einen kurzen Text, z. B. aus dem aktuellen Kapitel. Ein S beginnt, er liest den Text einmal normal vor und nimmt den Text auf. Dann hört er sich die Aufnahme an und überlegt mit den anderen, wo er sich noch verbessern kann. Dann nimmt er einen Korken zwischen die Zähne und liest seinen Text vor, er wird wieder aufgenommen. Danach liest er ihn noch einmal ohne Korken vor und wird ebenfalls aufgenommen. Dann hören sich alle 2 oder 3 S die drei Aufnahmen und vergleichen sie. Nun ist der nächste S an der Reihe.
- **Szenisches Lesen:** Je 3 S arbeiten zusammen. Ein S jeder Gruppe ist der „Regisseur". Sagen Sie den S, welchen Dialog/Text aus dem Kursbuch sie lesen können, lassen Sie einen Dialog/Text auswählen oder bringen Sie eigene kurze Texte mit. Die S lesen ihren Text mit unterschiedlicher Sprechhaltung. Der Regisseur gibt seine Ideen und Verbesserungsvorschläge in die Gruppe. Die anderen reagieren darauf. Dann wird rotiert, damit jeder einmal Regisseur ist.
- **Lesen wie ein . . . :** Die S bekommen einen einfachen Lesetext oder wählen selbst einen aus. Sie lesen ihn einmal und markieren darin, wo sie Pausen machen, wo sie die Stimme heben bzw. senken wollen, wo der Satzakzent ist und bei schwierigen Wörtern der Wortakzent. Dann üben je 2 S gemeinsam und geben sich gegenseitig Feedback. Danach geben Sie vor, wie die S diesen Text vorlesen sollen, z. B. *wie ein Fußballreporter, wie eine Opernsängerin, wie ein Marathonläufer, …*
- **Schneller werden:** Die S lesen einen Text in PA, erst langsam und sehr deutlich. Dann werden sie immer schneller. Sie können am Ende auch eine Zeitvorgabe geben, wie schnell die S den Text lesen sollen, ohne dass der Text unverständlich wird.

Vier gewinnt: Die S bearbeiten in PA eine Kopie, z. B. wie rechts mit Infinitiven, aus denen sie Sätze im Perfekt bilden sollen. Die S bilden abwechselnd einen Satz im Perfekt mit dem angegebenen Verb. Ist der Satz korrekt, markieren sie das Feld individuell, z. B. ein S mit einem Kreis und der andere S mit einem Kreuz. Wer zuerst vier Markierungen

regnen	machen	telefonieren	malen
lernen	organisieren	arbeiten	reden
kochen	hören	tanzen	kaufen
fotografieren	spielen	machen	arbeiten

in einer Reihe hat (horizontal, vertikal oder diagonal), hat gewonnen. Nutzen Sie das Spiel zum Üben von Grammatikthemen (z. B. trennbaren Verben) oder Wortschatz (z. B. Bilder auf der Kopie und die S nennen das Wort mit Artikel).

Was machst du denn da?: In PA: S1 fragt: *Was machst du denn da?* S2 antwortet z. B. *kochen*. S1 muss die genannte Aktivität nun pantomimisch darstellen, während S2 fragt: *Was machst du denn da?* S1 antwortet noch während seiner Pantomime mit einer anderen Aktivität, z. B. *Fahrrad fahren*. Nun stellt S2 das Fahrradfahren dar und S1 fragt wieder usw. Die S müssen sich konzentrieren, da sich die gesehenen und gehörten Aktivitäten unterscheiden.

Wechselspiel: Die S arbeiten in PA. Person A hat Informationen, die Person B nicht hat und umgekehrt. Sie stellen sich zu ihren Informationslücken gegenseitig Fragen und antworten. Dies ist eine Aufgabenart, die das selbstständige Lernen fördert, da sich die S immer direkt kontrollieren können und jedes Paar sein Tempo selbst bestimmen kann.

Widersprechspiel: Die S spielen in KG. Ein S steht seiner KG gegenüber und ruft dreimal etwas, das er/sie macht, z. B. *Ich schlafe*. Die anderen aus der Gruppe widersprechen *Du schläfst nicht*. Das wird noch zweimal wiederholt, beim vierten Mal sagt S: *Ich schlafe. Und du?* und zeigt auf einen anderen S, der nun übernimmt.

Wirbelgruppen: Diese Sozialform eignet sich sowohl für die Gruppenarbeit als auch für die Präsentation von Gruppenergebnissen. Bilden Sie z. B. 4 Gruppen A, B, C und D. Jede Gruppe arbeitet mit einem anderen Text und liest ihren Text in der KG (oder bereitet eine Präsentation vor, erarbeitet eine grammatische Struktur usw.). Dann bilden Sie neue Gruppen, in denen aus jeder Gruppe A, B, C, D mindestens jeweils eine Person vertreten ist (AAAA, BBBB, usw. werden zu ABCD, ABCD, usw.). Die S stellen sich gegenseitig die Ergebnisse aus der Gruppenarbeit vor. Anschließend gehen die S zurück in ihre Ausgangsgruppe A, B, C oder D und tauschen sich darüber aus, was sie gehört und gesehen haben. Danach können Sie noch einmal eine kurze Auswertung im Kurs machen oder Sie bereiten ein Quiz zum Thema vor, um zu überprüfen, wie gut die Erarbeitung des Themas funktioniert hat. Im Gegensatz zum → **Kooperativen Lesen** können Sie die Wirbelgruppen nicht nur für Texte einsetzen, sondern auch für Bilder, landeskundliche Themen, eigene Erfahrungen etc.

Wortschatzspiele:

- **Buchstabierspiel:** Die S laufen durch die Klasse und treffen auf einen anderen S. Sie buchstabieren ein Wort zu einem vorgegebenen Thema, indem beim Buchstabieren bei einem Vokal die Arme nach oben strecken, bei einem Konsonanten die Arme zur Seite strecken und bei einem Umlaut in die Hände klatschen. Der andere S nennt das komplette Wort. Dann Wechsel. Beispiel: Namen kennen lernen. S1 sagt zu S2: *Hallo, ich bin M* (Arme zur Seite) – *A* (Amre nach oben) – *R* (Arme zur Seite) – *I* (Arme nach oben) – *A* (Arme nach oben). S2 sagt: *Hallo Maria*. Dann geht es weiter mit dem Namen von S2.
- → **Domino**

- **Fliegende Wörter:** Legen Sie ein DIN-A4-Papier quer und schneiden Sie es einmal längs in der Mitte durch. Sie oder die S schreiben Wörter mit sehr großen Buchstaben darauf, lassen aber zum Beispiel alle Vokale oder einige Konsonanten weg. Je 4 S spielen zusammen. Ein S beginnt und lässt seine einzelnen Wortkarten fliegen, d. h. er nimmt sie in beide Hände und schwenkt sie vor den anderen S hin- und her. Diese raten nun, um welches Wort es sich handelt. Dann ist der nächste S dran.
- **Kimspiel:** Bringen Sie passende Gegenstände mit. Legen Sie einige auf einen Tisch. Alle S sehen die Gegenstände an. 2 S gehen aus dem Raum. Die anderen S nehmen Gegenstände weg bzw. verändern etwas. Die beiden S kommen wieder herein und versuchen herauszufinden, was fehlt bzw. verändert ist. Eine Variante für den ganzen Kurs ist, dass alle sich die Gegenstände für ca. 3 Minuten einprägen, kurz etwas anderes machen und dann alle Gegenstände korrekt (z. B. mit Artikel und Plural) nennen.
- **Montagsmaler:** Ein S zeichnet ein Wort aus dem Kapitel und die anderen raten, was er malt. Sie benutzen dabei den unbestimmten Artikel. Der S, der malt, verneint oder stimmt zu, bis erraten wird, was er zeichnet. Dann Wechsel.
  Alternative: Gestalten Sie einen Wettbewerb → **Staffellauf.**
- **Wörter merken:** Die S schauen sich die Vokabeln auf einer Buchseite an und jeder merkt sich so viele wie möglich. Sie schreiben 20 Vokabeln auf Kärtchen und schließen die Bücher. Teilen Sie nun die Klasse in 2 Gruppen: Der erste S aus Gruppe A kommt nach vorn, zieht ein Kärtchen mit einer Vokabel und schreibt den ersten Buchstaben an die Tafel. Beispiel: *Füller* – Der S schreibt F, seine Gruppe sagt entweder das richtige Wort oder er schreibt den nächsten Buchstaben ü, die Gruppe rät weiter; wenn die Gruppe A es nicht auflösen kann, schreibt der S den 3. Buchstaben an die Tafel. Wenn Gruppe A es danach nicht weiß, darf Gruppe B das Wort sagen, wenn sie es wissen. Bis dahin sagt Gruppe B aber nichts. Wenn das Wort aufgelöst ist, wird es komplett an die Tafel geschrieben. Dann ist der erste S von Gruppe B an der Reihe. Für jeden korrekt genannten Begriff gibt es einen Punkt. Die Gruppe, die zuerst 10 Punkte hat, hat gewonnen.
- **Rücken schreiben:** Die S arbeiten in PA. Ein S „schreibt" dem anderen ein Wort aus dem zu übenden Wortschatz mit dem Finger auf den Rücken und dieser sagt das Wort, dann Wechsel. Schwieriger: In 2 Gruppen (6 Personen) beginnt der hinterste S und schreibt ein Wort auf den Rücken des S vor ihm, der S vor ihm schreibt es dem Nächsten in der Schlange auf den Rücken usw., bis das Wort den ersten S erreicht hat. Dieser schreibt das Wort zur Kontrolle auf den Rücken desjenigen S, der als Erster geschrieben hat. Dann sagt die Gruppe das Wort und Sie schreiben es an die Tafel.
- **Supermarkt:** Die S bilden einen Stuhlkreis, es gibt einen Stuhl weniger als S. Schreiben Sie eine Liste mit Lebensmitteln an die Tafel, es müssen weniger sein, als es S gibt. Jeder S wählt ein Lebensmittel aus. Es ist in Ordnung, wenn einige S das gleiche Lebensmittel nehmen, aber alle müssen am Ende vergeben sein. Die S setzen sich, ein S bleibt stehen. Er nennt 2 Lebensmittel von der Liste. Alle, die diese Lebensmittel gewählt haben, tauschen die Plätze. Der S, der keinen Stuhl findet, nennt das nächste Lebensmittel usw. Wenn der S *Supermarkt!* ruft, dann tauschen alle S die Plätze. Dieses Spiel kann man auch als *Obstsalat!* mit Obstsorten, *Gemüsesuppe!* mit Gemüsesorten oder *Möbelhaus!*, *Kaufhaus!*, *Bekleidungsgeschäft!* usw. spielen.
- **Wortschatzwiederholung und -festigung:** Ein S gibt einen Buchstaben vor, der nächste S nennt ein Wort mit dem passenden Anfangsbuchstaben und nennt einen neuen Buchstaben. Es spielt keine Rolle, um welche Wortart es sich bei den Wörtern handelt, die S sollten aber zunächst bei einem Thema, z. B. *Schule*, bleiben. Als Erweiterung können die S dann auch Wörter aus den anderen Kapiteln/Themenbereichen nennen.
- **Wörter finden:** Notieren Sie 30 Wörter auf ein DIN-A4-Blatt und kopieren Sie es für alle. Die S arbeiten in PA. S1 nennt ein Wort von dem Blatt und legt einen Gegenstand darauf ab. S2 hört das Wort, darf aber nichts darauflegen. Nun sagt S2 ein Wort und legt einen kleinen Gegenstand darauf ab, S1 hört es und merkt es sich. Die S dürfen die Wörter, die der Partner schon genannt hat, nicht noch einmal nennen. Wem es doch passiert, der hat verloren.
- **Wörter raten:** Zur Wortschatzwiederholung oder als Einstieg in ein Thema. Sie beginnen und wählen (ohne es zu sagen) ein Wort, z. B. *Hamburg*. Sie zeichnen nun sieben horizontale Striche an die Tafel, für jeden Buchstaben des Wortes einen Strich. Die S nennen Buchstaben. Kommt ein genannter Buchstabe im Wort vor, dann schreiben Sie den Buchstaben auf den/die passenden Strich(e). Kommt er nicht vor, dann schreiben Sie ihn separat an die Tafel und beginnen, nach und nach aus einzelnen Linien ein Haus zu zeichnen: Sie zeichnen für jeden nicht ins Wort gehörenden Buchstaben ein Element des Hauses: die Unterseite, dann (einzeln) zwei Wände, dann die Decke, danach das Dach (aus 2 Strichen), dann den Schornstein, danach ein Fenster und zum Schluss die Tür. Wenn das Haus fertig ist, bevor das Wort von den S gefunden wurde, haben die S verloren. Wer das Wort errät, bekommt einen Punkt. Die S können das Spiel auch mit 2 Gruppen gegeneinander spielen.
- **Wörtertraining mit Alphabet:** Die S erstellen ein Alphabet mit Wörtern, z. B. zu einem Thema oder frei. Sie schreiben dazu das Alphabet untereinander auf einen Zettel (notieren Sie nur die Buchstaben, zu denen die S auch Wörter kennen). Die S arbeiten in KG und sammeln in 5 Minuten so viele Wörter wie möglich zu den genannten Buchstaben. Am Ende wird verglichen, welche Gruppe die meisten Wörter geschrieben hat.
- **Zick-zack:** Schreiben Sie Wörter auf Klebezettel/Karten und verteilen Sie sie an die S. Die S stehen im Kreis und kleben/heften sich ihre Wörter an die Brust. Sie merken sich die Wörter ihres rechten und linken Partners. Dann werden die Karten umgedreht. Sie stehen in der Mitte, zeigen auf einen S und sagen *Zick!* oder *Zack!*. Bei *Zick!* muss der S das Wort seines linken Partners nennen, bei *Zack!* das seines rechten. Sagen Sie *Zick-zack!*, müssen alle S den Platz wechseln und das Spiel beginnt von vorne

Didaktisches Glossar

Zahlenspiele:

- **Bingo:** Die S zeichnen ein Gitter mit 9 Feldern, jeweils drei Reihen neben- und untereinander auf ein DIN-A4-Papier. Die S tragen z. B. Zahlen von 0–20 oder von 0–99 in die 9 Felder ein. Dann nennen Sie die Zahlen ungeordnet. Die S kreuzen die vorkommenden Zahlen, wenn vorhanden, auf ihrem Blatt an. Wer zuerst eine Reihe hat, ruft *Reihe!*. Er liest die Zahlen dieser Reihe vor. Wer zuerst das komplette Feld hat, ruft *Bingo!* und liest die Zahlen vor. Sie und die anderen S kontrollieren, ob der S alle Zahlen richtig gehört und gelesen hat. (Falls nicht, geht das Spiel weiter.) Man kann das Bingo auch für Uhrzeiten einsetzen oder um Wortschatz zu wiederholen. **Eigenes Bingo:** Jeder notiert fünf Lebensmittel/Getränke, die er/sie mag, auf einer Karte. Dann gehen die S herum und fragen die anderen: *Magst du auch …?* Bei einer positiven Antwort notiert man den Namen und muss weitergehen. Jeder darf nur einmal mit einer positiven Antwort notiert werden. Wer zuerst fünf Personen gefunden hat, die dasselbe mögen, ruft *Bingo!*.
- **Eckenrechnen:** Alle S stellen sich in eine Ecke des Raums. Stellen Sie nun eine Rechenaufgabe. Wer das Ergebnis weiß, meldet sich und sagt es laut. Wenn es richtig ist, darf er eine Ecke weiter gehen. Wer zuerst wieder in der Ausgangsecke ankommt, gewinnt.
- **Schätzspiel:** Suchen Sie verschiedene Fotos mit unterschiedlich vielen Gegenständen, z. B. offene Streichholzschachtel, Taschentuchpackung, Steine, Bäume im Wald, Menschen auf einem Platz, Kühe auf einer Wiese, Obstschale usw. Drucken Sie die Fotos aus. Zählen Sie die einzelnen Dinge auf den Fotos und schreiben sie auf die Rückseite von jedem Foto, wie viele es sind. Verteilen Sie die Fotos im Kursraum. Je 2 bis 3 S gehen durch den Kursraum von Foto zu Foto und schätzen, wie viele Dinge auf den Fotos sind. Jeder gibt einen Tipp ab, dann vergleichen sie mit der Lösung auf der Rückseite des Fotos.
- **Zahlendomino** Je 4 S bekommen 20 Kärtchen, die in der Mitte einen senkrechten Strich haben. Dann schreiben sie immer ein Zahlwort und eine Zahl als Ziffer auf das Kärtchen (z. B. *21 | dreiundsechzig* und *63 | vierzehn* und *14 | einundzwanzig*). Am Ende muss sich der Zahlenkreis wieder schließen, wie hier im Beispiel.
- **Wiederholungsübung:** Die Gruppe steht im Kreis mit dem Gesicht nach außen. Die S sagen die Zahlen von 1 bis 20. Die S sprechen nicht der Reihe nach. Ein S beginnt und nennt die 1, ein anderer nennt die 2 – wenn zwei S gleichzeitig die Zahl nennen, wird wieder von vorne begonnen. Diese Übung kann man auch mit dem Alphabet durchführen.